1103

COURS D'ÉTUDES
DES JEUNES
DEMOISELLES.

Z 61
+.D.8

COURS D'ÉTUDES
DES JEUNES
DEMOISELLES,

Ouvrage non moins utile aux Jeunes-Gens de l'autre sexe, & pouvant servir de Complément aux Études des Colléges ;

Avec des Cartes pour la Géographie, & des Planches en taille-douce pour le Blason, l'Astronomie, la Physique & l'Histoire-Naturelle.

Par M. FROMAGEOT, Prieur commendataire Seigneur de Goudargues, Ussel, &c.

TOME HUITIEME.

A PARIS,

Chez { VINCENT, rue des Mathurins, hôtel de Clugny.
PRAULT fils, à l'Immortalité, quai des Augustins.
LACOMBE, rue Christine.

M. DCC. LXXV.

Avec Approbation, et Privilége du Roi.

COURS D'ÉTUDES
DES JEUNES
DEMOISELLES.

HISTOIRE
DE L'EMPIRE D'ALLEMAGNE.

LÉOPOLD. Après quinze mois d'interregne, l'archiduc Léopold-Ignace, déja roi de Hongrie & de Bohême, fut élu empereur. Les électeurs avoient été divisés entr'eux ; & la cour de France, toujours jalouse de la grandeur de la maison d'Autriche, avoit multiplié les obstacles, dans le dessein d'arracher de ses mains le sceptre impérial. Obligée enfin de renoncer à ses projets, elle prescrivit au nouvel empereur la capitulation la plus dure. En-

Dep. J. C.
1658.

tr'autres articles onéreux, ceux-ci l'étoient sur-tout : on lui faisoit promettre de ne se mêler en aucune maniere de la guerre entre la France & l'Espagne, pas même en sa qualité d'archiduc d'Autriche ; de n'ajourner & ne citer qu'aux tribunaux ordinaires de l'empire, les électeurs, les princes, les prélats, les comtes, les seigneurs, & les autres états ; d'abolir les rescrits, les défenses, les mandemens & ordonnances contraires ; de faire rendre aux électeurs & aux Etats de l'empire tout ce qu'on avoit pu leur enlever de force, & tout ce qui devoit leur être restitué suivant les traités de Westphalie ; de favoriser également les Protestans & les Catholiques dans la restitution des biens ; enfin, de permettre aux électeurs de s'assembler séparément ou en corps, afin de maintenir leurs droits, ou de remédier aux infractions qu'on y auroit faites. Ce ne fut qu'à ces conditions que Léopold fut élu empereur.

Aussi-tôt après son couronnement, de concert avec les Provinces-Unies, il prit la défense du roi de Dannemarck contre Charles-Gustave, roi de Suede,

DE L'Empire d'Allemagne. 3
La France & l'Angleterre, qui craignoient de voir la maison d'Autriche & les Provinces-Unies s'emparer de la domination de la mer Baltique, envoyerent des ambassadeurs aux Etats-généraux d'Hollande, pour les engager à ne plus secourir le roi de Dannemarck. Les Hollandois, qui ne pénétrerent point la politique des deux puissances, offrirent leur méditation aux rois de Suede & de Dannemarck. Charles-Gustave l'ayant rejettée, la guerre continua jusqu'à la fin de l'année; & ce prince fut surpris par la mort lorsqu'il faisoit les préparatifs de la campagne suivante. Il laissoit un fils en bas âge, dont la minorité rendoit la paix nécessaire à la Suede; elle fut faite, à la satisfaction de tous les Etats du Nord.

1660.

Léopold, charmé de l'heureux succès de son entreprise, ne songea plus qu'à mettre un frein à l'ambition des Turcs, dont les armées ravageoient les confins de ses pays héréditaires. Leurs troupes, qui s'étoient avancées le long des rivages du Tibisque, avoient pillé, ravagé & brûlé tout le pays des environs. Déja les Hongrois trembloient pour eux-mêmes; ils demanderent des secours à

A ij

l'empereur. Il leur envoya vingt mille hommes, sous la conduite du fameux Montécuculli. Mais, par une inconféquence étonnante, les Hongrois, craignant encore plus de se voir tout-à-fait soumis à l'empereur, que réduits sous la puissance des Turcs, le prierent de retirer ses vingt mille hommes de leur pays, sous prétexte que suivant les traités, il ne pouvoit introduire dans le royaume des troupes étrangeres. Les Etats convoqués à Cassovie tinrent si fort à cette résolution, qu'ils refuserent à Montécuculli l'entrée de la ville, ayant résolu de n'accorder à ses troupes ni vivres ni quartiers d'hiver. Après d'autres tentatives inutiles, Montécuculli se retiroit vers la basse Hongrie; son arriere-garde fut taillée en piéces par les mutins, ses bagages pris & vendus publiquement.

L'empereur différa de châtier les Hongrois de leur soulevement, pour s'opposer aux conquêtes des Ottomans. Il convoqua une diete à Ratisbonne, & demanda des secours aux Etats de l'Empire; mais les princes profiterent de cette circonstance pour exiger que l'on formât le plan d'une capitulation perpétuelle. Cette demande occasionna de longues disputes, pendant lesquelles le grand-visir battit les troupes de l'empereur près de Barcan, & s'empara de la forteresse de Neuhausel. Léopold ayant réitéré ses demandes à la diete, & voyant les princes persister dans leur résolution, s'adressa aux cours étrangeres. Le pape lui permit de lever une contribution sur les biens ecclésiastiques d'Autriche & de Bohême. La France lui fournit deux mille chevaux & quatre mille hommes d'infanterie, sous les ordres du comte de Châtillon, qui fut accompagné d'un grand nombre de volontaires. Le roi de Suede lui envoya huit cents chevaux & six cents fantassins.

Lorsque toutes ces troupes furent en campagne, les armes de l'empereur eurent les plus brillans succès. Les Turcs furent battus de tous côtés, & perdirent toutes leurs conquêtes. Montécuculli remporta sur eux une victoire célebre, qui obligea le Sultan à demander la paix. Léopold pouvoit la refuser, & tirer de grands avantages de leur défaite ; mais il voulut terminer cette guerre, afin de conclure son mariage avec l'Infante d'Espagne, dans la vue de prévenir les desseins de la France sur cette couronne. Cette paix déplut aux Hongrois qui n'avoient retiré aucun avantage de la déroute des Turcs ; ils poussèrent l'insolence jusqu'à menacer de se saisir de la personne de l'empereur, pour l'obliger à rompre son traité. Ces menaces, quoiqu'impuissantes, obligerent Léopold à faire passer plusieurs régimens dans la basse Hongrie, pour veiller sur les entreprises des mutins.

La cour de Vienne étoit encore toute occupée des fêtes qu'y occasionnoit le mariage de l'empereur, lorsqu'on apprit que Louis XIV prenoit des mesures pour se mettre en possession des Pays-bas, dont il prétendoit que la reine Marie-Thérèse, son épouse, étoit seule héritiere. Le roi de France, avant de déclarer la guerre, avoit fait un traité avec le roi de Suede, pour l'engager à tenir douze mille hommes prêts à marcher contre l'Empire, si Léopold faisoit quelqu'opposition. Il avoit fait la paix avec le roi d'Angleterre, & il entra sans différer dans les Pays-bas, où il s'empara de Charleroi, Binch, Ath, Tournai, Douai, Alost, & Lille ;

il défit l'armée Espagnole, & l'on apprit qu'il se disposoit à s'emparer de la Franche-Comté.

Le roi d'Espagne fit demander des secours à l'Empire, en faisant observer à la diete que la Franche-Comté étant un des cercles de l'Allemagne, le roi de France ne pouvoit faire aucune entreprise sur cette province, sans attaquer directement les Etats Impériaux. La diete de Ratisbonne étoit occupée du projet de capitulation perpétuelle; & la Franche-Comté fut au pouvoir du roi de France, avant qu'on eût pensé à donner au roi d'Espagne une réponse à ses demandes.

Les conquêtes de Louis XIV alarmerent les autres puissances de l'Europe, & elles envoyerent leurs plénipotentiaires à Aix-la-Chapelle, pour réconcilier la France & l'Espagne. Louis XIV offrit la paix, mais à condition qu'il conserveroit les places dont il s'étoit rendu maître dans les Pays-bas, ou qu'on lui abandonneroit la Franche-Comté, en y ajoutant Saint-Omer, Aire & Cambrai. Cette alternative embarrassa les Espagnols. Pendant qu'ils balançoient sur le parti qu'ils avoient à prendre, Louis XIV pouſſa ſes conquêtes. L'Eſpagne épouvantée hâta la concluſion de la paix ; & par le traité fait à Aix-la-Chapelle, on céda à la France Courtrai, Bergues, Furnes, & tout le pays qu'on nomme la Flandre Françoiſe : elle rendit la Franche-Comté.

Les troupes que l'empereur avoit laiſſées en Hongrie avoient contenu les rebelles, mais elles n'avoient pu étouffer le feu de la rebellion. Elle fut pouſſée, de la part des Hongrois, juſqu'à propoſer au Sultan de faire avec eux un traité d'alliance. Le Grand-Seigneur conſentit à envoyer cent mille hommes ; mais il demanda pour ſûreté les plus fortes places de Hongrie & un tribut annuel. Les Hongrois, qui vouloient conſerver leurs places fortes, pour ſe mettre à couvert de la vengeance de l'empereur & des entrepriſes des Turcs, refuſerent ces conditions. Le Sultan, offenſé du refus, découvrit le ſecret de la conſpiration à l'ambaſſadeur de l'Empire. Les auteurs de ce complot avoient déja été trahis ; ils furent tous arrêtés, & punis de mort comme ils le méritoient. Le châtiment des coupables,

les armes de l'empereur & l'établissement d'un vice-roi, ne rétablirent point la paix en Hongrie.

Léopold abandonna les affaires de ce royaume, pour se liguer avec l'Espagne en faveur des Hollandois; & peu après, le Dannemarck, l'électeur de Brandebourg & le duc de Brunswick se joignirent aux confédérés. Tant d'ennemis réunis contre Louis XIV, ne ralentirent point la rapidité des conquêtes de ce monarque : tandis que Turenne battoit les Impériaux en Allemagne, le prince de Condé parcouroit la Hollande à la tête de quarante mille François ; & le roi même en personne subjuguoit la Franche-Comté. Les armes de Louis XIV eurent les plus grands succès jusqu'à la mort du vicomte de Turenne. Le grand général de l'Empire, le fameux Montécuculli, accablé d'années & d'infirmités, s'étoit retiré à Vienne. Un jeune héros actif, courageux, plein de sagesse & de résolution, infatigable, magnifique, ami du soldat, le prince Charles V, duc de Lorraine, avoit pris le commandement des armées de l'empire. Tel étoit le général que l'empereur opposoit au duc

1675.

A v

de Luxembourg, succeffeur de Turenne. Cette guerre fameufe, qui avoit intéreffé toute l'Europe, fut terminée par la paix de Nimegue. Les miniftres de l'empereur furent obligés de céder à Louis XIV Fribourg & toute l'Alface. Trois autres traités furent conclus à Nimegue, l'un entre la France & les Hollandois; l'autre entre les Efpagnols & les François. En vertu de ces deux traités, la Hollande reprit Maftricht; la France garda la Franche-Comté & les villes de Flandre qu'elle avoit conquifes, avec une partie du Hainaut; & l'Efpagne fauva ce qui lui reftoit dans les Pays-bas. Le troifieme fut conclu entre l'empire & la Suede. Léopold s'engagea à faire rendre au roi toutes les provinces que les alliés du Nord lui avoient enlevées, & à maintenir la fouveraineté du duc de Holftein-Gottorp contre la couronne de Dannemarck. Peu de temps après, l'électeur de Brandebourg fit la paix avec la France & la Suede. L'électeur rendit aux Suédois toute la Poméranie citérieure jufqu'aux bords de l'Oder, & ne garda qu'un petit nombre de villes fituées fur la rive gauche du fleuve, & le péage de Colbery, à condition que la France lui paieroit cent mille écus. Le roi de Dannemarck fut le dernier à se réconcilier avec la Suede. On rendit de part & d'autre toutes les conquêtes qu'on avoit faites depuis le commencement de la guerre.

Ce traité si favorable à la France humilioit la maison d'Autriche; & Léopold, qui voyoit d'un œil jaloux les triomphes de Louis XIV, n'attendoit qu'une occasion de renouveller la guerre & de rentrer en Alsace. Telles étoient ses intentions, lorsque le duc de Deux-Ponts & le comte de Veldentz refuserent de faire hommage à Louis XIV, sous prétexte que leurs domaines n'étoient point compris dans le traité de Nimegue. La diete de Ratisbonne, sans désapprouver ce refus, conseilla au roi de confier à des arbitres l'examen de ce différend. Louis XIV vit bien que l'intention de l'empereur étoit de rentrer en Alsace, & il aima mieux terminer ce différend par les armes, que de le confier à des arbitres. La guerre alloit se rallumer, lorsque les troubles de Hongrie & les entreprises des Turcs obligerent l'empereur à demander une treve : elle fut conclue pour trente ans ; mais elle n'empêcha point le roi de France & la diete de Ratisbonne de s'occuper, l'un à faire valoir ses prétentions sur l'Alsace, l'autre à les discuter.

Pendant ces démêlés, les Turcs avoient fait de grands progrès, & le grand-visir, pour récompenser Tékéli des services qu'il rendoit à la Porte, l'avoit fait déclarer prince de la haute Hongrie, & lui avoit envoyé une veste, un sabre & un étendard, avec la patente du Grand-Seigneur. Le dessein du sultan étoit de pénétrer en Autriche après la réduction de la Hongrie ; & pour réussir plus sûrement, il fit faire des propositions de paix à l'empereur. Il mourut sans avoir exécuté ce projet ; mais Kara-Mustapha, son successeur, entra dans ses vues, & fit tous les préparatifs nécessaires pour réussir.

L'empereur conclut alors une ligue offensive & défensive avec Jean Sobieski, roi de Pologne, & des traités particuliers avec plusieurs princes de l'empire, qui lui fournirent des troupes. L'armée impériale fut divisée en trois corps, dont le plus confidérable, qui devoit être oppofé au vifir, fut commandé par le prince Charles de Lorraine. Les deux autres furent deftinés à couvrir, l'un les frontieres de la Moravie & de la Siléfie, l'autre celles de Croatie & de Stirie.

Malgré ces fages diftributions, le grand-vifir paroît devant Belgrade; de-là il fe rend à Veiffembourg avec cinquante mille Janiffaires, trente mille chevaux, & deux cents mille hommes de pied. Il en détache une partie pour mettre tout à feu & à fang. Tékéli publie que ceux qui refuferont de fe foumettre, n'ont aucun quartier à attendre; & il acheve par-là de jetter l'épouvante dans les efprits. La plûpart des villes, intimidées par ce manifefte, ouvrirent leurs portes aux mécontens, & l'empereur perdit à la fois prefque toutes les places qui lui étoient reftées fidelles. Les Ottomans venoient d'entrer en Autriche, & menaçoient déja la capitale. L'empereur rappelle le duc de Lorraine, & lui confie la défenfe de cette place importante. Le duc de Lorraine arrive à Vienne, & fa préfence ranime le courage des habitans que la terreur avoit consternés. On prend les armes, on met la ville en état de défense ; les bourgeois & les écoliers mêmes forment des corps particuliers, & la bravoure du chef inspire la même audace aux derniers des soldats. Les Turcs paroissent devant la ville, & l'attaquent avec la plus grande vigueur. Le duc de Lorraine fait sur eux une sortie, & les repousse : ce succès est bientôt suivi d'un autre plus considérable : le roi de Pologne arrive à la tête de ses troupes, & l'on apprend que les électeurs de Saxe & de Baviere, & le comte de Waldek, sont en chemin. A leur arrivée, l'on tient un conseil, & il est décidé que l'on attaquera l'armée Ottomane. Le duc de Lorraine donne les ordres nécessaires ; les Turcs sont attaqués, poussés successivement hors des postes qu'ils occupent ; on arrive enfin à leur camp, le désordre redouble ; enfin, Mustapha, voyant tous ses bataillons rompus, prend la fuite, & entraîne la déroute de son armée. Les Turcs laissent sur le champ de bataille le grand étendard de l'empire Ottoman, leurs tentes, leur bagage, leurs munitions, leurs vivres, & cent quatre-vingt piéces de canon. Le duc de Lorraine & le roi de Pologne profiterent de tout l'avantage d'une si belle victoire, ils pourfuivirent les vaincus jufqu'à Barcan, dont ils s'emparerent.

Vers le commencement de l'année fuivante, on apprit que le fultan faifoit des préparatifs immenfes pour rentrer en campagne. Léopold eut recours aux Etats de l'empire ; &, comme toute l'Allemagne étoit intéreffée dans cette guerre, les princes fournirent des fecours. Le duc de Lorraine conduifit encore les opérations de cette campagne, & y acquit une gloire immortelle. Il battit les Turcs dans toutes les rencontres, reprit dès le commencement la ville de Neuhaufel, & cette conquête lui ouvrit les portes de beaucoup d'autres villes. Il marcha enfuite contre les rebelles de Hongrie. La fupériorité des armes de l'empereur, la confternation des Turcs, les progrès rapides du prince Charles, tout faifoit trembler les mécontens. La plûpart fe rendirent au camp du prince, & demanderent grace. Le duc de Lorraine avançoit toujours vers la haute Hongrie ; & la défection de l'armée de Tékéli, chef de la révolte, fut le premier fruit des approches du général de l'empire. Tékéli en fut la victime ; les Turcs le foupçonnant d'intelligence avec les impériaux, Muftapha ordonna qu'il fût chargé de chaînes, & jetté dans un cachot. La difgrace du chef des revoltés eut tout l'effet qu'elle devoit produire : les affaires changerent de face, & bientôt toutes les villes de la baffe & de la haute Hongrie rentrerent dans le devoir.

Les Turcs avoient encore en leur puiffance la ville de Bude ; le prince Charles réfolut de la leur enlever, perfuadé qu'en fuivant cette conquête, il les mettroit hors d'état de ranimer un parti terraffé. Comme ce fiége eft une des plus célebres opérations militaires en ce genre, je vous en donnerai les détails. Le 19 Juin 1686, les Impériaux parurent devant Bude ; le duc de Lorraine & l'électeur de Baviere ayant réglé les difpofitions du fiége, le général Tinghen fit conduire, à cent pas des bains, quelques piéces de campagne pour foutenir les travailleurs. La nuit du 20 au 21, le comte de Staremberg eut ordre de commencer les attaques ; elles furent poussées, durant un mois, avec toute la vigueur possible. Le duc de Lorraine, impatient de voir qu'on n'avance rien, convient, avec le duc de Baviere, de donner un assaut général. Vers le soir, le signal se donne, & dans le moment les Impériaux renversent les gabions qui fermoient les ouvertures de la breche. Les grenadiers & les heiduques franchissent les palissades ; les piqueurs & les hallebardiers soutiennent ces braves assaillans ; & les fusiliers, par un feu vif & continuel, protegent les efforts des deux premiers rangs. Les assiégés répondent par un feu terrible, & accablent les Impériaux de pierres, de bombes & de grenades ; tandis que d'autres, placés à corps découvert sur la breche, les chargent à grands coups de sabres. Le duc de Lorraine s'en apperçoit ; il vole aussi-tôt, le casque en tête & le sabre à la main, jusqu'au pied de la breche. Sa présence ranime le courage des siens ; après mille efforts de valeur, ils se rendent maîtres des palissades. Les Turcs ont recours à ces terribles ressources qui, dans les siéges, ôtent la victoire des mains des aſſaillans. Ils font jouer tout-à-coup un fourneau de mine, qui fait ſauter une partie des vainqueurs, brûle & enſevelit les autres ſous des monceaux de pierres, de terre & de cadavres. La vue de ce ſpectacle horrible ne fait point reculer les Impériaux, les morts ſont dans l'inſtant remplacés. Les Turcs font alors jouer leurs mines dans toute l'étendue de la breche; on vit les aſſaillans engloutis dans des gouffres épouvantables de fumée & de feu; tandis que les enfans & les femmes, mêlés parmi les aſſiégés, faiſoient pleuvoir ſur les Impériaux une grêle de grenades & de pierres qui firent parmi eux un horrible dégât. Les Allemands ne font point déconcertés par ce ſpectacle affreux & terrible; la préſence, l'exemple des généraux éloignent la crainte de la mort, & les rendent invincibles. Ils montent à la breche, arrachent les paliſſades; &, malgré le feu continuel des ennemis, ils forcent les retranchemens. Pendant la chaleur de l'action, le feu prend à leurs poudres & à leurs grenades; l'embraſement devient général. Cet accident ne ralentit point leur ardeur ; les soldats, dépouillés de leurs habits, marchent presque nus à travers les flammes qui les environnent, chassent les Turcs des deux premieres tours, taillent en piéces tout ce qui s'oppose à leur passage, & poursuivent les autres avec tant de chaleur, que quelques mousquetaires suivent les fuyards jusque dans la ville. On prend la troisieme tour ; on fait avancer les travailleurs dans toute l'étendue de la breche ; & le duc de Baviere, après une attaque des plus meurtrieres, parvient à se loger dans le château.

Le duc de Lorraine apprend que le grand-visir s'avance au secours de la place, à la tête de quatre-vingt mille hommes. Il assemble son conseil, il fait voir qu'il est de la plus grande importance de ne point abandonner les travaux du siége ; son avis l'emporte, on commande les troupes pour un assaut général. On donne le signal par six volées de canon, & les troupes s'avancent d'un pas ferme vers les nouveaux retranchemens des ennemis. Le pacha d'Asti & le gouverneur de Bude étoient à leur tête, où ils combattoient comme des lions furieux ; les officiers

& les soldats, animés par leur exemple, bravoient le feu & la mort. Enfin les Janissaires sont forcés: le marquis de Spinola, en les poursuivant, est atteint d'une balle dans la tête, & tombe mort. D'un autre côté, le pacha de Bude, chargé par les Impériaux, tombe dans la mêlée. Les Turcs, ayant perdu leur chef, fuient en désordre, & se réfugient les uns dans les maisons, d'autres dans la basse ville, & le reste dans le château. Les Allemands s'emparent de tous les retranchemens, se jettent dans la ville, & y font un carnage épouvantable ; rien ne fut épargné, hommes & femmes, enfans & vieillards, tout fut massacré sans pitié. Les Turcs réfugiés dans le château, épouvantés du massacre des leurs, élevoient leurs turbans en l'air pour demander grace. Le duc de Lorraine & l'électeur de Baviere, touchés de voir cette malheureuse ville inondée de sang, donnent en vain des ordres pour faire cesser le carnage ; le soldat en fureur n'entend plus que le cri de la vengeance, il massacre tout ce qu'il rencontre, & ne s'occupe que du pillage. On force enfin le château, & toute la garnison est égorgée. Raſſaſiés de ſang, fatigués du carnage, les Bavarois ne trouvant plus rien à piller, mirent le feu à la ville, & la plus grande partie des maiſons fut réduite en cendres. Cette ſcene horrible ſe paſſa ſous les yeux du grand-viſir à la tête de l'armée qu'il commandoit, ſans qu'il fît aucun mouvement pour empêcher la priſe de la ville. Lorſqu'il eut vu l'embraſement de Bude, il ſe retira, & laiſſa les Impériaux maîtres de la campagne. Tout plia ſous les armes du duc de Lorraine ; & les Turcs, chaſſés & vaincus par-tout, ſe retirerent du côté de la Servie, d'où le ſultan envoya faire des propoſitions de paix à l'empereur. Léopold, qui ſçavoit combien il devoit ſe défier de la mauvaiſe foi des Turcs, fit dire à l'Aga que ſi ſon maître vouloit payer ſix millions d'or pour les frais de la guerre, & rendre toutes les places qu'il tenoit encore en Hongrie, il conſentiroit à traiter de la paix. Cette réponſe ayant déplu au ſultan, on ſe diſpoſa de part & d'autre à continuer la guerre.

L'empereur profita des avantages que ſes armes venoient de remporter, pour faire déclarer roi de Hongrie l'archiduc Joseph son fils. Léopold victorieux leur fit la loi; il leur demanda cinq choses: la premiere, d'incorporer au royaume ses conquêtes sur les Turcs; la seconde, de casser la loi du roi André II, qui permettoit de déposer les rois quand ils violoient les droits de la nation; la troisieme, de rendre la couronne héréditaire aux mâles du nom d'Autriche; la quatrieme, de recevoir des garnisons impériales dans toutes les places du royaume; la cinquieme, de déclarer son fils roi de Hongrie. Les quatre premieres demandes furent contestées; mais l'empereur tint ferme, & il fallut obéir. Après la cérémonie du couronnement, Léopold retourna à Vienne, & le duc de Lorraine prit la route de la haute Hongrie pour s'emparer des places qu'il avoit encore à subjuguer. Dès qu'il parut, la plûpart lui ouvrirent leurs portes, les autres firent une vaine résistance; en peu de temps le jeune roi se vit maître absolu de toute la haute Hongrie.

L'empereur avoit résolu de pousser ses conquêtes aussi loin qu'il pourroit. Le duc de Lorraine étant tombé malade, le duc de Baviere, qui n'avoit pas moins de valeur & d'amour pour la gloire, prit le commandement de l'armée. Pour couronner toutes les grandes actions des campagnes précédentes, il falloit s'emparer de Belgrade. Cette entreprise avoit de grandes difficultés; mais elles n'effrayerent point l'électeur, qui la prit d'assaut après les plus vigoureuses attaques & les mieux concertées.

Léopold perdit alors les deux généraux qui lui avoient acquis tant de gloire. Le duc de Lorraine fut obligé d'aller veiller lui-même aux affaires de ses Etats; & le duc de Baviere quitta le service, à cause de la foiblesse de sa santé, qui ne lui permettoit pas de suivre les travaux de la campagne. L'empereur avoit plus besoin que jamais de leur secours. Louis XIV venoit de lui déclarer la guerre pour soutenir les prétentions de la duchesse d'Orléans sur le Palatinat *, & à cause du refus que

---

* La duchesse d'Orléans étoit sœur de l'électeur Charles-Louis, mort en 1685. Le duc de Neubourg, son successeur, s'étoit emparé des biens allodiaux, échus à la duchesse d'Orléans.

l'empire avoit fait de convertir la treve de Ratisbonne en une paix perpétuelle. A peine ce monarque eut-il publié son manifeste, qu'il fit entrer ses troupes dans le Palatinat. En moins de deux mois la France se vit en possession de tout le Rhin, depuis Huningue jusqu'à Cologne.

Un tel procédé frappa d'étonnement tous les princes d'Allemagne; chacun songea à la sûreté de ses Etats, & tous se liguerent pour résister à l'ennemi commun. Ils firent entrer dans leur ligue l'Espagne, la Hollande, l'Angleterre, la Suede, le Dannemarck, & tous les cercles de l'empire Germanique. Tant de forces réunies sembloient devoir réduire la monarchie Françoise aux anciennes bornes qu'elle avoit sous Louis XII. Le roi de France fut déclaré ennemi de l'empire, parce qu'au mépris des traités de Munster & de Nimegue, il s'étoit rendu maître de plusieurs places appartenantes aux Etats de l'empire, y avoit introduit des changemens injustes dans le spirituel & dans le temporel, avoit élevé des forteresses, construit des ponts sur le Rhin, coupé des bois, & réuni à sa couronne
les

les pays, les villes & les places de plusieurs électorats ; tels furent les griefs des princes Allemands & les causes de cette guerre.

Le duc de Lorraine avoit été le bras droit de l'empereur dans la guerre de Hongrie ; on lui proposa encore le commandement de l'armée. Il se rendit aussi-tôt à Vienne, où il prit un état des troupes que Léopold pouvoit mettre sur pied : il montoit à quatre-vingt mille hommes. Le duc fut d'avis qu'on en laissât cinquante mille en Hongrie, & qu'on envoyât le reste sur le Rhin. Les préparatifs étant achevés, l'électeur de Brandebourg eut ordre de marcher vers le bas Rhin, à la tête de trente-cinq mille hommes. L'électeur de Baviere fut destiné pour le haut Rhin, avec un corps de trente mille hommes. Le prince Charles se mit à la tête de la grande armée ; & l'on donna au prince Louis de Bade le commandement des troupes de Hongrie.

L'électeur de Brandebourg prit dans la premiere campagne Rhinberg en 1689. Kaiserwerth, & Bonn. Le duc de Lorraine prit Mayence, que les François avoient fortifiée, & dans laquelle il y avoit douze mille hommes de garnison. Les François forcerent Kocheim sur la Moselle, taillerent en piéces un corps de Brandebourgeois; ils ravagerent le Palatinat, le Wirtemberg & le Margraviat de Bade; ils brûlerent les villes libres de Worms & de Spire, plus de quarante autres villes, & tous les villages de cette contrée; ils fouillerent les tombeaux des anciens empereurs; & la Chambre impériale, qui y siégeoit depuis plus de cent soixante ans, fut obligée de s'enfuir au-delà du Rhin. Après avoir erré de ville en ville pendant quelque temps, l'empereur & les Etats convinrent de la fixer à Wetzlar. Le prince de Bade, qui commandoit en Hongrie, y eut aussi des succès. Il remporta deux victoires signalées sur les Turcs, & s'empara de plusieurs places qui leur appartenoient encore. Consternés du mauvais succès de leurs armes, les Turcs en accuserent le grand-visir, qui fut étranglé.

1690. Les alliés se disposoient l'année suivante à continuer leurs conquêtes, lorsqu'ils perdirent le prince Charles de Lorraine. Ce prince fut regretté de toute l'Europe, qui le regardoit comme le plus grand guerrier de son siécle. Il avoit été l'appui & le libérateur de la maison d'Autriche, le rival de Louis XIV, & la terreur des Turcs. Le monarque François, qui se connoissoit en hommes, dit de lui, en apprenant sa mort, que la moindre qualité de Charles étoit celle de prince, & que c'étoit le plus grand, le plus sage & le plus généreux de ses amis.

Tandis que les armées de l'empereur se battoient sur le Rhin contre les François, & en Hongrie contre les Turcs, il établit un neuvieme électorat en faveur d'Ernest-Auguste, duc de Brunswick-Lunébourg-Hannover, & de ses descendans mâles. Léopold y avoit préparé le college électoral dès l'année 1690, & il ne paroissoit pas alors qu'il dût trouver les oppositions qu'il rencontra dans la suite. Cet établissement se fit en conséquence d'un traité que l'empereur avoit conclu avec le duc Ernest, & suivant lequel ce duc devoit entretenir un gros corps de troupes au service de l'empereur, tant que la guerre dureroit en Hongrie & sur le Rhin; qu'il emploieroit toutes ses forces pour mettre, à la mort de Charles II, un archiduc sur le trône d'Espagne ; qu'il contribueroit à rétablir les rois de Bohême dans tous les droits, privileges & prérogatives des autres électeurs, & donneroit en tout temps son suffrage électoral aux ainés de la maison d'Autriche, préférablement à tous autres prétendans au trône de l'empire. Malgré les plaintes & les protestations des princes, Léopold soutint ses engagemens avec la maison de Hannover, & il investit solemnellement les plénipotentiaires du duc Ernest de la dignité électorale, & de toutes les prérogatives qui y sont attachées.

1693. Les troubles qu'excita cette innovation, n'empêcherent point Léopold de continuer la guerre ; il avoit pris soin de rassembler de bonne heure une armée considérable sur le Rhin, ce qui fit que la campagne ne fournit point de grands événemens de ce côté. Le maréchal de Lorges prit Heidelberg, qui se relevoit à peine de ses cendres ; les François passerent les habitans & la garnison au fil de l'épée, la ville entiere fut détruite, & l'on n'épargna pas même les tombeaux des électeurs.

En Flandre, l'armée Françoise prit

Furnes, Huy & Charleroi; & le maréchal de Luxembourg, qui avoit sous lui le maréchal de Joyeuse, le duc de Chartres & le prince de Conti, jeune héros plein de sagesse & de résolution, remporta sur l'armée des Alliés, commandée par l'électeur de Baviere & par le prince d'Orange, une victoire sanglante. Les François laisserent six mille hommes sur le champ de bataille; mais la perte des Alliés fut bien plus considérable; on leur enleva soixante-sept piéces de canon, huit mortiers, plusieurs pontons, & tous leurs équipages d'artillerie & de munitions de guerre. On leur prit aussi soixante-six étendards, vingt-deux drapeaux & douze paires de timbales. Les généraux François profiterent pendant quelque temps de leurs avantages ; mais les Alliés s'étant remis de leurs pertes, le duc de Villeroi assiégea en vain Bruxelles, & fut forcé de voir prendre Namur sans pouvoir y mettre obstacle.

Ce furent là les derniers événemens considérables de cette guerre ; elle ne fit plus que languir jusqu'à la mort de Charles XI, roi de Suede, en 1697. Charles XII son fils, à l'âge de quinze ans, commença son regne par être le médiateur de l'Europe. Les plénipotentiaires assemblés à Risvick terminerent enfin cette guerre par des traités avec toutes les puissances belligérantes.

Par le traité fait avec l'Angleterre, la France reconnut le prince d'Orange pour roi de la Grande-Bretagne.

Par celui de la France & de la Hollande, on rendit de part & d'autre toutes les conquêtes, & les Hollandois restituerent à la maison d'Auvergne le marquisat de Berg-op-Zoom.

Le traité conclu avec l'Empire porte que Strasbourg, & tout ce que la France avoit réuni de terres dans les limites de l'Alsace, lui demeureroit ; & qu'en compensation elle rendroit à l'Empire les forteresses de Kehl & de Philisbourg ; & à l'empereur, les villes de Brisac & de Fribourg ; enfin les endroits réunis hors de l'Alsace à leurs anciens souverains, à condition cependant « que dans tous ces endroits, la » religion Catholique demeureroit dans » l'état où elle se trouvoit actuelle- » ment. » Le Mont royal & les forts construits sur la rive droite du Rhin furent rasés. Le duc de Lorraine rentra dans son duché ; mais on démantela toutes ses forteresses ; & la France se réserva Longwi, Saarlouis, & le passage pour ses troupes. Quant à la succession Palatine, qui avoit été le sujet de la guerre, on convint de rétablir l'électeur Palatin dans la possession du Palatinat, à condition qu'il paieroit chaque année deux cents mille livres à la duchesse d'Orléans, en attendant la décision de ce différend. Au reste, les traités de Nimegue & de Munster furent la base de cette nouvelle pacification.

Léopold avoit vu que le principal motif des empressemens de Louis XIV pour la paix, étoit l'espérance de faire monter l'un de ses petit-fils sur le trône d'Espagne. Les intérêts de l'empereur étoient fort différens : ce prince comptoit mettre l'archiduc Charles en possession de la monarchie Espagnole ; & son but étoit de faire subsister la ligue, comme celui du roi de France étoit de la rompre. Mais l'Empire, exposé de tous côtés aux entreprises de ses voisins, les troubles intérieurs causés par les princes jaloux du pouvoir presque despotique de l'empereur, les succès des Ottomans en Hongrie, la difficulté de soutenir plus long-temps deux guerres aussi fortes, dans les deux extrémités de ses Etats, furent les motifs puissans qui déterminerent Léopold à la paix, sans qu'il perdît pour cela ses vues sur le trône d'Espagne.

1698. L'empereur avoit à peine ratifié les conclusions de Risvick, qu'il reçut la nouvelle d'une grande victoire que le prince Eugene, général de ses armées, venoit de remporter sur les Turcs, aux environs de Zenta, petite ville de Hongrie. L'action dura depuis dix heures du matin, jusques bien avant dans la nuit. Trente-deux mille Ottomans furent tués ou noyés. On leur prit neuf cents chariots, six mille chameaux chargés de provisions, sept mille chevaux, soixante-neuf piéces de gros canons, quinze mille tentes, sept queues de cheval, tous les drapeaux, la caisse militaire, dix femmes du Serrail qui se trouvoient dans le carrosse du Sultan, & une quantité prodigieuse d'armes à feu. Le Grand-Seigneur, qui avoit vu le carnage de loin, en fut si épouvanté, qu'il s'enfuit d'un seul trait jusqu'à Témeswar, d'où il écrivit à l'empereur pour lui demander la paix. Les mêmes raisons qui avoient déterminé Léopold à faire la paix avec la France, le firent résoudre à entrer en négociation avec le Sultan. La Porte céda la Transilvanie & l'Esclavonie à l'empereur, avec toutes les conquêtes qu'il avoit faites en Hongrie. Le traité fut fait pour vingt ans, ce qui dénote que ce fut plutôt une treve qu'une paix.

Pendant que les Etats du Nord de l'Europe armoient de tous côtés pour s'opposer aux prétentions que le roi de Dannemarck renouvelloit sur la partie du duché de Sleswick qui appartenoit au duc de Holstein-Gottorp, l'Angleterre & les Etats-généraux prenoient des mesures pour entretenir la paix entre l'Autriche & la France. Guillaume III [*], reconnu roi d'Angleterre depuis la paix de Riswick, proposa un traité de partage de la succession de Charles II, qui fut approuvé de la France. Par ce traité, l'on donnoit au Dauphin les

1700.

---

[*] En 1688, Jacques II, roi d'Angleterre, avoit été détrôné par ses sujets : le prince d'Orange son gendre, Stathouder des Etats-généraux, s'étoit emparé de son royaume.

royaumes de Naples & de Sicile, le marquisat de Final & la province de Guipuscoa : l'archiduc Charles ne devoit avoir que le duché de Milan ; le reste de la monarchie étoit accordé au prince électoral de Baviere.

Pour vous mettre en état de suivre plus aisément les opérations de cette guerre fameuse qui embrasa l'Europe entiere, qui coûta tant de sang & d'argent à la France, & qui pensa faire perdre à Louis XIV le fruit de tant de travaux & de gloire, je vais vous exposer l'ordre des héritiers de Charles III, tel que M. le président Hénaut l'a tracé. 1.° Le dauphin de France, fils de Marie-Thérese, fille ainée du premier lit de Philippe IV. 2.° Le prince électoral de Baviere, dont la mere étoit Marguerite-Thérese d'Autriche, fille du second lit de Philippe IV, & premiere femme de l'empereur Léopold. 3.° Le duc d'Orléans, frere de Louis XIV, fils cadet d'Anne d'Autriche, laquelle étoit fille ainée de Philippe III. 4.° L'empereur Léopold. 5.° Le duc de Savoie, aux droits de sa bisaïeule Catherine, fille de Philippe II, & femme de Charles-Emmanuel, duc de Savoie.

Le roi d'Espagne, indigné de voir que l'on partageoit ses dépouilles de son vivant, fit un testament en faveur du prince de Baviere, qu'il institua son héritier universel. L'empereur, mécontent du partage fait par l'Angleterre & la Hollande, protesta contre cet acte. La mort de l'électeur de Baviere fit revivre les prétentions sur la succession d'Espagne. L'Angleterre & les Provinces-Unies firent un second partage. Ce traité portoit que l'archiduc Charles, second fils de l'empereur, seroit mis en possession de la monarchie d'Espagne; que les royaumes de Naples & de Sicile seroient donnés au Dauphin, avec la Lorraine & la province de Guipuscoa. On cédoit au duc de Lorraine le Milanez en dédommagement de son duché. Ce traité ne satisfit point l'empereur, qui demandoit toute la succession d'Espagne. Charles II, après avoir consulté le pape, les universités d'Espagne, & les plus célebres théologiens, fit un testament, par lequel il déclara héritier universel de toute la monarchie d'Espagne, Philippe de France, duc d'Anjou, second fils du Dauphin; & en cas qu'il mourût sans enfans, ou qu'il montât sur le trône de France, il lui substitua le duc de Berri, troisieme fils du Dauphin, aux mêmes conditions. A son défaut, il substitua l'archiduc Charles, second fils de l'empereur Léopold, avec la même réserve de ne pouvoir réunir l'Espagne & l'Empire. Enfin, au défaut de l'archiduc, il désigna le duc de Savoie. Tel fut le fameux testament de Charles II, dont l'authenticité fut attaquée par tant de libelles & de manifestes. Ce prince ne survécut que quelques mois. Il fut le dernier mâle de la maison d'Autriche en Espagne. Ce prince, foible de corps & d'esprit, ne tenoit de son trisaïeul Charles V, que le nom & la couronne.

Lorsque la nouvelle de sa mort fut arrivée en France, Louis XIV fit partir le nouveau roi d'Espagne, qui fut reconnu dans toute l'étendue de la monarchie. L'empereur proteste contre le testament de Charles II, & propose à la diete de déclarer la guerre à la France; mais la plûpart des Etats embrassent le parti de la neutralité. Comme l'empereur étoit sans troupes & presque sans appui, on n'eut aucun égard à ses protestations; mais il agit avec tant d'adreſſe & de politique, que ſon parti devint bientôt redoutable à Louis XIV lui-même, qui juſqu'alors avoit tant de fois triomphé de ſes ennemis.

Il avoit de grands moyens pour ſuſciter des ennemis à la France, il les employa tous. Le premier fut l'érection du duché de Pruſſe en royaume : les circonſtances étoient très-favorables. Léopold, qui avoit refuſé en 1695 de reconnoître la Pruſſe pour un duché ſéculier, ne fit aucune difficulté de le reconnoître pour un royaume, lorſque l'électeur de Brandebourg lui eut promis des ſecours. L'Angleterre & la Hollande furent gagnées par le même motif. Les différends entre la Suede & le roi de Pologne, électeur de Saxe, aſſurerent au nouveau roi de Pruſſe le conſentement de ces deux couronnes, qui avoient également intérêt à le ménager. Les Etats d'Allemagne ne firent aucune oppoſition ; il n'y en eut que de la part de la France, du pape & de l'ordre Teutonique. La France, par des raiſons de politique ; le pape, par un zele de religion, & par la prétention chimérique que le ſouverain pontife ſeul a droit de fonder de nouveaux royaumes;

l'ordre Teutonique, par le souvenir de l'usurpation qui avoit donné lieu à l'établissement du duché de Prusse.

Léopold, devenu plus traitable par le besoin qu'il avoit du corps Germanique, promit de terminer le différend sur le neuvieme électorat, à la satisfaction des princes. Cette déclaration les appaisa, & lui concilia, par des traités particuliers, l'amitié & l'assistance de la plûpart des princes opposans.

Les électeurs de Baviere & de Cologne s'allierent avec la France; le roi de Portugal conclut avec elle un traité d'alliance offensive & défensive. Les ducs de Savoie, de Mantoue, & la duchesse de la Mirandole, reconnurent Philippe V pour roi d'Espagne. Les Etats-généraux des Provinces-Unies & l'Angleterre, firent d'abord de même; & peut-être la France auroit-elle prévenu la guerre, si elle eût eu un peu de déférence pour ces deux puissances; mais elle irrita les Anglois en reconnoissant, après la mort de Jacques II, son fils Jacques III pour roi d'Angleterre; & elle indisposa les Hollandois, en refusant les places de sûreté qu'ils demandoient dans les Pays-bas. Ces deux puissances conclurent une alliance avec l'empereur. Enfin, tous les Etats d'Allemagne s'unirent pour faire la guerre à la France. Le marquis de Bade fut nommé pour commander en Allemagne, le prince Eugene en Italie, & le duc de Marlborough dans les Pays-bas, à la tête des alliés. Louis XIV opposa au premier le marquis de Villars, au second le maréchal de Catinat, & le duc de Bourgogne au troisieme. La guerre commença de tous côtés avec une vigueur étonnante.

Le prince Eugene pénetre en Italie par les gorges du Tirol; il force le poste de Carpi, & bat le maréchal de Villeroi au combat de Chiari, & termine la campagne par la prise de la Mirandole. Dans les Pays-bas, les alliés s'emparent de Liege, de Ruremonde, & du château de Stocheim. En Allemagne, les Impériaux se rendent maîtres de Landau; le maréchal de Villars joint le prince de Bade, & met son armée en déroute.

Le roi de Portugal quitte l'alliance de la France, & offre ses services à l'empereur; & la maison d'Autriche lui cede, au nom de l'archiduc Charles, plufieurs places en Eftramadoure & en Galice, avec tout le pays fitué au-delà de la riviere de la Plata en Amérique. L'intérêt détacha encore le duc de Savoie de l'alliance de la France. Il entra dans la ligue, à condition que l'empereur lui céderoit le Mont-Ferrat, & les villes du Milanez qui feroient à fa bienféance. Sur la nouvelle de l'acceffion du roi de Portugal à la triple alliance, l'archiduc part de Vienne, & fe rend en Hollande pour paffer en Angleterre, & de-là en Efpagne. Cet événement, dont les alliés conçurent les plus grandes efpérances, leur fut très-pernicieux. La jaloufie fe mit entre les Hollandois, les Anglois, les Portugais, au fujet des conquêtes qu'ils prétendoient faire en Amérique; & ces trois peuples rivaux s'empêcherent mutuellement d'y en faire aucune: par ce moyen, la France conferva les richeffes de l'Amérique. De plus, les alliés compterent ordinairement dans la guerre d'Efpagne fur les troupes Portugaifes, & elles leur manquerent toujours dans les inftans les plus décififs,

En 1704 les affaires changerent de face, & les alliés eurent les plus grands succès en Allemagne, en Italie & en Espagne. L'électeur de Baviere avoit pris Paſſaw. Milord Marlborough, à la tête d'une armée d'Anglois & de Hollandois, & le prince Eugene avec les troupes Autrichiennes, joignirent l'armée de l'empire commandée par le margrave de Bade. Les maréchaux de Marſin & de Tallard amenerent deux renforts conſidérables à l'électeur de Baviere. Les alliés forcent les retranchemens de l'électeur ſur le Schellenberg près de Dannauwerth, & s'emparent de cette ville. L'électeur alla au ſecours, & donna mal-à-propos la bataille d'Hochſtedt le 15 Août. Elle fut déciſive : plus de la moitié de l'armée Françoiſe & Bavaroiſe fut détruite ; le reſte regagna avec peine les bords du Rhin, abandonnant toutes les villes de la Baviere & de Souabe. Le roi des Romains reprit le commandement de l'armée impériale. Landau ſe rend après un ſiége de deux mois, & Traërbach après ſix ſemaines de tranchée ouverte. Marlborough ſe rend maître de Treve. L'électeur de

1704.

Baviere est obligé de se retirer en France ; & l'électorat entier est abandonné à l'empereur par une capitulation signée par l'électrice, à qui l'on réserva la ville & le bailliage de Munich, avec le trésor électoral, pour son entretien & celui de ses enfans.

Dans les Pays-bas, les alliés prirent seulement le fort Saint-Isabelle, & bombarderent Namur. En Italie, le duc de Vendôme s'empara du duché de Modene, pour punir le duc du traité qu'il avoit fait avec l'empereur. Une autre armée Françoise s'empara du duché de Savoie, & d'une grande partie du Piémont. En Espagne, les alliés prirent Gibraltar ; & l'armée Espagnole fit de vains efforts pour reprendre cette place importante, qui est toujours restée aux Anglois.

Les armées de l'empereur étoient trop occupées pour que ce prince eût pu penser à punir les Hongrois de leur révolte ; ils se plaignoient de l'oppression où les tenoient les ministres impériaux, & de la licence des garnisons impériales. Les rebelles, qui avoient à leur tête Ragotzki, les comtes de Bercheny, de Caroli & de Forgatsch, s'é-

DE L'EMPIRE D'ALLEMAGNE. 45
toient emparés de plusieurs villes. Léopold avoit pris le parti de dissimuler en attendant qu'il pût les châtier ; mais, au milieu des plus grands succès, & sur le point de prononcer la sentence du ban contre les électeurs de Baviere & de Cologne, alliés de la France, ce prince mourut, après un regne de quarante-six ans.

Vous avez dû remarquer combien cet empereur fut occupé pendant tout son regne, qui ne fut, pour ainsi dire, qu'une guerre continuelle, tantôt contre la France, & tantôt contre les Turcs & les Hongrois. Rien de si foible que l'autorité impériale après la mort de Ferdinad III. La paix de Westphalie la renfermoit dans les bornes les plus étroites, & la subordonnoit, pour ainsi dire, à celle des Etats. Ceux-ci regardoient alors les rois de France & de Suede comme les défenseurs de la liberté Germanique, contre les entreprises de la maison d'Autriche ; & l'Allemagne leur donnoit toute sa confiance, tandis que les moindres démarches des empereurs lui étoient suspectes. Louis XIV disposoit de la volonté de la plus grande partie des Etats les plus puiffans; & le prince le plus foible trouvoit une efpece de gloire, & regardoit comme une preuve de fa fouveraineté, de pouvoir contredire l'empereur. Tel étoit l'Etat de l'Allemagne lorfque Léopold parvint à l'Empire, & il le changea au point que peu d'empereurs avant lui ont régné avec plus d'autorité. Il prit une route oppofée à celle de fes prédéceffeurs. Charles-Quint & Ferdinand II avoient voulu écrafer les Etats d'Allemagne ; Léopold, au contraire, affecta la plus grande foibleffe. Il perfuada à tout l'Empire que la maifon d'Autriche n'étoit plus à craindre, & il exagéroit adroitement les forces de la monarchie Françoife. Vienne affiégée par les Turcs, les armées impériales réduites à peu de régimens mal entretenus, les finances épuifées, les Hongrois révoltés, étoient des objets qui devoient frapper, lorfqu'on leur comparoit Louis XIV ayant deux cents mille hommes fur pied, couvrant l'Océan de fes flottes, & triomphant de l'Europe entiere. Léopold parvint à rendre la France odieufe. Les réunions, le ravage du Palatinat, plufieurs autres griefs auxquels on auroit peut-être applaudi en 1660, devinrent en 1688 une source de haines & de terreurs pour toute l'Allemagne. Le même enthousiasme qui avoit jetté l'Empire entre les bras de la France, le saisit en faveur de la maison d'Autriche. La France parut alors un ennemi dangereux, à qui il falloit opposer une digue; la maison d'Autriche y parut propre; & l'Allemagne se sacrifia pour elle avec autant de vivacité, qu'elle lui avoit paru contraire peu d'années auparavant. Quelques bourgs réunis par la France à l'Alsace en 1680 & 1681, valurent à l'empereur, en 1691 & 1702, l'association des cercles. l'Allemagne apprit à connoître ses forces; & cette révolution fut si complette, que la Suede, si formidable aux Ferdinands, ne conserva que peu d'influence dans les affaires d'Allemagne; elle ne la conserva même qu'en s'unissant étroitement avec la maison d'Autriche. Le regne de Léopold sera à jamais mémorable par les grands événemens qui l'ont illustré.

Dep.J.C.
JOSEPH I. La mort de Lépold ne 1705.

causa aucun changement dans les affaires générales de l'Europe. Joseph, qui lui succéda immédiatement, soutint le système que son pere avoit embrassé : plus entreprenant que lui, il prescrivit à l'Allemagne les loix que Léopold l'avoit préparée à recevoir. Il se disposa avec la plus grande activité à continuer la guerre en Italie, en Flandre & en Allemagne, tandis que l'archiduc Charles combattoit en Espagne pour la succession à cette couronne. Il survint à l'empereur de nouveaux embarras ; les Bavarois, excités par la femme de l'électeur, à laquelle Léopold avoit laissé Munich & ses dépendances pour son entretien, profiterent des circonstances pour se soulever. Joseph y fit passer des troupes, avec ordre de mettre tout à feu & à sang. L'électrice s'enfuit à Venise : la plûpart des chefs de la révolte se retirerent en Bohême, où les esprits étoient dans la plus grande fermentation. Ce peuple indocile & remuant, dont l'esprit d'indépendance n'avoit ni justes bornes, ni d'objet déterminé, vouloit être libre ; & par un aveuglement inconcevable, il faisoit consister sa liberté dans les agitations continuelles d'un gouvernement arbitraire qu'il vouloit changer à son gré ; &, dans la réalité, le caprice & l'inconstance avoient plus de part à sa révolte que l'amour de la liberté. Les Bohémiens se joignirent aux Bavarois, & formerent un corps d'armée qui fut d'abord surpris & vaincu par le comte Lowenstein ; mais cette victoire ne rétablit pas la paix en Bohême.

La Hongrie n'étoit pas plus tranquille : aussi jaloux de la chimere qu'ils appelloient liberté, les Hongrois, d'abord après la mort de Léopold, avoient tenu un grand conseil, où la plûpart des seigneurs avoient pris la résolution de faire rentrer la nation dans la possession des privileges dont Léopold l'avoit dépouillée. L'Angleterre & la Hollande virent tout le tort que les rebelles de Hongrie pouvoient faire à la cause commune : ces deux puissances offrirent leur médiation pour les appaiser ; mais ils la refuserent. Le prince Ragotski fit de nouvelles levées, dont il prit le commandement ; & l'empereur fut contraint de leur opposer des troupes, à la tête desquelles il mit les généraux d'Harbeville & Rabutin, tous deux recommandables par leur courage, leur fageffe, & leur attachement inviolable aux intérêts de la maifon d'Autriche. Après avoir pris toutes ces précautions, Jofeph mit au ban de l'empire les électeurs de Baviere & de Cologne. Pour cet acte de juftice, il affembla la nobleffe dans la grande falle du palais, fe plaça fur un trône, & fe fit lire les actes par lefquels Léopold avoit donné l'inveftiture aux deux princes. Lorfque la lecture en fut faite, l'empereur les déchira par le milieu, & les pouffa du pied jufqu'à terre. Les hérauts d'armes les ayant ramaffés avec la pointe d'une lance, les mirent en piéces, & les jetterent par les fenêtres dans la baffe-cour du palais. On lut enfuite le décret par lequel les électeurs étoient mis au ban de l'empire, après quoi les hérauts d'armes le publierent dans tous les carrefours de Vienne. La tête de l'électeur de Baviere fut mife à prix ; & l'archevêque de Cologne auroit eu le même fort, fi fa qualité de prélat ne l'eût mis à couvert d'un pareil traitement. Les enfans de l'électeur de Baviere furent dépouillés

lés de leur qualité de princes. Les princes de l'empire, fans défapprouver cette fentence, protefterent contre la forme qu'on y avoit obfervée, en la prononçant fans le confentement préalable de leur college; mais ces proteftations n'eurent aucune fuite.

Cependant les Alliés avoient partout les plus brillans fuccès. En Italie, 1706. le prince Eugene fait lever le fiége de Turin, qui fe faifoit fous les ordres du duc d'Orléans, force les lignes des François; & cette victoire des Impériaux fait perdre à Louis XIV toute l'Italie.

En Flandre, les François ne furent pas plus heureux; le duc de Marlborough remporta, fur le maréchal de Villeroi & l'électeur de Baviere, la fameufe victoire de Ramillies, après laquelle les débris de l'armée Françoife évacuerent en fuyant tout le pays jufqu'à Lille. Bruges, Gand, Louvain, Bruxelles, Oudenarde, Oftende, Malines, & tout le Brabant, ne coûterent pas un coup de canon aux Alliés.

La guerre n'étoit pas fi vive en Allemagne; le maréchal de Villars, qui commandoit fur le Rhin, n'avoit ni assez de troupes pour former des entreprises dignes de sa valeur, ni des secours à espérer en cas d'échec. Cependant il fit lever le siége du Fort-Louis, & se rendit maître d'Haguenau.

En Espagne, l'archiduc s'empara de Carthagene, de Salamanque & de Madrid, où il se fit proclamer roi. De-là les Alliés passerent dans le royaume de Valence, prirent Alicante, brûlerent quelques villages fortifiés, rentrerent ensuite dans la Castille, qu'ils abandonnerent encore. Il ne restoit plus à Philippe V de place importante, que Barcelone. Les Portugais la tenoient assiégée ; Philippe alla à son secours, & vint à bout d'en faire lever le siége. Ce succès ne consoloit point ce prince de la perte de ses meilleures places, & il voyoit avec douleur que les mauvais succès des armes de Louis XIV, faisoient déja chanceler son autorité en Espagne.

Tant de malheurs arrivés coup sur coup, jetterent Louis XIV & toute sa cour dans la plus grande consternation. La fortune, qui sembloit punir ce monarque de ses prospérités passées, répandoit sur ses dernieres années l'amertume & la douleur. Ce prince, autrefois couvert de gloire, redouté de ses voisins, respecté de l'Europe entiere, ne pouvoit se dissimuler que son ambition avoit rendu ses sujets malheureux. Quoique dévoré de ces idées affligeantes, sa fermeté ne l'abandonna point. Plus sensible à l'abaissement de ses sujets qu'à sa propre humiliation, il soutint avec le plus grand héroïsme les coups du sort & le retour de la fortune.

La maison d'Autriche étoit au comble de la gloire. Rivale heureuse de celle de Bourbon, la prospérité de ses armes lui donnoit le premier rang dans l'Europe; & Joseph étoit résolu de tirer de ses victoires tous les avantages qu'il avoit lieu d'en espérer. Ses alliés n'avoient pas moins d'intérêt à continuer la guerre; aussi fut-elle poussée avec la plus grande vigueur.

La France paroissoit devoir être écrasée; le maréchal de Villars trouva en lui-même des ressources qui la sauverent. Après avoir forcé les lignes de Stolhoffen, & battu près de Lorch les troupes du cercle de Franconie, il entra dans la Souabe, où il se fit

C ij

payer des sommes immenses, & repassa en Alsace, chargé de dépouilles & de butin. La maison d'Autriche fut frappée d'étonnement à la nouvelle de cette heureuse expédition. Elle le fut encore davantage des mauvais succès de l'archiduc en Espagne. La bataille d'Almanza, où le maréchal de Barwick battit les Impériaux, leur tua quatorze mille hommes, prit vingt-quatre piéces de canons, cent vingt drapeaux, & tous leurs équipages, affermit Philippe V sur le trône d'Espagne, ruina l'armée de l'archiduc, & lui fit perdre le royaume de Valence, celui d'Arragon & la Castille, dont il ne s'étoit emparé qu'à force de combats. L'empereur ne put s'occuper alors à réparer ces pertes. De nouvelles révoltes en Hongrie demandoient tous ses soins; & il aima mieux conserver un royaume héréditaire dans sa maison, que de combattre pour l'acquisition incertaine d'un trône ébranlé.

Quoique vaincus de toutes parts, les Hongrois refusoient constamment de se soumettre à la puissance de l'empereur ; ils revendiquoient avec la même opiniâtreté les droits qui leur avoient été enlevés. Ils ne vouloient point remettre à la fin des guerres de l'empire pour exiger la satisfaction qu'ils demandoient; & le prince Ragotski, leur général, les engagea à continuer la guerre avec la plus grande vigueur.

Un nouvel ennemi se fit connoître, mais il n'étoit pas à craindre pour Joseph : c'étoit le pape Clément XI qui, après s'être plaint de ce que les troupes Autrichiennes, qui étoient en Italie, y avoient levé des contributions sur le clergé, excommunia les auteurs des excès dont il se plaignoit. Cette censure, & le refus que le pape avoit fait de reconnoître l'archiduc pour roi d'Espagne, acheva d'indisposer sa majesté impériale contre la cour de Rome. Quelque temps après, le comte de Kaunitz, auditeur de Rote pour l'Allemagne, fit distribuer dans l'Etat ecclésiastique une lettre circulaire avec un manifeste où Joseph déclaroit nulles & attentatoires les censures de Clément XI. Cet écrit fut accompagné d'une bonne armée qui s'empara de plusieurs places appartenantes au pape. Ces premiers actes d'hostilités furent bientôt suivis d'un traité qui portoit

1708.

que le pape défarmeroit, & réduiroit fes troupes au nombre de cinquante mille hommes ; que les Impériaux fortiroient enfuite des terres de l'Eglife, à la réferve de fix mille hommes à qui fa fainteté fourniroit la fubfiftance ; que le pape congédieroit les François & les Efpagnols qui fe trouvoient à fon fervice ; qu'il ne donneroit ni fecours ni retraite aux ennemis de la maifon d'Autriche ou de fes alliés. Lorfqu'il s'agit de la ratification de ce traité, l'ambaffadeur de Vienne, fuivant les ordres qu'il en avoit reçus, exigea que le pontife reconnût l'archiduc pour roi d'Efpagne. La violence qu'on avoit faite au pape, fut pour lui une mauvaife excufe à la cour d'Efpagne; fon nonce eut ordre de fe retirer, & l'on défendit aux évêques d'avoir aucun commerce avec la daterie, & d'y envoyer de l'argent : l'ambaffadeur d'Efpagne fortit de Rome fans prendre congé du fouverain pontife.

L'empereur ayant réuffi à diminuer la puiffance temporelle du pape, réuffit auffi à faire reconnoître pour électeur le duc de Hannover. La diete de Ratisbonne, après une oppofition qui duroit depuis feize ans, admit enfin le duc dans le college électoral, à une condition pour prévenir la fupériorité que les Proteftans auroient dans le college électoral, fi jamais l'électorat Palatin paffoit à un prince de leur religion ; on convint que le fuffrage du premier des électeurs Catholiques feroit compté deux fois dans les affemblées électorales. La diete conclut auffi qu'il feroit libre à l'empereur Jofeph d'avoir droit de féance & de fuffrage dans le college, en qualité de roi de Bohême. Depuis Ladiflas, aucun des prédéceffeurs de ce prince n'avoit affifté aux affemblées de l'empire. Ils s'étoient contentés de leur droit de fuffrage dans l'élection du roi des Romains ; mais ils firent enforte que leur qualité de vaffaux de l'empire ne donnât aucune atteinte effentielle à leur fouveraineté. La maifon d'Autriche, parvenue à la couronne de Bohême, auroit perfifté dans la même politique, fi le corps Germanique n'eût point changé de face. Mais la fouveraineté des Etats particuliers d'Allemagne ayant été garantie par les traités d'Ofnabruk & de Munfter, les empeteurs, rois de Bohême, avoient intérêt à faire revivre leur droit de séance ; & Joseph, qui connoissoit l'utilité de ce privilege relativement à ses intérêts, obtint du corps Germanique, qu'il seroit rétabli dans les anciennes prérogatives des rois de Bohême. On en fit un décret, en vertu duquel l'ambassadeur de cette couronne eut droit d'assister à toutes les délibérations de l'empire.

La France épuisée n'avoit plus d'espérance de réparer ses pertes. Les peuples, accablés d'impôts, soupiroient après la paix. Les troupes n'étoient ni vêtues, ni payées, ni en état de combattre. La disette & la faim désoloient les provinces ; les peuples malheureux murmuroient contre le ministere, & l'on n'épargnoit pas même la personne du roi. Louis XIV, sacrifiant alors une partie de sa grandeur au plaisir de relever son peuple de l'état de misere & d'abaissement où il l'avoit réduit, prit la résolution de faire des propositions de paix aux Alliés. Après les premieres ouvertures faites par le président Rouillé, & le sieur Voisin, conseiller d'Etat, le marquis de Torcy se rendit à la Haye, en qualité de plénipotentiaire du roi Très-Chrétien. Voici les conditions que proposerent le prince Eugene & le comte de Zinzendorff de la part de l'empereur, le duc de Marlborough & milord Townsend pour l'Angleterre, le grand penfionnaire Heinfius & les autres députés des Etats-généraux de Hollande.

Le roi Très-Chrétien reconnoîtra dès à préfent Charles III d'Autriche, en qualité de roi d'Efpagne, des Indes, de Naples, de Sicile, & fouverain de tous les autres Etats de la monarchie Efpagnole, en quelqu'endroit qu'ils foient fitués.

La reftitution des Etats & des places occupés par Philippe V, fera faite dans l'efpace de deux mois.

Si Philippe V refufe d'y confentir, le roi Très-Chrétien fe joindra aux princes alliés pour l'y forcer.

Le roi Très-Chrétien retirera dans deux mois les troupes qu'il a en Efpagne & dans les autres pays dépendans de la monarchie Efpagnole, & celles des Indes le plutôt que faire fe pourra.

La monarchie d'Efpagne demeurera

dans son entier à la maison d'Autriche.

La ville & citadelle de Strasbourg seront remises à l'empereur en l'état où elles se trouvent, de même que le fort de Kell & leurs dépendances, avec cent piéces de canon de bronze.

La ville de Brissack sera de même rendue à sa majesté Impériale.

A l'avenir, le roi de France ne possédera l'Alsace que comme protecteur des villes qui y sont situées.

S. M. Très-Chrétienne fera démolir à ses frais toutes ses forteresses sur le Rhin, depuis Basle jusqu'à Philisbourg.

L'article IV du traité de Risvick touchant la religion, sera remis à l'examen & décision de la paix générale.

Le roi Très-Chrétien reconnoîtra la reine Anne pour reine de la Grande-Bretagne.

S. M. Très-Chrétienne souscrira à la succession de la couronne Britannique, sur le pied qu'elle a été réglée par les actes du Parlement d'Angleterre.

Le roi Très-Chrétien cédera à l'Angleterre ce que la France possede en l'île de Terre-Neuve, & promettra de ne jamais s'emparer des Indes Espagnoles, ni d'y envoyer aucun de ses vaisseaux.

S. M. Très-Chrétienne s'engagera à faire raser Dunkerque, & combler le port de cette place.

Le prince de Galles ne restera plus dans le royaume ; on conviendra du lieu de sa retraite, par un article de la paix générale.

On réglera par un traité particulier le commerce des Anglois en France.

Le roi Très-Chrétien reconnoîtra l'électeur de Brandebourg pour roi de Prusse, prince de Neuchatel & comte de Walengin.

On cédera aux Etats-généraux pour leur barriere, les places de Furnes, Furtemberg, le fort de Knos, Ypres, Varneton, Comines, Werwick, Périgen, Lille & sa châtellenie.

Outre les places ci-dessus, S. M. rendra toutes celles que ses troupes occupent dans les Pays-bas Espagnols, en l'état qu'elles se trouvent.

S. M. Très-Chrétienne ne fera sortir dès à présent aucune artillerie ni munitions de bouche ou de guerre, des places qu'elle doit céder.

S. M. accordera aux Etats-généraux les conditions de commerce, telles qu'elles feront réglées par le traité de la paix.

La couronne de France reconnoîtra le nouvel électorat érigé en faveur de la maison de Brunswick-Hannover.

On restituera au duc de Savoie le duché de ce nom & le comté de Nice.

La France lui abandonnera en toute souveraineté Exiles, Fenestrelles, Chaumont, Pragelas avec leurs territoires, dont Son Altesse Royale s'est emparée la campagne derniere.

A l'égard des prétentions des électeurs de Baviere & de Cologne, elles seront renvoyées aux décisions de la paix générale.

Les articles ci-dessus n'étant que préliminaires, il sera convenu que les demandes réciproques qu'on pourra faire de part & d'autre, hors de la négociation de la paix générale, n'interrompront point la suspension d'armes dont il sera parlé ci-après.

Il sera libre à l'empire, aux quatre

cercles associés, au roi de Portugal, au roi de Prusse, au duc de Savoie & autres princes alliés, d'étendre leurs prétentions, & de les soutenir à l'assemblée de la paix générale, par telles demandes qu'ils trouveront convenir à leurs intérêts particuliers.

Le marquis de Torcy ne signa point des articles aussi offensans pour la cour de France; il se rendit à Versailles, où l'on se récria contre des demandes si excessives. Les François, plus jaloux de l'honneur que sensibles à leurs maux, quelle que fût l'affreuse extrémité où ils se trouvoient réduits, répondirent qu'ils n'étoient ni d'humeur à recevoir de pareilles propositions, ni accoutumés à les entendre. Les négociations se rompirent, & l'on recommença la guerre avec plus de chaleur. Le maréchal de Villars marcha vers les Pays-bas; & les Alliés chercherent à lui livrer bataille. L'armée du maréchal étoit inférieure, & il sçut éviter le combat. Les Alliés s'étant emparés de Tournay, & se disposant à faire le siége de Mons, le maréchal se vit obligé d'aller au secours de cette place. A son arrivée au débouché de Malplaquet, il trouva l'armée des Alliés campée à Quévi; il rangea la sienne dans la plaine; &, le 11 Septembre 1709, se donna la fameuse bataille qui porte le nom de l'endroit où elle fut donnée. L'armée Françoise fut battue, après avoir ruiné l'infanterie Hollandoise; le maréchal de Villars y fut blessé & mis hors de combat. Le maréchal de Bouflers, après des prodiges de valeur, fit une retraite qui ne tenoit rien de la fuite; elle ne fut ni empressée ni troublée; sa marche fut assurée & tranquille. Les François avoient perdu neuf étendards, mais ils en emportoient trente-deux enlevés aux ennemis. Cette bataille est une des plus sanglantes & des plus meurtrieres qui se soient données depuis plusieurs siécles. On peut dire que la gloire de cette journée n'appartient, pour ainsi dire, à aucun parti. Les François prévinrent leur défaite, & les Alliés n'en profiterent point: la perte des vainqueurs fut plus considérable que celle des vaincus; le seul fruit qu'ils retirerent de cette journée, fut la prise de Mons.

Le duc de Barvick, qui commandoit en Italie, y eut des succès; & le maréchal de Vendôme en Espagne terrassoit les Portugais & l'archiduc par sa valeur, tandis que sa bonté d'ame & sa générosité, soutenues de beaucoup de politique, concilioient à Philippe la bienveillance intéressée des Espagnols, qu'il accoutumoit insensiblement au gouvernement François.

Ces heureuses nouvelles ne mettoient pas la France dans une situation plus heureuse. Le peuple, toujours aussi à plaindre, étoit insensible au récit des avantages remportés sur les ennemis. Les finances étoient épuisées ; & continuer la guerre, c'étoit se plonger plus avant dans l'abyme où l'on étoit déja. Ces idées importunes affligeoient Louis XIV : il fit faire de nouvelles propositions de paix aux Alliés ; mais la cour de Vienne traversa les démarches de la France. Enfin l'on alla jusqu'à promettre qu'on accorderoit un passage aux Alliés, & qu'on leur fourniroit une partie de l'argent nécessaire pour détrôner Philippe V. Ces humiliantes propositions ne satisfirent point les plénipotentiaires ; le duc de Marlborough & les autres partisans de la guerre s'aviserent d'exiger que Louis XIV se chargeât seul de détrôner son petit-fils. Cette proposition, dont ils ne voulurent jamais se relâcher, fit rompre la négociation, & l'on continua la guerre.

En Italie & dans les Pays-bas on ne s'occupa qu'à prendre & à reprendre des places ; la guerre fut plus vive en Espagne. Le comte de Staremberg, général des Autrichiens, battit l'armée de Philippe V aux environs de Sarragosse : Philippe s'enfuit de Madrid, & conduisit à Valladolid, ensuite à Vittoria, la reine & le prince des Asturies. Le roi fut suivi d'un grand nombre de seigneurs & de tous les conseils. Une foule de dames de la plus haute distinction, n'ayant pu trouver de voitures, firent le voyage à pied. Le marquis de Mansera, président du conseil de Castille, âgé de près de cent ans, suivit la cour dans une chaise à porteur, & ne retourna à Madrid qu'après en avoir reçu l'ordre du roi.

L'archiduc reçut à Pisia la nouvelle de la victoire ; il assembla son conseil pour délibérer sur le parti que l'on prendroit. Le comte de Staremberg, général plein de sagesse & de bravoure, fut d'avis de rester en Arragon & en

Catalogne, & d'assiéger Lérida. Les Anglois voulurent que l'archiduc se rendît à Madrid ; ce sentiment fut suivi. Lorsque l'archiduc y fut entré, les bourgeois se retirerent dans leurs maisons & fermerent leurs boutiques ; personne ne parut dans les rues. Vers le milieu de la nuit on entendit tout-à-coup des cris de *Vive Philippe V*. L'archiduc effrayé crut que les habitans avoient pris les armes. Il envoya chercher le marquis de Mansera, qu'il croyoit l'auteur de cette prétendue révolte, & lui ordonna de lui baiser la main. Ce vieillard respectable lui fit cette réponse qui a immortalisé son nom : « Je n'ai qu'une foi &
» un roi, qui est Philippe V, auquel
» j'ai prêté serment de fidélité. Je re-
» connois l'archiduc pour un grand
» prince, mais non pas pour mon sou-
» verain. J'ai vécu cent ans sans avoir
» rien fait contre mes devoirs ; & pour
» le peu de jours qui me restent à vi-
» vre, je ne veux point me déshono-
» rer. » Cette réponse frappa tellement l'archiduc, qu'il ne voulut point rester dans Madrid. Avant son départ, il défendit à ses troupes de molester les habitans : la ville ne fut point pillée ;

mais on ravagea les environs, on brûla les églises, on força les monasteres, & l'on massacra tout ce qui fit mine de résister.

Le roi d'Espagne avoit demandé du secours à Louis le Grand ; mais ce monarque, attaqué lui-même de toutes parts, ne put lui envoyer que le duc de Vendôme qu'il avoit rappellé en France depuis quelque temps. Vendôme seul valut une armée pour Philippe V, & l'arrivée de ce général fit une révolution dans l'Espagne. Les seigneurs, les ecclésiastiques, les moines & les particuliers lui envoyerent des sommes pour payer les troupes : le roi se mit à la tête, marcha droit au comte de Staremberg, le joignit près de Villaviciosa, & remporta sur lui une victoire complette. Avant la bataille, les grands d'Espagne conjurerent le roi de ne point exposer sa personne sacrée ; mais le duc de Vendôme lui dit : « Allons, Sire, » quand vous serez à la tête de tant de » braves gens, vos ennemis ne vous ré- » sisteront pas. » Après la victoire, le roi dit au duc de Vendôme qu'il mouroit d'envie de dormir. « Sire, lui dit » le duc, je vais vous faire le meil-

» leur & le plus beau lit que vous au-
» rez de votre vie. » Et il fit ranger sous
un gros arbre les drapeaux qu'on avoit
enlevés aux ennemis. Le roi se jetta
dessus tout botté, & dormit cinq heures
plus agréablement qu'il n'auroit fait à
Madrid. Cette victoire causa des inquiétudes aux Alliés. Louis XIV fit sur
ces entrefaites de nouvelles propositions
de paix. La reine Anne & les Etats-
généraux n'étoient pas éloignés d'en- 1711.
trer en négociation : la mort de l'empereur Joseph fut le salut de la France,
& rendit la paix à l'Europe.

Cet empereur étoit mort au milieu
des plus grands succès : les mécontens
de Hongrie avoient soutenu pendant
huit ans les efforts des troupes Impériales ; ils venoient d'y succomber. Le
prince Ragotski & le comte de Ber-
chiny furent obligés de se retirer en
Turquie : le comte Caroly, resté seul
chef des Courouzes ou mécontens, n'eut
d'autre parti à prendre que celui de se
soumettre à l'empereur. Le traité fut
négocié & conclu à Zatmar le 29 Avril.
On rendit les biens confisqués à leurs
anciens possesseurs, la liberté de cons-
cience aux Protestans, & les anciens

privileges conservés en 1690 au corps de la nation. Ce traité fut ratifié par l'impératrice Eléonore-Magdeleine, régente de Hongrie & de Bohême depuis la mort de l'empereur, arrivée le 17 Avril.

Joseph étoit fils de l'empereur Léopold & d'Eléonore-Magdeleine-Thérese de Neubourg. Il avoit épousé Guillemine-Amélie, fille de Jean-Frédéric, duc de Brunsvick-Lunébourg, dont il eut en 1699 Marie-Josephe, mariée au prince électoral de Saxe en 1719; Léopold-Joseph, qui ne vécut que treize mois; & Marie-Amélie, épouse de l'électeur de Baviere, connu depuis sous le nom d'empereur Charles VII. Joseph fut un des plus grands empereurs de la maison d'Autriche ; entreprenant, actif, plein de feu ; aussi prompt à concevoir un dessein, qu'habile à l'exécuter ; ferme dans ses projets, il souffroit avec peine qu'on y mît opposition. Il combla de faveurs les talens distingués & le mérite utile. Il sçavoit démêler dans la foule le simple soldat qui avoit signalé sa bravoure, son courage, & lui donnoit des rivaux. A l'exemple des plus célebres empereurs de la maison d'Autriche, il humilia certains princes ambitieux, & assigna des bornes à leur autorité ; il défendit avec chaleur les prérogatives de la couronne impériale ; il sçut rendre son nom respectable au Protestantisme & à l'esprit de rebellion ; il maintint l'équilibre entre les Etats de l'empire, & rompit les entreprises de quelques génies remuans ; enfin, il soutint la majesté du trône contre les efforts de l'envie. Une partie de son regne fut consacrée aux soins de la guerre ; l'autre fut employée au maintien des loix, de l'ordre & de la subordination. Les plus glorieux succès furent la récompense de cette double entreprise. La maison d'Autriche devint plus respectable à l'empire, & redoutable à ses voisins ; enfin, lorsque Joseph mourut, il étoit sur le point de faire sentir à la maison de France la fausseté du système politique qui avoit mis plusieurs fois l'Europe en feu, pour l'abaissement de celle d'Autriche. La gloire de ces deux maisons est indépendante l'une de l'autre ; & si Louis XIV jouit de quelques instans de supériorité dans les commencemens de son regne, la fortune & le sang de ses sujets en furent le prix ; & dans ses dernieres années, il les racheta bien chérement. La rivalité des maisons d'Autriche & de Bourbon fut fatale à toute l'Europe & à elles-mêmes ; la concorde & la paix leur eût procuré plus de véritable gloire, & eût rendu leurs sujets plus heureux. Ce bonheur étoit réservé à nos jours ; l'union la plus sacrée de ces deux maisons n'en fait, pour ainsi dire, qu'une : puisse à jamais durer la paix qui regne entre elles !

Dep.J.C.
1711.
CHARLES VI. L'Europe ne fut en aucun temps dans une situation semblable à celle où elle se trouvoit à la mort de l'empereur Joseph. Toutes les puissances de cette partie de l'univers étoient épuisées par une guerre de dix années, qui n'avoit pas moins coûté de trésors que de sang, & qui, ayant succédé à d'autres guerres qui n'avoient été interrompues que par de courtes apparitions de paix, avoit réduit tous les potentats dans une espece d'impuissance de se faire plus de mal. L'Allemagne avoit besoin de placer sur son trône un prince qui fût son protecteur & son ap-

pui contre les entreprises de l'empire Ottoman. L'archiduc Charles, par sa naissance, par ses vertus, par son pouvoir & ses richesses, étoit ce prince. Héritier des vastes possessions de son frere, ses Etats héréditaires pouvoient servir de barriere entre les empires d'Orient & d'Occident ; il fut élu après un interregne de six mois.

La mort de Joseph changeoit le système politique de l'Europe. L'Angleterre, la Hollande, & les autres alliés de l'empire, n'avoient pris les armes que pour empêcher que les couronnes de France & d'Espagne ne fussent un jour réunies sur une même tête ; le même intérêt exigeoit que ces puissances s'opposassent à ce que Charles VI, élu empereur, devînt un second Charles-Quint, & même un prince plus puissant encore. La France étoit épuisée, & ne pouvoit être de longtemps en état de faire tête aux forces de l'Autriche, aidées des trésors de l'Amérique dont l'empereur auroit été le maître. Louis XIV, dont la fierté avoit révolté contre lui tous ses voisins, accablé par une longue suite de malheurs & de revers, n'étoit plus à craindre ;

il demandoit la paix. Il offroit de satisfaire les Alliés sur la plûpart de leurs demandes ; de démolir Dunkerque, éternel objet de terreur & de jalousie pour l'Angleterre ; de faire raser les forts qu'il avoit fait construire sur le Rhin, d'évacuer les places des Pays-bas dont ses troupes étoient en possession ; enfin, de consentir à ce que le trône d'Espagne ne pût jamais être occupé par un roi né d'un Dauphin de France. Mais le jeune Charles ne vouloit pas entendre parler de paix.

Le duc de Marlboroug dominoit en Angleterre, & commandoit en souverain dans les Pays-bas. Jaloux de son autorité qu'il devoit perdre à la paix, il tâchoit de prolonger la guerre, en renouvellant les propositions étranges qu'il avoit faites à Gertruydemberg. Sa puissance paroissoit plus affermie que jamais, lorsqu'une intrigue de cour renversa tous ses projets, & rendit le calme à l'Europe. Ladi Masham ruina le crédit de la duchesse de Marlborough ; la duchesse entraîna dans sa chûte le général son mari, & toute sa famille, qui remplissoit les premieres charges du royaume. La reine Anne, rendue à elle-même,

recon-

reconnut que jufqu'alors l'Angleterre s'étoit facrifiée uniquement pour procurer de grands avantages à la Hollande, à la maifon d'Autriche & à Marlborough. Cette princeffe ne fut point infenfible à la gloire de donner la paix à l'Europe ; elle conclut une fufpenfion d'armes avec la France, & envoya propofer au confeil des Provinces-Unies d'entrer dans fes vues. Elle y réuffit d'autant mieux, que les Etats-généraux commençoient à redouter la trop grande puiffance de la maifon d'Autriche. On dreffa des articles préliminaires, & l'on fixa le terme & le lieu d'un congrès pour la tenue des conférences.

Charles fit tous fes efforts pour rompre ces projets ; il fit faire par le prince Eugene les propofitions les plus avantageufes aux Etats-généraux & à la cour d'Angleterre ; mais ce prince retourna à Vienne fans avoir pu rien obtenir. Tandis qu'il faifoit les préparatifs pour la campagne fuivante, l'ouverture du congrès fe fit à Utrecht.

L'empereur, qui fe difpofoit à foutenir feul tout le fardeau de la guerre, avoit befoin de toutes les troupes : pour retirer celles de Hongrie, il fit un accommodement avec les mécontens de ce royaume. Tranquille de ce côté, il ne songea plus qu'à poursuivre vivement la guerre contre la France. Il envoya ses plénipotentiaires au congrès d'Utrecht; mais ils porterent si haut leurs prétentions, ainsi que les Hollandois, que les ministres de France ne purent rien terminer. Le prince Eugene commença la campagne par le siége de Landreci.

Le Maréchal de Villars, à qui Louis XIV avoit confié la fortune de la France, résolut de tout tenter pour faire échouer cette entreprise. Il fit faire à son armée des mouvemens qui tromperent le général de l'empereur; & pour cette fois, le prince Eugene ne s'apperçut qu'il avoit pris le change, que lorsque le mal fut sans remede. Son camp fut attaqué par un endroit où il ne s'attendoit pas que les François pussent parvenir; & de dix-sept bataillons qui défendoient les retranchemens forcés par le maréchal de Villars, à peine se sauva-t-il quatre cents hommes. Le prince Eugene vint inutilement au secours; la victoire étoit assurée. Cette action fut suivie de la prise de tous les postes situés le long de la Scarpe ; de Saint-Amand, de l'abbaye d'Auchin, des quatre Clochers, de Hanon & de Mortagne ; de la prise de Marchienne, où l'on trouva soixante-dix piéces de gros canon, quarante de campagne avec leurs affuts, une prodigieuse quantité de poudre, de boulets, de bombes, de carcasses, & beaucoup de grains, de farines, & d'autres vivres. Le prince Eugene fut obligé d'abandonner Landreci. Douay fut assiégé, & le gouverneur obligé de se rendre à discrétion.

Le maréchal de Villars prenoit des mesures si justes, qu'il mettoit souvent en défaut tout l'art & toute la finesse du prince Eugene. Il le réduisit à être spectateur du siége du Quesnoy, place importante où les alliés avoient mis des provisions immenses, & qui fut prise après quatorze jours de tranchée. Le maréchal de Villars termina, par la prise de Bouchain, l'une des plus belles & des plus glorieuses campagnes que la France eût faites depuis long-temps, & qui rétablit l'honneur de la nation. Sur le Rhin, la vigilance du maréchal

76　　Histoire

d'Harcourt empêcha les Impériaux de faire aucuns progrès.

Les troubles de Hongrie avoient empêché jusqu'alors l'empereur Charles VI d'aller prendre possession de cette couronne. Il partit pour Presbourg, où il fut couronné roi, malgré les protestations des seigneurs qui reclamoient le droit d'élection & la liberté des suffrages. Après avoir reçu le serment de fidélité, & les hommages des différens ordres de l'Etat, il accomplit une ancienne cérémonie que le peuple regarde comme essentielle à l'affermissement de l'autorité souveraine. Elle consiste à traverser au galop un des fauxbourgs de la ville, & à monter la montagne qui côtoie le Danube. Arrivé au sommet, le nouveau monarque tire son sabre, & fait quatre croix en l'air en se tournant vers les quatre parties du monde.

Charles VI n'eut pas la même condescendance pour les Bohémiens, il ne crut pas devoir aller chercher à Prague la confirmation d'un titre depuis longtemps héréditaire dans la maison d'Autriche.

1713. Les heureux succès des armes de France avoient rendu les Hollandois plus traitables, & ils se rendirent enfin aux conseils de la reine Anne, qui leur fit entrevoir l'incertitude des événemens de la guerre, & leur représenta que leur obstination pouvoit nuire beaucoup aux intérêts de leur commerce, & qu'il ne falloit qu'une ou deux batailles pour leur faire perdre tous les avantages qu'ils pouvoient espérer d'un traité. Ces considérations les ébranlerent, & ils signerent leur traité avec la France comme leurs autres alliés. Le 11 d'Avril, la paix fut signée à Utrecht par les plénipotentiaires de France, d'Angleterre, de Portugal, de Savoie & de Hollande. Il y eut cinq traités qui furent signés depuis trois heures après midi jusqu'à une heure après minuit. On donna terme à l'empereur jusqu'au premier de Juin pour se déterminer.

Par le traité fait avec l'Angleterre, la France s'engagea à reconnoître la succession à la couronne de la Grande-Bretagne, en faveur de la princesse Sophie, & de ses héritiers dans la ligne Protestante ; à faire raser les fortifications & le port de Dunkerque ; à restituer à l'Angleterre la baye & le détroit de Hudson avec ses dépendances ;

à lui céder à perpétuité l'île de Saint-Chriftophe, l'Acadie en fon entier, l'île de Terre-Neuve, avec les autres adjacentes. Il étoit feulement permis aux François d'avoir dans l'île de Terre-Neuve des étalages & les cabanes néceffaires pour fécher le poiffon qu'ils pourroient prendre dans la partie de l'île qui s'étend depuis le cap de Bonavifta, jufqu'à la pointe feptentrionale de la même île, & de-là en defcendant du côté de l'occident, jufqu'au lieu appellé *Pointe-Riche*.

Celui qui fut fait avec les Etats-généraux, portoit que le roi de France leur remettroit pour la maifon d'Autriche tous les Pays-bas Efpagnols, à quoi il ajouteroit Menin, Furnes, Furnembach, le fort de la Knoque, Dixmude, Loo, Ypres & Tournai, pour être poffédées à perpétuité par la maifon d'Autriche, à l'exception de la haute Gueldre, & de la ville du même nom, qu'on cédoit au roi de Pruffe. Les Hollandois, de leur côté, confentoient à reftituer au roi Lille, Aire, le fort Saint-François, Béthune & Saint-Venant.

Le traité avec la Savoie portoit que

Louis XIV rendroit ce duché qu'il avoit conquis, & le comté de Nice; qu'il céderoit de plus au duc de Savoie la vallée de Pragelas, avec les forts d'Exiles & de Feneftrelles, les vallées d'Oula, de Sézane & de Bardonache, & le château Dauphin. On cédoit en échange à la France la vallée de Barcelonette. Les autres traités ne contiennent rien de confidérable.

Charles VI, toujours ferme dans fa réfolution, au lieu de penfer à faire la paix avec la France, employa le temps qu'on lui avoit accordé, à faire des préparatifs de guerre. Il perfiftoit à demander d'être invefti de toute la monarchie Efpagnole, & que la France fût dépouillée de tout ce qu'on lui avoit accordé par les traités de Nimegue, de Munfter & de Rifwick.

Le prince Eugene fe difpofoit à paffer le Rhin, lorfqu'il apprit que le maréchal de Villars s'avançoit à grands pas entre Philisbourg & Landau. Le général de l'empire forme auffi-tôt le projet d'empêcher le fiége de cette derniere, l'une des plus fortes barrieres de l'Allemagne; mais elle étoit déja inveftie; & bientôt le prince de Virtemberg, qui commandoit dans la place, fut obligé de se rendre à discrétion. Une autre entreprise non moins importante, mais plus périlleuse, occupoit le maréchal de Villars. Il vouloit assiéger Fribourg; mais les difficultés étoient sans nombre, &, pour y arriver, il falloit forcer des barrieres impraticables. Son génie, fécond en ressources, lui fit surmonter tous les obstacles. Les Impériaux étoient retranchés près d'Etlingen. Villars passe le Rhin au fort-Louis, & feint de vouloir aller les attaquer. Le prince Eugene envoie aussi-tôt un ordre au général de Vaubonne de le venir joindre. Le maréchal avoit prévu cette démarche, & avoit fait prendre le chemin des lignes de Fribourg à quelques détachemens. Il se hâte de les joindre; &, trouvant les Impériaux décampés, il va mettre le siége devant Fribourg. Le baron d'Arch, officier plein de bravoure & d'expérience, commandoit dans cette place; il la défendit jusqu'à la derniere exttémité. Il ne capitula, pour la ville & pour les forts, qu'avec la permission du prince Eugene, à qui il avoit fait part de sa situation. Cette conquête termina une campagne dont le succès ne pouvoit manquer de faire prendre à l'empereur des sentimens plus pacifiques. En effet, peu de temps après il envoya le prince Eugene à Rastadt, pour y traiter de la paix avec le maréchal de Villars.

La fermeté du maréchal à soutenir les intérêts de la France, ne fut pas moins avantageuse à Louis XIV, que l'avoit été sa valeur & sa profonde science du métier de la guerre. Il avoit à faire au plus habile politique de l'Europe; il sut éluder ses ruses, & trancher les difficultés sans nombre que faisoit naître le prince Eugene. Enfin ils signerent l'un & l'autre le traité dont voici la substance.

1714.

Les frontieres de France du côté de l'Allemagne seront les mêmes qu'elles étoient au commencement de cette guerre; & celles des Pays-bas, de la maniere qui a été réglée à Utrecht. Les choses demeureront en Italie sur le pied qu'elles sont actuellement, c'est-à-dire, que l'empereur restera en possession du Milanez, de Naples, de la Sardaigne, & des places qu'il occupoit sur la côte de Toscane, sa majesté Impériale pro-

D v

mettant de rendre bonne & prompte juſtice aux princes ou vaſſaux de l'Empire pour les autres places & Etats d'Italie dont elle s'eſt emparée, mais qui n'ont point appartenu aux rois d'Eſpagne de la maiſon d'Autriche, ſçavoir aux ducs de Guaſtalle & de la Mirandole, & au prince de Caſtiglione. Les électeurs de Cologne & de Baviere rentreront dans tous leurs Etats, droits & prérogatives, & on leur reſtituera généralement tout ce qui ſe trouvera avoir été diſtrait de leurs papiers, meubles & effets. De plus, l'électeur de Baviere pourra échanger une partie de ſes Etats contre d'autres, après ſon entier rétabliſſement, s'il ſe trouve que cela lui convienne. En temps de paix, il n'y aura point de garniſon dans la ville de Bonn. Les deux électeurs ne pourront prétendre aucun dédommagement contre l'empereur & l'Empire, comme perſonne ne pourra en demander contre eux pour raiſon de la préſente guerre. Le roi reconnoîtra la dignité électorale dans la maiſon de Hannover. Tels furent les principaux articles du traité qui termina cette guerre ruineuſe.

1716. Charles VI ne goûta pas long-temps

les douceurs de la paix qu'il venoit de conclure. Les Turcs avoient déclaré la guerre aux Vénitiens, & se disposoient à reconquérir sur eux la Morée. L'empereur, craignant qu'après cette conquête ils ne tournassent leurs armes contre la Hongrie, se déclara pour les Vénitiens qui l'en sollicitoient vivement. L'Empire leur accorda des secours considérables, & il donna au prince Eugene le commandement des troupes de Hongrie. Ce général joignit les Turcs à Pétervaradin, les attaqua, & remporta sur eux une victoire complette, qui fut suivie de la prise de Témeswar, place très-forte. Les Impériaux, commandés par le prince Eugene, sembloient être devenus invincibles. Ils commencerent la campagne de 1717 par le siége de Belgrade. Cette ville étoit le boulevard des Etats des Turcs; il étoit essentiel pour eux de la conserver. Le grand-visir vint à son secours à la tête d'une armée de deux cents mille hommes. Ils avoient pris des postes avantageux, d'où ils canonnoient l'armée Impériale dans ses retranchemens; ils avoient même déja pris la résolution de les forcer, lorsque le prince Eugene les surprit, les chassa de leurs postes & les mit tout-à-fait en déroute. Après un combat de huit heures, ils abandonnerent le champ de bataille & leur camp, dans lequel on trouva des richesses immenses. Cette grande victoire fut suivie de la prise de Belgrade.

1718. On se préparoit de part & d'autre à poursuivre vivement cette guerre, lorsque les Anglois & les Hollandois comme médiateurs firent signer aux deux empereurs un traité de paix qui laissa Charles VI en possession de Témeswar & de Belgrade.

Cette paix étoit d'autant plus nécessaire à l'empereur, qu'il avoit besoin de ses forces pour les opposer à l'Espagne, qui venoit de lui déclarer la guerre en s'emparant de l'île de Sardaigne, cédée à l'Empire par le traité d'Utrecht. Les Espagnols avoient résolu de reprendre tout ce qui avoit été démembré de leur monarchie par ce traité; en conséquence, ils avoient entrepris la conquête de la Sicile qui appartenoit au duc de Savoie. L'Europe retentit bientôt des plaintes de l'empereur & du duc de Savoie contre les entreprises de la cour d'Espagne. Le roi d'Angleterre George I, & le duc d'Orléans, régent de France, se donnerent pour médiateurs & pour arbitres des différends survenus entre les deux monarques. Ils dresserent un plan de pacification, par lequel le duc de Savoie devoit céder la Sicile à l'empereur, & l'empereur donner en échange l'île de Sardaigne au duc de Savoie. Cette derniere devoit être évacuée au plus tard dans deux mois par les Espagnols, & Philippe V devoit renoncer à tout ce que ses prédécesseurs avoient possédé en Italie. Ce traité fut nommé la quadruple alliance, parce qu'il fut fait entre l'empereur, les rois de France & d'Angleterre, & le duc de Savoie. Les Espagnols n'ayant pas voulu y accéder, le roi d'Angleterre envoya contre eux une flotte commandée par l'amiral Bing, qui remporta sur celle d'Espagne une victoire complette près de Syracuse. Cette victoire n'empêcha pas la prise de Messine par les Espagnols.

L'intrigant cardinal Albéroni soutenoit ses entreprises par les intelligences qu'il avoit ménagées en Angleterre & en France à force d'argent. Le duc d'Orléans découvrit & fut rendre inutile une conspiration qui devoit changer la face du gouvernement, & dont le prince de Cellamare, ambassadeur de Philippe V, étoit l'agent principal. Ces manœuvres exciterent un orage violent contre la cour de Madrid, mais elle se hâta de le conjurer. Philippe sacrifia le cardinal à la haine publique, & consentit à recevoir le traité de la quadruple alliance.

1720. Charles VI n'avoit point d'enfant mâle : au milieu des guerres qui venoient de désoler l'Europe, il prévoyoit de plus grands maux encore, que ne manqueroit pas d'exciter sa succession après sa mort. Pour les prévenir, il avoit fait une disposition qu'il voulut revêtir d'un caractere sacré, en la faisant garantir par les puissances de l'Europe, sous le nom de Pragmatique-Sanction. Voici comme étoit conçu cet acte important. Après avoir rappellé les différens actes, testamens & codiciles des empereurs, rois & archiducs ses prédécesseurs, pour établir & fixer le droit d'indivisibilité dans la maison d'Autriche, il ajoute : « Nous avons, par no-
» tre déclaration & disposition, pu-

» bliée le 19 Avril 1713 , en préfence
» d'un grand nombre de nos confeil-
» lers d'Etat, gouverneurs de nos pro-
» vinces & de nos autres miniftres ,
» renouvellé non-feulement le droit de
» primogéniture, déja fi fortement éta-
» bli & enraciné dans notre augufte
» maifon ; mais nous l'avons de plus ,
» en vertu de notre pleine puiffance &
» fuivant l'exigence de l'état de nos af-
» faires , érigé en forme de Pragmati-
» que-Sanction , & d'Edit perpétuel &
» irrévocable , expliquant ce droit de
» primogéniture & de fucceffion plus
» clairement établi par feu l'empereur
» Léopold entre les princes mâles de
» notre augufte maifon, &, au défaut
» d'iceux , étendu en fa maniere aux
» archiducheffes : nous avons déclaré
» en termes intelligibles & exprès ,
» qu'au défaut des mâles, la fucceffion
» écherra, en premier lieu, aux archi-
» duchefles nos filles ; en fecond lieu,
» aux archiducheffes nos niéces, filles
» de nos freres ; en troifieme lieu, aux
» archiducheffes nos fœurs ; & enfin
» à tous les defcendans de l'un & de
» l'autre fexe. Voulant qu'en tout cas
» elles gardent entr'elles l'ordre de fuc-

» cession linéale, tel qu'il est marqué
» dans notre susdit réglement, lequel
» se trouve entiérement conforme à ce-
» lui qui a été établi pour les mâles,
» selon le rang de la primogéniture &
» succession linéale.

» En conséquence & en exécution
» de cette Sanction, la sérénissime ar-
» chiduchesse Marie-Joséphine, épouse
» du prince royal de Pologne & de
» Saxe, a fait serment d'adhérer & d'ac-
» cepter les pactes de famille, le droit
» de primogéniture déja établi dans
» notre auguste maison, & le susdit
» ordre prescrit pour la succession li-
» néale.

» La même chose a été observée
» ensuite avec la sérénissime archidu-
» chesse Marie-Amélie, épouse du sé-
» rénissime prince électoral de Ba-
» viere.

» En considérant qu'il est très-im-
» portant pour la sûreté, repos & tran-
» quillité de nos provinces héréditaires
» que nous possédons dans les Pays-
» bas, que ledit ordre de succession
» indivisible de tous nos royaumes &
» provinces héréditaires, & le droit de
» primogéniture, soient reçus, intro-

» duits, établis & promulgués dans nof-
» dites provinces des Pays-bas, & que,
» pour l'introduction de cette nouvelle
» loi, il soit dérogé à celle touchant
» la succession desdites provinces, éta-
» blie dans nos Pays-bas par l'empereur
» Charles V d'éternelle mémoire notre
» prédécesseur, & à toutes coutumes
» de nosdites provinces, autant qu'elles
» ne seroient pas conformes au susdit
» ordre & règle de succession, avons
» établi, statué, comme aussi dérogé,
» &c. »

Les prétentions réciproques du roi d'Espagne & de l'empereur Charles VI 1721. n'étoient point encore réglées ; il s'agis-soit d'un article du traité de la quadru-ple alliance, qui portoit que les Etats de Toscane, de Parme & de Plai-sance seroient reconnus pour fiefs mas-culins de l'Empire, & que l'empereur en donneroit l'investiture éventuelle à l'un des enfans nés du second mariage du roi d'Espagne. Cette contestation ne fut terminée qu'en 1731, lorsque l'empereur renonça à l'établissement qu'il avoit commencé d'une compa-gnie de commerce à Ostende, & que l'Angleterre & la Hollande s'engagerent à garantir la Pragmatique-Sanction qu'il avoit faite pour établir l'indivisibilité des Etats héréditaires de la maison d'Autriche. Ce prince ne la croyoit pas solidement établie, tant qu'elle ne seroit pas confirmée par les Etats-généraux de l'Empire. Il la fit proposer à la diete de Ratisbonne, où après bien des difficultés elle fut enfin garantie. Les électeurs de Baviere, de Saxe & du Palatinat protesterent contre cet acte de la diete ; mais ce fut inutilement.

Tout étoit en paix depuis la Russie jusqu'à l'Espagne, lorsque la mort du roi de Pologne Frédéric-Auguste II, électeur de Saxe, replongea une partie de l'Europe dans les malheurs de la guerre. Ce prince, élevé sur le trône en 1697, avoit été contraint de l'abandonner en 1706. Charles XII, roi de Suede, y avoit placé Stanislas Leczinski, fils du grand-trésorier de la couronne. La bataille de Pultawa, si fatale à Charles XII, renversa Stanislas de dessus son trône, & y fit remonter Frédéric-Auguste. A la mort de ce prince, Stanislas fut élu de la maniere la plus légitime & la plus solemnelle.

L'empereur fit faire une autre élection en faveur du fils du feu roi; elle fut appuyée de ses armes & de celles de la Russie, & Frédéric-Auguste III l'emporta sur son concurrent.

Louis XV, gendre de Stanislas, prit le parti de son beau-pere; mais on n'envoya qu'un secours de quinze cents hommes, pour s'opposer aux entreprises des armées de l'empereur & des Russes; aussi ces quinze cents hommes n'empêcherent point Dantzick d'être pris, & Stanislas d'être obligé de fuir déguisé en matelot, à travers mille dangers, sa tête ayant été mise à prix. Les quinze cents François eux-mêmes furent faits prisonniers, transportés & retenus auprès de Pétersbourg, où ils furent mieux traités qu'ils ne s'y étoient attendus.

La France, pour tirer vengeance de l'outrage qu'on venoit de lui faire en Pologne, s'unit avec l'Espagne & la Sardaigne; & ces trois puissances, réunies par la même politique d'affoiblir l'Autriche, attaquerent en même temps l'Italie & l'Allemagne. Les ducs de Savoie avoient depuis long-temps trouvé le moyen d'accroître leurs Etats, tantôt en donnant des secours aux empereurs, tantôt en se déclarant contre eux. On avoit promis au roi Charles-Emmanuel le Milanez. Le roi d'Espagne espéroit, pour ses enfans, de plus grands établissemens en Italie, que Parme & Plaisance. Le roi de France n'envisageoit que le rétablissement de Stanislas, & les succès de ses alliés. L'Angleterre & la Hollande resterent neutres. Le ministere François avoit réussi à faire comprendre à ces puissances, que la France pouvoit faire la guerre à l'empereur, sans alarmer la liberté de l'Europe.

En peu de temps une armée Françoise se rend maîtresse de la campagne sur le Rhin, & les troupes d'Espagne & de Savoie s'emparent de l'Italie. Le maréchal de Villars, généralissime des armées d'Italie, termine sa glorieuse carriere à quatre-vingt-deux ans, après avoir pris Milan. Le maréchal de Coigni, son successeur, remporte les victoires de Parme & de Guastalla, tandis que le duc de Montemar gagne celle de Bitonto, dont il eut le surnom. L'infant Dom Carlos, qui avoit été reconnu prince héréditaire de Toscane, fut bientôt roi de Naples & de Sicile. L'empereur perdit presque toute l'Italie, pour avoir donné un roi à la Pologne ; & il fut trop heureux de recevoir des conditions de paix que lui offrit la France victorieuse.

Dans le premier des articles préliminaires arrêtés à Vienne, & qui font la matiere du traité de paix, il est stipulé que le roi de Pologne Stanislas abdiquera ; qu'il sera reconnu roi, & conservera les titres & les honneurs de roi Pologne & de grand-duc de Lithuanie ; qu'on lui restituera ses biens & ceux de la reine son épouse, dont ils auront la libre jouissance & disposition.... L'empereur accorde que le roi Stanislas soit mis en possession du duché de Bar & de ses dépendances, dans la même étendue que le possede la maison de Lorraine ; qu'aussi-tôt que le grand-duché de Toscane sera échu à la maison de Lorraine, le roi, beaupere du roi de France, soit encore mis en possession paisible du duché de Lorraine & de ses dépendances, dans la même étendue que les possede la maison de Lorraine, pour jouir de l'un & de l'autre duché sa vie durant. Immédiatement après sa mort, ils seront réunis en pleine souveraineté, pour toujours, à la couronne de France.

Le second article assure & garantit la succession éventuelle du grand-duché de Toscane à la maison de Lorraine.

Le troisieme accorde les royaumes de Naples & de Sicile à Dom Carlos.

Le quatrieme cede au roi de Sardaigne le Novarois, le Tortonois & les fiefs des Langhes.

Dans le cinquieme, on promet de rendre à l'empereur tous les autres Etats qu'il possédoit en Italie avant la guerre, & de lui céder en pleine propriété les duchés de Parme & de Plaisance.

Ces articles ayant été ratifiés par les puissances, la paix fut solidement rétablie. La Lorraine, dont la réunion à la couronne de France avoit été tant de fois inutilement tentée, le fut enfin irrévocablement ; &, pour la derniere fois, cette province eut un souverain résident chez elle, & qui la rendit heureuse.

Peu de temps après, la maison d'Autriche perdit un héros qui lui avoit rendu de grands services. Le prince Eugene mourut dans sa soixante-treizieme année. Grand capitaine, habile miniſtre, à la tête des armées comme dans le cabinet, il fut l'admiration & le héros de ſon ſiécle. Les empereurs Léopold, Joſeph & Charles, qui connurent ſes grands talens & ſon mérite, l'eſtimerent aſſez pour ne le point gêner dans ſes opérations; ils abandonnerent, pour ainſi dire, la deſtinée de l'Etat à ſa prudence, & ils s'en applaudirent toujours; Eugene fut le plus heureux guerrier de ſon temps.

L'empereur ne jouit pas long-temps des douceurs de la paix. Les Tartares ravagerent les frontieres des Ruſſes, & leur irruption fut ſuivie d'une guerre à laquelle Charles VI, lié avec la Ruſſie, dut prendre part. Il mit quatre armées en campagne, la premiere aux ordres du comte de Seckendorff, la ſeconde commandée par le général Schmettau, la troiſieme par le comte de Wallis, & la quatrieme par le prince de Saxe Hildbourghauſen. Le duc de Lorraine fut nommé généraliſſime de toutes les troupes impériales.

Pendant que ces différens corps de troupes ſe rendoient à leur deſtination, le comte de Munich, un des généraux de la Czarine, s'empara d'Oczakow, place importante de l'Ukraine, défendue par une garnison de vingt mille hommes. Il pressa si vigoureusement les attaques, que les Turcs se défendirent à peine deux jours. D'un autre côté, le comte de Seckendorff se rendit maître de Nissa, ville de Hongrie. Le prince de Saxe Hildbourghausen ne fut pas si heureux en Bosnie; il avoit formé le siége de Bagnaluc; les Turcs fondirent sur ses retranchemens, les forcerent, & remporterent une victoire complette.

En Servie, le comte de Kévenhuller, qui commandoit un corps de sept à huit mille hommes, repoussa seize mille Turcs; il soutint pendant une longue marche les attaques multipliées des Ottomans, & fit sa retraite avec autant d'intrépidité que de sagesse. Encouragés par leurs succès, les Turcs assiégerent & reprirent Nissa. L'empereur, irrité de la négligence de quelques-uns de ses généraux, crut devoir faire un exemple dans la personne du général Doxat, accusé d'avoir livré la ville de Nissa sans nécessité. Ce commandant eut la tête tranchée à Belgrade,

grade, & la plûpart des officiers de sa garnison furent condamnés à des peines infamantes. On fit aussi le procès au comte de Seckendorff; mais ce général ayant été plus malheureux que coupable, les commissaires qu'on lui avoit donnés traînerent les choses en longueur, & il ne fut point jugé.

Pour réparer les pertes de la campagne précédente, l'empereur & la Czarine firent des préparatifs immenses. Les Turcs parurent les premiers en campagne, & s'emparerent d'Orsova. Les Impériaux, commandés par François de Lorraine, nouveau grand-duc de Toscane, attaquerent les ennemis, les vainquirent malgré la plus vigoureuse résistance, & les forcerent à lever le siége du nouvel Orsova, qu'ils avoient entrepris. Mais cette victoire ne sauva point la place; les Turcs reparurent bientôt; & le grand-visir, qui avoit ordre de s'en rendre maître à quelque prix que ce fût, augmenta ses batteries, multiplia les assauts, & força le commandant à se rendre. Dans l'Ukraine, le comte de Munich battit les Turcs en deux rencontres, & les obligea de se tenir sur la défensive.

1738.

En Hongrie, ils furent plus heureux contre l'armée impériale, dont le feld-maréchal comte de Wallis avoit le commandement. Ils remporterent une victoire complette, dont la suite fut le siége de Belgrade. Il étoit important pour la cour de Vienne que cette place ne retombât point au pouvoir des Turcs ; cette raison détermina l'empereur à traiter avec eux. Le marquis de Villeneuve, ambassadeur de France à la cour Ottomane, fit l'office de médiateur. Le 1ᵉʳ Septembre (1739) l'on convint d'un traité qui portoit que la forteresse de Belgrade seroit rendue à l'empire Ottoman, mais que les fortifications, tant de la ville que du château, seroient démolies ; qu'on lui rendroit pareillement la forteresse de Sabatz ; que la Servie resteroit au Grand-Seigneur ; que le Danube & la Save serviroient de bornes aux provinces des deux empires ; que sa majesté impériale donneroit à la Porte toute la Valachie Autrichienne, & la laisseroit en possession de la forteresse d'Orsova ; que le Bannat de Témeswar & la forteresse de Méadia, dont on démoliroit les fortifications,

DE L'Empire d'Allemagne. 99
demeureroient à sa majesté impériale.

Ce traité, tout désavatageux qu'il étoit à la maison d'Autriche, fut ratifié par la cour de Vienne; mais elle crut mettre son honneur à couvert, en désapprouvant hautement un traité dont elle juroit secrettement l'observation. Le comte de Wallis & le comte de Neuperg, ministres plénipotentiaires de l'empereur, furent les victimes de cette politique; ils furent disgraciés l'un & l'autre.

Charles VI ne survécut gueres au rétablissement de la paix. Il mourut à Vienne le 20 d'Octobre. Il fut le dernier prince & le dernier empereur de la maison d'Autriche. Cette maison, dont la grandeur remonte jusqu'à Rodolphe de Hapsbourg, empereur en 1223, & dont les princes, pendant plus de trois cents ans, avoient gouverné l'Allemagne, tantôt en exerçant une puissance presque absolue, tantôt avec la finesse de la politique la plus adroite; cette maison étoit devenue assez puissante pour inspirer de la jalousie & de la terreur à toutes les cours de l'Europe.

Si l'on recueille avec tant de soins les détails de ces grandes victoires,

1740.

E ij

de ces conquêtes qui ont immortalifé quelques guerriers; fi l'on reçoit fi favorablement ces hiftoires qui ne préfentent que le récit des batailles fameufes, dont tant de milliers d'hommes ont été les victimes. On nous permettra de donner quelqu'étendue aux annales d'une impératrice qui, depuis trente-quatre ans, gouverne une des plus grandes parties de l'Europe; dont tous les inftans, depuis qu'elle eft montée fur le trône, font employés à faire le bonheur des peuples qui lui obéiffent; & qui ne femble jouir du pouvoir fouverain que pour faire des heureux. C'eft de cette idée que nous nous fommes flattés, lorfque nous avons entrepris de recueillir quelques-unes de ces grandes actions de Marie-Thérefe, qui ont rendu cette illuftre héritiere de la maifon d'Autriche l'objet de la vénération de toute l'Europe.

Les rois font les modeles fur lefquels fe forment les grands & le peuple; c'eft donc fervir l'humanité que de lui conferver l'hiftoire des bons rois. Placés dans un point d'élévation où ils font expofés aux regards de tout le monde, toutes leurs actions ont un éclat qui les caractérife, & leurs vertus font des exemples dont tous les hommes peuvent profiter. La gloire qui doit leur être plus chere, eft celle d'entendre les éloges de leurs contemporains, lorfqu'ils font fondés fur leurs bonnes actions, & qu'ils n'entendent pas une voix intérieure qui leur dit : « Vous ne méritez point ces éloges, » c'eft la flatterie qui vous encenfe, » parce que vous êtes puiffant; mais il » viendra un temps où l'on ne vous » craindra plus; alors la vérité parlera. » Quand au contraire ils éprouvent le fentiment des ames bienfaifantes, cette fituation paifible du cœur, une douce émotion au bruit des éloges qu'ils reçoivent, c'eft-là fans contredit le fouverain bonheur pour eux; c'eft la preuve la plus fatisfaifante qu'ils ont fait le bien, & que les louanges qu'on leur donne ne font qu'un hommage que l'on rend à leurs vertus.

D'après ces réflexions, nous pouvons écrire la vie de Marie-Thérefe. Les actions de cette princeffe, toutes admirables par elles-mêmes, n'avoient befoin que d'être recueillies. Si la modeftie de cette illuftre impératrice n'eût pas dérobé à la connoiffance du public la plûpart des actions de fa vie privée, nous aurions pu préfenter à nos lecteurs un plus grand nombre de ces actes d'humanité & de bienfaifance qui rendent fon hiftoire fi intéreffante. Un écrivain ne peut être foupçonné de flatterie, lorfque les actions de fon héros réuniffent tous les fuffrages.

Marie-Thérefe-Walpurge-Amélie-Chriftine d'Autriche, naquit à Vienne le 13 Mai 1717. Charles VI, fon pere, feizieme empereur de la maifon d'Autriche, fut un prince doux, humain, bienfaifant, équitable. Il travailloit à réparer les malheurs que les guerres qu'il avoit eu à foutenir avoient caufés dans fes Etats, lorfque la mort l'enleva. Depuis qu'il avoit perdu l'héritier de fon nom, l'archiduc Léopold fon fils, il avoit élevé fa fille ainée, Marie-Thérefe, dans la perfpective d'être un jour l'héritiere des vaftes Etats de la Maifon d'Autriche. Cette jeune princeffe, inftruite par la vertueufe impératrice Elifabeth de Brunfwick fa mere, fit concevoir dès fon plus bas âge les plus grandes efpérances. Prudente, affable, fon enfance même annonçoit en elle des qualités supérieures à son sexe, celles qui immortalisent les bons rois & qui caractérisent les grands hommes. Un esprit juste & pénétrant, un cœur sensible & généreux, une ame ferme & courageuse, des manieres nobles & engageantes, les graces de la beauté, & plus encore l'ascendant d'un caractere fait pour dominer les autres, furent les dons heureux qui firent adorer sa jeunesse, & présagerent ce qu'elle seroit un jour. On remarquoit en elle, comme dans l'impératrice, un air de modestie, de douceur & de majesté qui inspiroit autant de confiance que de respect. Elle voyoit sa mere s'employer avec empressement pour obtenir des graces; c'étoit pour elle une félicité que de pouvoir en accorder; & lorsqu'elle en faisoit, c'étoit d'une maniere à toucher sensiblement ceux sur qui elle les répandoit. Généreuse & magnifique, tout ce qu'elle faisoit tenoit de l'éclat de sa dignité & de la bonté de son ame. Telles furent les premieres leçons que reçut Marie-Thérese.

Cette princesse fut mariée en 1736 à François-Etienne de Lorraine, depuis grand-duc de Toscane, & ensuite empereur sous le nom de *François I*. L'inclination, qui ne préside pas toujours aux mariages des princes, prépara la félicité de celui-ci. François, élevé à la cour de Charles VI, eut une éducation presque commune avec Marie-Thérese; la conformité de caractere fit germer dans leurs cœurs le goût constant & soutenu des mêmes vertus. Après de longs soucis, l'amour paternel de Charles VI sentit la joie la plus vive de cette union qui alloit faire revivre son nom prêt à s'éteindre, & assurer le bonheur du monde. Il vouloit encore assurer la tranquillité des peuples & celle de ses enfans. Les précautions que prit ce prince pour assurer à sa fille ainée la succession de tous ses Etats par la garantie de la pragmatique-sanction, feront à jamais honneur à sa prévoyance. Les événemens qui suivirent sa mort, firent bientôt connoître la vérité de ce que le prince Eugene avoit dit à ce sujet : « Qu'une armée de cent mille hommes la garantiroit mieux que cent mille traités. » Mais ces mêmes événemens, qui sembloient d'abord devoir anéantir, pour ainsi dire, l'héritiere de Charles, ne servirent qu'à faire paroître dans le plus beau jour les grandes qualités & les vertus de Marie-Thérese.

Après la mort de son pere, cette princesse, âgée de vingt-trois ans, se mit en possession des Etats qu'il lui avoit laissés. Les royaumes de Hongrie & de Bohême, la Silésie, la Souabe Autrichienne ou Autriche antérieure, la haute & la basse Autriche, la Stirie, la Carinthie, la Carniole, les quatre villes Forestieres, le Burgaw, le Brisgaw, les Pays-bas, le Frioul, le Tirol, le Milanez, les duchés de Parme & de Plaisance, formoient cette grande succession. Elle fit briller dans cette auguste cérémonie tout l'appareil de la majesté souveraine. Placée sous un dais magnifique, le bonnet archiducal sur la tête, elle reçut les hommages des députés des Etats de la haute & de la basse Autriche. Le premier acte de son autorité fut un témoignage d'amour qu'elle donna à son époux François-Etienne de Lorraine, en déclarant aux Etats qu'elle avoit résolu de l'associer au gouvernement. Peu de temps après, elle en fit enregistrer l'acte solemnel dans tous les tribunaux de l'archiduché, avec la promesse authentique du grand-duc de n'en point prendre occasion d'exiger la préséance sur son auguste épouse, de se conformer aux clauses contenues dans la sanction impériale, & de n'entreprendre jamais rien sur les droits des héritiers de la maison d'Autriche. Cette précaution étoit nécessaire pour ne point donner elle-même atteinte à cette sanction, & elle préparoit en même temps au grand-duc le chemin du trône impérial.

Les Etats de Bohême & d'Italie firent éclater leur zele en faveur de leur nouvelle souveraine. Son affabilité & sa bienfaisance étoient déja connus dans les vastes Etats de la maison d'Autriche. Les Hongrois eux-mêmes, ce peuple belliqueux & fier, qui depuis tant d'années avoit été presque toujours révolté contre ses maîtres ; les Hongrois lui envoyerent leurs députés, avec ordre de supplier la nouvelle reine de rendre à la nation l'usage de ses privileges. Il n'y avoit pas à balancer ; un refus pouvoit devenir le signal de la révolte, & faire perdre à Marie-Thérese une des plus belles portions de son héritage. Les cendres de Ragotski fumoient en-

core, & il en pouvoit sortir un nouveau chef de révolte. Le Turc, toujours prêt à reculer les barrieres que les traités avoient posées en Hongrie, seroit venu une seconde fois appuyer les armes des rebelles. Marie-Thérese, dans des circonstances si critiques, ne prit conseil que de sa prudente politique, dont le principe étoit de rendre précieuse à ses peuples l'autorité souveraine, que la fierté de ses aïeux leur avoit trop souvent rendue odieuse. Son affabilité touchante & populaire fit plus pour elle que les armées nombreuses de quelques-uns de ses prédécesseurs. Les députés de Hongrie furent flattés de traiter avec elle sans médiateur; elle les assura de ses bonnes graces, & prêta sur le champ l'ancien serment fait en 1222, que ses aïeux avoient toujours rejeté avec dureté : « Si moi, ou quel-
» qu'un de mes successeurs, en quelque
» temps que ce soit, veut enfreindre
» vos privileges, qu'à vous soit permis,
» en vertu de cette promesse, à vous
» & à vos descendans, de vous défen-
» dre sans pouvoir être traités de re-
» belles. » A ces mots, les députés tombent aux pieds de cette jeune princesse,

& lui jurent d'éteindre à jamais le flambeau de la guerre civile, qui, depuis deux cents ans, défoloit leur pays. Quoiqu'elle ne fut couronnée à Presbourg que quelques mois après, elle n'en fut pas moins souveraine. Elle l'étoit déja de tous les cœurs.

Chaque jour du nouveau regne de Marie Thérese étoit marqué par des actes de clémence & par des bienfaits. Sa main brisa les fers dont l'empereur avoit chargé les maréchaux de Wallis & de Seckendorf, & le comte de Neuperg. Elle voyoit déja combien les services & la valeur des grands alloient lui devenir nécessaires; elle fit, parmi les officiers de ses troupes & de sa maison, une promotion dans laquelle le prince Charles de Lorraine, frère du grand-duc, fut déclaré feld-maréchal. Le choix que fit alors cette princesse, est la plus illustre preuve de ses grands talens pour gouverner, de la pénétration de son esprit, & de son habileté dans l'art de juger les hommes & de les mettre à leur place. Parmi les conseillers intimes qui furent créés, on remarque le fameux comte de Konigseck, qui, depuis, commanda les Autrichiens à

Fontenoy; parmi les chambellans de la Clef d'or, le comte de Staremberg, qui vainquit à Sarragoffe; parmi les colonels d'infanterie, l'illuftre comte, depuis maréchal Daun, que tant de triomphes devoient immortalifer un jour. Vous verrez dans la fuite de cette hiftoire combien le choix de ces grands hommes contribua à la gloire de l'augufte reine, qui les employoit à fon fervice.

Tandis que Marie-Thérefe faifoit dans fes Etats de fi fages difpofitions, pour réparer autant qu'il étoit poffible la faute que Charles VI avoit commife en ne faifant pas un roi des Romains, un orage fe formoit contre elle. La gloire & la puiffance de la maifon d'Autriche, éternel objet de jaloufie & de rivalité pour la plûpart des cours de l'Europe, leur avoit paru enfevelie dans le tombeau du dernier empereur, parce qu'elles ne voyoient dans fon héritiere qu'une jeune princeffe de qui elles ne croyoient pas avoir beaucoup à redouter, & qu'il feroit facile d'opprimer. Le duc de Baviere & le roi de Pologne, qui avoient époufé des princeffes filles de l'empereur Jofeph I; le roi d'Espagne, qui, en montant sur ce trône, prétendoit avoir succédé aux droits de la branche ainée d'Autriche, au mépris de la garantie donnée pour la pragmatique-sanction, formoient des prétentions sur l'héritage de Charles VI. Ces princes firent signifier par leurs ministres, à Marie-Thérese, leurs protestations contre sa prise de possession des Etats héréditaires.

Le duc Charles-Albert de Baviere parut le premier ; les protestations du roi de Pologne parurent ensuite ; enfin, le roi d'Espagne déclara qu'il s'opposoit à tous les actes contraires aux droits qui lui étoient dévolus. La réponse de la reine fut en même temps & très-claire, & très-sage : elle dit qu'elle s'étoit mise en possession de l'héritage paternel qu'elle tenoit de la nature & de la plus solemnelle des sanctions, garantie par tous les potentats de l'Europe, & par ceux même qui vouloient l'enfreindre. Elle fit signifier à tous ses compétiteurs la résolution où elle étoit de se défendre jusqu'au dernier soupir. Ainsi cette grande querelle de tant de têtes couronnées commença par des écrits, & chacun se prépara à la soutenir les armes à la main. L'Europe fut inondée de manifestes, qui furent comme les avant-coureurs d'une guerre universelle dans cette partie du monde.

Tous les concurrens de Marie-Thérese ne s'étoient pas encore fait connoître. Le plus entreprenant, & peut-être le plus dangereux ennemi de la reine, ne s'étoit pas encore montré; on ne le soupçonnoit même pas. Le roi de Prusse, apprenant la mort de l'empereur, prévit la confusion générale, & ne perdit pas un moment pour en profiter. Il demanda quatre duchés en Silésie : ses aïeux avoient renoncé à toutes leurs prétentions par des transactions réitérées, parce qu'ils étoient foibles ; il se trouva puissant, & il fit valoir la loi du plus fort.

Au milieu de Décembre 1740, il part de Berlin, & va fondre sur la Silésie à la tête de quarante mille hommes. Le secret de cette entreprise hardie fut tel, même à la cour de Berlin, que le marquis de Beauveau, envoyé par Louis XV pour complimenter Frédéric sur son avénement au trône, voyant les troupes Prussiennes se rendre de tous côtés aux environs de la capitale, ne put deviner où elles devoient se porter ; il ne le sçut qu'au départ de l'armée, lorsque le roi lui dit : « Je vais, » je crois, jouer votre jeu ; si les as me » viennent, nous partagerons. » Telle étoit l'idée que les puissances s'étoient formée de la foiblesse de l'héritiere de la maison d'Autriche, qu'elles se partageoient déja ses Etats ; mais on ne tarda pas à éprouver que Marie-Thérese avoit en elle-même des ressources capables de faire évanouir les projets de ses ennemis.

Lorsque le roi de Prusse eut passé les frontieres de la Silésie, il fit remettre aux ministres étrangers qui étoient à Berlin, un Mémoire dans lequel sa majesté déclaroit que son entrée dans cette province ne devoit être regardée ni comme un acte de conjuration contre l'héritiere du patrimoine d'Autriche, ni comme la premiere étincelle de la guerre prête à s'allumer dans toutes les parties de l'Europe ; qu'elle se voyoit forcée à prendre ce parti pour faire valoir des droits incontestables sur la Silésie, fondés sur d'anciens pactes de famille & de confraternité entre les électeurs de Brandebourg & les princes Siléfiens, ainsi que sur d'autres titres respectables; que les circonstances actuelles, & la crainte de se voir prévenir par ceux qui avoient des prétentions sur la succession du feu empereur, l'avoient déterminé à cette voie de fait. Etant arrivé le 13 Décembre à Crossen, Frédéric y tint avec ses généraux un conseil de guerre, où, après avoir réglé le plan des opérations militaires, il leur recommanda sur-tout de faire observer aux corps qui étoient à leurs ordres une discipline très-exacte. Le lendemain, l'armée, partagée en trois divisions, pénétra dans le pays. Le roi marcha à Breslau, capitale de la Silésie; le comte de Schverin s'avança sur la gauche, pour s'emparer du pont de Neiss sur la riviere de même nom, & s'arrêta à Otmachau dans le duché de Grotkau. Le duc de Holstein & le prince d'Anhalt-Dessau suivirent sa majesté avec un corps séparé.

La Silésie étoit dégarnie de troupes; le roi de Prusse n'eut qu'à se présenter devant la plûpart des places pour s'en faire ouvrir les portes. Les habitans de Breslau, capitale du pays, n'attendirent pas qu'on tirât un coup de canon pour se rendre. L'aile droite de l'armée, qui dès le commencement de cette expédition s'étoit portée sur les frontieres de Bohême, y avoit eu autant de succès, quoiqu'on y eût disputé un peu plus le terrain.

Au milieu de ses conquêtes, le roi de Prusse, qui craignoit que les plaintes que Marie-Thérese avoit faites à la diete de l'empire ne lui suscitassent des ennemis, fit paroître à Berlin un Mémoire intitulé : *Exposition des droits de la Maison Electorale de Brandebourg, sur les duchés & principautés de Jagendorff, de Lignitz, de Brieg & de Wolhau*. Dans cet écrit, qui paroît avoir été rédigé par Frédéric lui-même, ce prince appuyoit de son mieux les raisons qu'il prétendoit avoir de profiter des circonstances pour s'emparer de la Siléfie. « En un mot, je demande par force & » les armes à la main, ce que la force » & la supériorité des armes m'a ravi » & me retient. » Tel étoit le texte & le précis du Mémoire de sa majesté Prussienne. La reine de Hongrie répondit à ce Mémoire, en rappellant les transactions authentiques des aïeux du roi de Prusse. On pouvoit y ajouter une réflexion assez naturelle, & qui eût tranché la difficulté. En supposant que le manifeste Prussien eût pour base la plus exacte vérité, il ne présente que des titres aux duchés de Jagendorff, de Lignitz, de Brieg & de Wolhau ; ce qui ne forme tout au plus que la moitié de la Silésie : à quel titre le roi s'emparoit-il donc de la Silésie entiere, & jouit-il aujourd'hui de cette province & du comté de Glatz ?

Le comte de Brown, qui commandoit en Silésie les troupes de Marie-Thérese, voyoit les progrès du roi de Prusse sans pouvoir y mettre obstacle. A la premiere nouvelle de cette invasion inattendue, la cour de Vienne avoit envoyé des troupes ; mais la rigueur de la saison, la difficulté des routes, les pluies continuelles & le débordement des rivieres, retarderent leur marche, & elles ne purent arriver que pour la campagne suivante. Cependant le comte de Brown résolut de faire un effort, & de couvrir au moins les frontieres de Bohême. A la tête d'un corps de troupes légeres, il s'avance jusqu'à Neustat, jette quelques troupes dans Neiss, & y laisse le colonel Roth pour la défendre. Le roi, informé de cette marche, fait paſſer la Neiſſ au comte de Schverin, & lui ordonne d'attaquer les Autrichiens. Il ſe rend lui-même devant Neiſſ, & l'inveſtit.

Le comte de Brown s'étoit retiré au bourg de Gratz, ſur la riviere de Mora, & s'étoit déterminé à défendre la tête du pont. Le comte de Schverin marche droit aux ennemis, renverſe un détachement de dragons, lui fait repaſſer la riviere, & charge les Autrichiens. L'attaque fut terrible, mais Brown y étoit; ſes troupes ſoutiennent le choc, font un feu violent, repouſſent les Pruſſiens & les mettent en déroute. Schverin les rappelle au combat : au premier coup de tambour, les rangs ſont repris, & la charge recommence; les Autrichiens ſont repouſſés, & le comte de Brown, entraîné par les fuyards, ne peut plus ſe faire entendre. Il paſſe le pont, & attend les Pruſſiens qui le pourſuivent. Les Autrichiens, raſſemblés à quelque diſtance, ſe préparoient à tomber ſur des détachemens débandés, mais ils virent des bataillons ſerrés & épais qui s'avançoient au ſon des inſtrumens de guerre. Ce coup d'œil imposant ne les ébranle point ; ils attendent de sang-froid, se défendent, & soutiennent cinq décharges. Enfin la supériorité de la mousqueterie Prussienne leur fait abandonner une seconde fois le champ de bataille ; ils se jettent sans ordre dans les fauxbourgs de Gratz, y mettent le feu, & à la faveur des flammes se retirent en Moravie. Le comte de Schverin triomphant retourne trouver son roi, & lui fait le détail de l'action avec cette modestie qui embellit la victoire.

Le roi de Prusse étoit toujours devant la petite ville de Neiss. Après avoir fait les dispositions d'un siége, & établi plusieurs batteries, il avoit envoyé le colonel de Borck sommer le commandant de se rendre. A peine le trompette qui annonçoit l'officier Prussien eut-il commencé à sonner, qu'on fit feu sur lui. Le colonel ordonne au trompette de faire quelques pas en avant, & de sonner de nouveau ; il apperçoit tout-à-coup une troupe de cavaliers qui cherchoient à les envelopper. De Borck se retire, & va rendre compte de sa commission au roi. Le récit du colonel enflamme Frédéric d'une colere extrême : il fait dresser aussi-tôt une batterie de mortiers pour écraser la ville ; mais l'horrible fracas qu'il fit ne put ébranler ni la garnison, ni l'intrépide colonel qui la commandoit.

Le lendemain Frédéric fit sçavoir au commandant, qu'en faisant battre ainsi la ville, il prétendoit se venger de l'audace qu'on avoit eue de tirer sur un officier qu'il lui avoit envoyé. Le colonel de Roth fit répondre à sa majesté qu'il n'avoit aucune connoissance du fait dont il se plaignoit ; qu'il s'en feroit informer, & puniroit les coupables ; qu'au surplus elle étoit maîtresse d'attaquer la ville comme bon lui sembleroit ; qu'il s'efforceroit de la défendre de maniere à mériter son estime, & à témoigner sa fidélité à sa souveraine ; mais qu'avant de rendre la place elle seroit son tombeau & celui des braves qui secondoient son courage. Cette réponse irrita de plus en plus le roi. Pendant toute la journée les batteries n'eurent point de relâche ; le commandant de son côté lui tint parole, & lui rendit exactement coup pour coup avec la même vivacité. Après un nouveau bombardement, on crut dans l'armée du roi que la garnison avoit abandonné les remparts pour se mettre à l'abri des bombes, & que le moment étoit favorable pour s'approcher de la place.

A peine les Prussiens eurent-ils fait quelques pas, qu'ils virent tomber sur eux le commandant de la place avec sa garnison. Il renverse le premier corps qui se trouve devant lui, sans lui donner le temps de se reconnoître : les Prussiens se remettent, & reviennent à la charge ; le commandant soutient son avantage, attaque brusquement les ennemis, & les fait reculer jusqu'à leurs batteries. Frédéric voit pour la premiere fois sa redoutable infanterie fuir devant l'ennemi, & sous ses yeux, sans pouvoir la remettre. Cette vigoureuse sortie détermine la levée du siége. Les troupes étant décampées, le colonel de Roth envoie porter cette heureuse nouvelle à la reine. Ce brave commandant avoit eu le premier la gloire, avec cinq bataillons seulement, d'arrêter les armes victorieuses du roi de Prusse, & de braver sa colere.

Le siége de Neiss fut la derniere opération de cette campagne. Frédéric retourna à Berlin se préparer à de nouvelles expéditions pour la campagne suivante. Il prévoyoit bien qu'elles ne seroient pas si rapides, & que les troupes de la reine, commandées par des généraux qui lui étoient entiérement dévoués, lui rendroient ses conquêtes plus difficiles. Les siennes étoient fatiguées : le mois qu'il passa dans sa capitale fut employé à faire de nouvelles levées & à les discipliner, à faire des préparatifs pour les siéges, & surtout à disposer une nombreuse artillerie, qui dans le systême actuel décide tous les succès d'une campagne.

Pendant que le roi de Prusse envahissoit la Silésie, il avoit fait proposer à la reine de Hongrie un accommodement. Il lui avoit fait dire qu'il étoit prêt à employer toutes ses forces pour lui assurer la possession des Etats héréditaires d'Autriche : il offroit de contracter pour cet effet une étroite alliance avec la reine, le Czar, l'Angleterre & la Hollande ; il offroit de plus de lui fournir en argent comptant deux millions de florins ; il lui promettoit ses bons offices pour faire élire le grand-duc son époux, roi des Romains, &
ses

ses troupes pour soutenir cette élection, à condition que la reine céderoit la basse Silésie, sur laquelle il disoit avoir des droit réels, & le reste de cette province, comme l'indemnité des dépenses qu'il alloit faire, & des risques auxquels ces engagemens l'exposoient. Quelque temps après, ce prince, qui apparemment avoit fait ses réflexions, fit dire à la cour de Vienne que, quoiqu'il eût demandé d'abord toute la Silésie, il pouvoit se contenter de la moitié de cette province, pourvu que la reine voulût bien conclure avec lui un traité sincere & durable, conforme enfin à leurs intérêts communs. Ces propositions avoient un air d'avantages pour la reine, qui auroit pu séduire une ame moins ferme. Mais, quoique menacée de se voir dépouillée de tous ses Etats, Marie-Thérese regarda les offres du roi de Prusse comme une injure, & l'idée seule de démembrer l'héritage de tant d'empereurs comme une foiblesse honteuse, tandis qu'elle avoit des soldats pour le défendre. La réponse qu'elle fit à ces propositions est pleine de sagesse, d'esprit, & de cette noble fermeté qui caracté-

rife les grandes ames. « Mes Etats, dit la reine au comte de Gotter, envoyé de sa majesté Prussienne, » mes Etats jouif-
» foient d'une paix profonde lorsque le
» roi de Prusse est entré en Siléfie les
» armes à la main. Si c'est-là, comme
» ce prince l'infinue, le moyen qu'il
» croit le plus propre de garantir & d'af-
» surer l'effet de la pragmatique-sanc-
» tion, j'ai peine à concevoir quel pour-
» roit être celui de l'anéantir. Je re-
» connois tout le prix de l'amitié de sa
» majesté Prussienne, & je n'ai pas
» lieu de me reprocher de ne l'avoir
» pas cultivée avec soin ; mais, sans
» donner la moindre atteinte à ce prin-
» cipe, je crois pouvoir faire observer
» au roi de Prusse que sa premiere pro-
» position ne va pas aussi loin que l'en-
» gagement qui résulte de la garantie
» de la pragmatique - sanction, dont
» tout l'Empire est chargé ; que les
» alliances avec la Moscovie, l'Angle-
» terre & la Hollande, ont subsisté
» avant l'entrée des troupes en Siléfie,
» & qu'il est certain que l'intention de
» ces puissances n'est pas de me faire
» perdre une partie de mes Etats, pour
» affermir des alliances dont le princi-

» pal objet est de les conserver en en-
» tier. On n'a jamais fait la guerre pour
» obliger une puissance d'accepter l'ar-
» gent qu'on lui offre ; d'ailleurs, cet
» argent proposé par le roi ne doit
» pas lui coûter beaucoup, puisque
» les sommes qu'il a tirées de la Si-
» lésie surpassent deux millions de flo-
» rins qu'il s'engage de donner. Je suis
» infiniment redevable à sa majesté
» Prussienne de ses bonnes dispositions
» pour le grand-duc ; mais l'élection
» d'un empereur doit être libre, le roi
» n'a pas dû l'oublier ; & rien n'est
» plus capable de la traverser, que des
» troubles excités au milieu de l'Empire.
» Je suis très-éloignée de vouloir com-
» mencer mon regne par le démem-
» brement de mes Etats. Je ne peux
» consentir à céder la Silésie ni en en-
» tier, ni en partie ; & la premiere
» condition pour un accommodement,
» c'est que le roi de Prusse en sorte. »
L'envoyé de sa majesté Prussienne ayant
reçu cette réponse, à la fermeté de laquelle il ne s'attendoit gueres, la porta
à son maître au camp de Neiss. Frédéric, voyant alors qu'il n'obtiendroit rien
qu'à force de combats, leva le siége,

& retourna à Berlin faire les préparatifs d'une nouvelle campagne.

La reine de Hongrie adreſſa des plaintes à la diete de l'empire, ſur l'infraction que le roi de Pruſſe faiſoit à la garantie de la pragmatique-ſanction de Charles VI. Frédéric adreſſa à la même diete un mémoire dans lequel il tâchoit de colorer l'invaſion de la Siléſie, en diſant qu'il ne faiſoit que rentrer dans l'héritage de ſes aïeux. Enfin, après pluſieurs mémoires publiés de part & d'autre, les deux puiſſances en vinrent au moyen des armes, que l'on appelle avec tant d'énergie la derniere raiſon des rois.

Frédéric, ne voyant plus lieu à aucun accommodement, changea de ton avec la capitale de Siléſie. Le gouvernement de cette ville étoit un mélange de monarchie, & de quelques reſtes expirans d'ariſtocratie, que la maiſon d'Autriche lui avoit laiſſés, & que le roi de Pruſſe avoit paru confirmer. Ayant fait aſſembler le corps de la magiſtrature, pour lui ordonner de prêter le ſerment de fidélité entre ſes mains, & de rendre la juſtice en ſon nom; cette compagnie l'ayant refuſé, fut ſupprimée sur le champ. Peu de temps après, le commissaire Prussien qui étoit resté à Breslau déclara aux nouveaux magistrats, que sa majesté, voulant donner des marques de son affection aux habitans de la ville, n'exigeoit d'eux aucune imposition; mais qu'elle ordonnoit qu'on lui payât les contributions qu'elle avoit demandées, & qu'on pourvût à la subsistance de ses troupes. Le conseil de régence, qui ne voulut pas se faire traiter comme celui qui l'avoit précédé, sentit qu'il seroit dangereux de refuser un vainqueur tel que Frédéric. Mais il voulut avoir la consolation de délibérer gravement sur un objet si important. Frédéric abrégea les longueurs de ce corps pacifique, en déterminant bien positivement qu'il vouloit qu'on lui fournît quinze mille florins par mois. Il ordonna aussi que ses régimens qui traverseroient Breslau y passeroient en corps, & non par détachemens. Il voulut qu'un des hôpitaux de cette ville servît de magasin pour ses troupes; que l'Eglise Luthérienne, située sur le chemin d'Hunsfeld, leur fût affectée; enfin, que tous les Catholiques Romains sortissent de la ville, & qu'on ne leur accordât que le temps néceſſaire pour enlever leurs effets. Tant de demandes faites coup ſur coup déconcerterent le conſeil de Breſlau, qui ſe voyoit ainſi privé de ſes privileges; mais il fallut céder à la force.

Dès le milieu de Février (1741), le roi de Pruſſe partit de Berlin pour ſe mettre à la tête de ſes troupes. Le ſiége de Neiſſ paroiſſoit être le premier objet qui devoit l'occuper; mais les troubles de Breſlau, & la marche des troupes de la reine, retarderent la conquête de cette ville & de Brieg. L'armée Autrichienne devoit déboucher entre Jagendorff & Tropau; le maréchal de Schverin s'avança de ce côté avec ſes troupes. Un détachement de huit cents hommes qui alloient à la découverte, fut rencontré par le général Brown: l'action fut vive, & les Pruſſiens furent mis en déroute. Brown cherchoit à prendre ſa revanche de l'affaire du pont de Mora. Il ſçavoit que Schverin n'étoit pas loin de lui; mais il ne put réuſſir à le rencontrer. Il eut la douleur d'apprendre qu'en ſon abſence un régiment de Huſſards avoit atteint & diſperſé un corps de troupes légeres, à la tête duquel le général Prussien étudioit le pays, & qu'en cette occasion, on lui avoit enlevé cinquante hommes. Il réuffit mieux à jeter du secours dans Neiss, dont on croyoit que le roi de Pruffe méditoit le siége. Mais ce prince étoit occupé d'un autre projet, à la réuffite duquel il dut tous les succès de la campagne. Une partie de ses troupes étoit employée au blocus du grand Glogau, qu'il avoit espéré de réduire par la famine. Ayant appris en même temps l'approche de l'armée Autrichienne composée de trente mille hommes, & que la ville qu'il tenoit bloquée avoit encore des vivres pour six semaines, il résolut de la prendre d'affaut; & il y réuffit.

Au milieu de ces revers, Marie-Thérese ressentit la satisfaction la plus touchante pour une mere, & la joie la plus vive pour l'héritiere de la maison d'Autriche; ce fut celle de mettre au monde un archiduc le 13 de Mars. Dans cet enfant qui fut alors sa consolation, & qui fait aujourd'hui le bonheur de l'Allemagne, elle voyoit un rejetton des empereurs ses aïeux, l'espoir d'une postérité nombreuse, le réparateur &

l'appui d'une maison autrefois si puissante, & dont actuellement toute l'Europe se disposoit à déchirer l'héritage.

Cependant les troupes Autrichiennes, rassemblées dans les environs d'Olmutz, attendoient un général pour les conduire à l'ennemi. Le comte de Neuperg, à qui la reine venoit de rendre la liberté, fut choisi pour aller combattre le roi de Prusse. Vers la fin de Mars, ce général, marchant sur deux colonnes à travers des montagnes couvertes de neige, arriva à Hermanstat, sur la frontiere de Silésie. Le roi de Prusse, instruit de cette marche, quitta Jagendorff, Tropau & Ratibor, prit le chemin de Neiss, y fut joint par le prince d'Anhalt & par le maréchal de Schverin; &, après avoir ainsi rassemblé toutes ses forces, il se prépara à passer la riviere de Neiss pour attaquer le comte de Neuperg. Ce général ayant empêché les Prussiens de passer sur le pont qu'ils avoient jetté sur cette riviere, ils la passerent en deux endroits, au-dessus & au-dessous du pont, sans que le comte de Neuperg s'en apperçût, tant ce dessein & cette marche furent bien masqués.

Il avoit été occupé de la prise de Grotkau, & alloit s'emparer d'Olhau, dans laquelle étoit la grosse artillerie Prussienne & un magasin considérable. Rien de mieux conçu que le projet de prendre cette ville ; c'étoit, sans aucun risque, affoiblir le roi de Prusse pour le reste de la campagne, & l'empêcher de rien entreprendre d'important. Frédéric le sentit ; il ne vit d'autre ressource, pour empêcher ce coup, qu'une bataille. Dès le lendemain, il s'avance vis-à-vis le village de Molwitz, où étoit le quartier général des Autrichiens. Il débouche par quatre colonnes, & range son armée en bataille : le comte de Neuperg s'avance dans la plaine, & en fait autant. A deux heures après-midi, une décharge générale de l'artillerie Prussienne donne le signal du combat. Le baron de Romer, qui commandoit la gauche des Autrichiens, s'avance, à la tête de sa cavalerie, contre la droite des Prussiens ; le roi y étoit, & avoit sous ses ordres le prince Léopold d'Anhalt. Le choc fut des plus rudes ; Romer enfonce, renverse & met en désordre la premiere ligne de la cavalerie Prussienne; celle-ci se jette sur la seconde, y met le désordre & l'épouvante, & tout est en fuite. Le baron de Romer arrête sa troupe, tourne sur le flanc de l'infanterie, essuie le feu des premiers bataillons, s'y fait jour, & les écrase: il pousse jusqu'au camp, s'empare de quelques piéces de campagne, tombe sur le quartier du roi, & pille son bagage. Frédéric venoit de voir tomber à ses côtés un officier & un page; son régiment des Gardes avoit été mis en piéces, & presque tous les officiers avoient été tués. Le maréchal de Schverin voit le danger de sa majesté: occupé lui-même à rassurer l'infanterie, il fait prier Frédéric de ne pas s'exposer davantage, de céder à la fortune, & de permettre que son général se charge de la retraite. Le roi de Prusse, qui sentoit tout le danger qu'il y avoit pour lui d'aller plaider sans armée à Vienne la cause de la Silésie, abandonna le champ de bataille, & s'enfuit accompagné d'un seul page.

Tandis que Frédéric fuyoit & cherchoit loin de Molwitz un asyle assuré, Schverin remportoit une victoire signalée. Malgré le désordre que le baron de

Romer avoit jetté dans les lignes, le général Prussien rétablit le combat. Le prince d'Anhalt attaqua d'abord la cavalerie de Romer, qui revenoit du pillage, & la fit reculer : quatre fois Romer revint à la charge ; enfin, il périt dans l'action, & sa mort entraîna la défaite entiere de sa troupe. Schverin, à la tête de l'infanterie Prussienne, attaque celle de la reine, la renverse & la défait entiérement. En vain le comte de Neuperg, qui avoit été blessé, veut tenir ferme, il est entraîné dans la fuite. Deux blessures que reçoit Schverin ne ralentissent point son ardeur ; à la tête des escadrons, il poursuit l'ennemi vaincu jusqu'à l'entrée de la nuit. Les Prussiens ne firent pas une perte considérable, celle des Autrichiens le fut davantage : outre trois mille quatre cents hommes tués & deux mille prisonniers, on leur enleva dix piéces de canon & quatre étendards. Le grand nombre de leurs officiers-généraux qui furent blessés, prouve que le maréchal de Schverin ne dut sa victoire qu'à la discipline de son infanterie & à la violence de son feu.

Frédéric, après cette victoire, sur

laquelle il ne comptoit guere, entreprit le siege de Brieg, qu'il emporta après quelques jours d'attaque. Pendant ce siége, il fit un acte de générosité qui mérite d'être transmis à la postérité. Une bombe étant tombée sur un magasin de foin qui touchoit au château, y mit le feu; le vent porta la flamme sur les bâtimens, qui dans vingt-quatre heures furent réduits en cendres. En apprenant le commencement de ce malheur, le roi fit taire ses batteries, pour donner à la garnison le temps de sauver le château. Ces exemples d'humanité, au milieu des fureurs de la guerre, ne peuvent être trop célébrés; ils adoucissent au moins pour quelques momens les tristes impressions que laisse le récit des batailles. Après le siége de Brieg, le roi pensa à faire celui de Neiss, qui l'année précédente avoit résisté à tous ses efforts; mais le comte de Neuperg alla camper sous le canon de cette ville, & mit obstacle aux entreprises du roi de Prusse. Dans tout le reste de la campagne, il n'y eut entre les Autrichiens & les Prussiens que quelques escarmouches, & plusieurs petits combats qui ne déciderent rien. Les choses resterent en cet état, lorsqu'au mois d'Octobre la reine ordonna à ses généraux d'évacuer la Silésie.

Les ennemis de Marie-Thérese se multiplioient; les plus puissans princes de l'Europe s'étoient ligués pour l'attaquer; mais, au milieu de tous ces chocs, son courage bravoit les dangers, & sa fermeté sçavoit les prévenir ou les réparer : elle crut alors ne devoir plus différer son couronnement. La cérémonie se fit à Presbourg, avec une magnificence extraordinaire, & une démonstration touchante de zele & de satisfaction de la part de ses sujets. Sa majesté fut couronnée dans l'église métropolitaine, par l'archevêque de Gran, primat de Hongrie. Elle se rendit ensuite à l'église des Franciscains, où elle reçut l'épée royale. Etant montée à cheval, elle frappa plusieurs fois l'air avec cette épée, selon la coutume : de-là, conduite par les évêques & les barons du royaume sous un arc de triomphe, elle y prêta le serment ordinaire. Cette illustre princesse, dont la grande ame étoit au-dessus des honneurs qu'on rendoit à son rang, voulut encore donner au grand-duc la co-régence de ce royaume : elle propofa aux Etats de confentir qu'elle partageât la fouveraineté de la Hongrie avec fon époux, qui étoit déja affocié à celle des Etats d'Autriche. Quelques députés répondirent d'abord que fa majefté avoit trop de lumieres pour avoir befoin de s'affocier quelqu'un dans l'adminiftration des affaires ; cependant le plus grand nombre y confentit avec joie, & la reine eut encore la fatisfaction de donner au grand-duc cette marque de l'attachement le plus tendre. Ces exemples refpectables d'une union fi parfaite & fi douce, doivent paffer à la poftérité la plus reculée ; ils font d'autant plus frappans, qu'ils font moins communs, même parmi les maîtres du monde. Mille fois heureux le peuple qui lit de telles anecdotes dans les annales de fes princes ! elles font plus fatisfaifantes que le récit pompeux de leurs conquêtes & de leurs victoires. L'hiftoire de Marie-Thérefe eft remplie de ces beaux traits. Cette princeffe, grande dans l'adverfité, maîtrifant la fortune, parut aux yeux de l'Europe étonnée, égaler en tout les plus grands rois des fiécles antérieurs.

Mais, quelque brillante que foit cette partie de fon hiftoire, ce n'eft pas encore la plus belle. Après l'avoir vue triompher de tous fes ennemis, couronnée par la victoire, conferver les états qu'elle avoit reçus de fes aïeux; nous la verrons avec autant de plaifir au milieu de fes auguftes enfans, veiller elle-même à leur éducation, faire germer dans leurs cœurs les vertus qui la rendent fi refpectable & fi chere à fes peuples; enfin, leur donner ces grandes leçons qui devoient fervir à rendre plus heureux la plûpart des peuples de l'Europe. Qu'elle nous paroîtra grande, lorfque, méprifant le fafte & la morgue qui éloignent les monarques ordinaires de leurs fujets, nous la verrons aller elle-même annoncer à la comteffe de Daun l'heureufe nouvelle d'une victoire remportée par l'époux de cette dame, & partager avec elle la joie qu'elle en reffentoit! Quels tendres mouvemens de fatisfaction n'éprouverons-nous pas en voyant avec quelle hnmanité, quelle tendreffe, tous fes jours font employés à foulager fes fujets, à prévenir ou à diminuer les peines de ceux qui font dans l'infortune ! Rien n'échappe à sa vue pénétrante ; c'est-là sa plus agréable occupation, depuis que des jours de paix & de gloire ont succédé aux troubles de son regne naissant. Ce sont ces actions admirables qui ont formé son auguste fils, qui porte aujourd'hui la couronne impériale. Que l'on parcoure la longue suite des regnes des empereurs, & l'on verra qu'en aucun temps l'Allemagne ne fut aussi tranquille, aussi heureuse. Puissent de si beaux jours être de longue durée, & effacer pour toujours le souvenir des maux qui les ont précédés !

Marie-Thérese, après son couronnement, sortit de Hongrie couverte de gloire, environnée de tout l'appareil de la souveraineté, au bruit des acclamations de ses sujets. Des soins importans la rappelloient dans la capitale de l'Autriche. Il n'étoit plus question de combattre un prince guerrier qui n'en vouloit qu'à une seule province ; il falloit résister aux armes de la Baviere, appuyées de celles de France, d'Espagne, de Savoie & de Saxe. Ces puissances étoient toutes déterminées à réduire l'héritiere de la maison d'Autriche au seul patrimoine du grand-duc. La reine, en prévoyant le coup, avoit fait tout ce qu'elle avoit pu pour le parer. Elle n'ignoroit pas que la cour de Versailles donneroit le signal de la guerre, ou l'exemple de la tranquillité: obtenir la neutralité de cette puissance, étoit un grand point pour elle; aussi n'omit-elle rien de ce qui pouvoit la lui procurer. Les lettres les plus pressantes & les plus affectueuses de cette jeune princesse, conjuroient le cardinal de Fleury de ne point donner le signal d'une guerre qui alloit embraser l'Europe entiere. Ses ministres rappelloient sans cesse la garantie de la pragmatique-sanction, que la France avoit jurée. Les ambassadeurs du duc de Baviere tâchoient de détruire l'impression que faisoient les discours de ceux d'Autriche. Ils rappelloient les services que le pere de l'électeur leur maître avoit rendus à la France dans la guerre de la succession d'Espagne, & la perte de ses Etats, dont l'empereur avoit puni son attachement aux intérêts de cette couronne. Le duc de Baviere demandoit pour récompense de tout ce que son pere avoit fait, la couronne impériale & la succession d'Autriche. La France & l'Espagne devoient sans doute beaucoup à ce prince; mais le cardinal de Fleury ne pouvoit se résoudre à prodiguer le sang & les trésors du royaume pour une querelle au moins très-douteuse. Laisser Marie-Thérese régner sur l'héritage de ses aïeux, recourir à la voix des négociations, employer tout le crédit des deux branches des Bourbons pour placer l'électeur sur le trône de l'Empire, paroissoit au cardinal récompenser suffisamment un allié autrefois persécuté; ce plan eût été certainement plus grand & plus digne de la France. Malheureusement les vues du ministre ne furent point goûtées : des ressorts secrets & plus puissans avoient agi, la guerre fut résolue. Le cardinal avoit donné son avis par écrit, & cet avis étoit formellement contre l'entreprise. On croyoit qu'il se retireroit alors : sa carriere entiere eût été glorieuse; mais il n'eut pas la force de renoncer au ministere, & de vivre avec lui-même sur le bord de son tombeau.

Il y avoit alors en France deux hommes d'une ambition vaste, d'une politique hardie, d'une imagination ardente. Tous deux, à des talens réels, joignoient la réputation d'en posséder de plus grands encore. * Le comte, depuis maréchal de Belle-Isle, sans avoir été ministre ni général, passoit pour l'homme le plus capable de régir un Etat & de conduire une armée : une santé foible détruisoit souvent en lui le fruit de tant de talens. Toujours en action, toujours plein de projets, son corps plioit sous les efforts de son ame. On aimoit en lui la politesse d'un courtisan aimable, & la franchise apparente d'un soldat. Il persuadoit sans s'exprimer avec éloquence, parce qu'il paroissoit toujours persuadé. Le chevalier de Belle-Isle, son frere, avoit les mêmes vues ; mais encore plus approfondi, parce qu'une santé plus robuste lui permettoit un travail plus opiniâtre. Son air plus sombre étoit moins engageant ; mais il subjuguoit lorsque son frere insinuoit. Son éloquence ressembloit à son courage ; on y sentoit, sous un air froid & profondement occupé, quelque chose

---

* Siécle de Louis XV.

de violent : il étoit capable de tout imaginer, de tout arranger, & de tout faire. Ces deux hommes entreprirent de changer la face de l'Europe. Aidés dans ce grand deffein par une dame d'un efprit fupérieur, ils propoferent les moyens, & laifferent entrevoir des facilités : ils firent parler au confeil le génie de Richelieu, & rappellerent que le dernier foupir de ce grand homme avoit été pour l'abaiffement de la maifon d'Autriche ; que jamais l'occafion n'avoit été plus favorable. Enfin, fans fonger combien cette politique avoit déja coûté de fang à la France, on réfolut d'armer pour l'électeur de Baviere, & le cardinal de Fleury préfida à une entreprife qu'il n'approuvoit pas.

La France & l'Efpagne concluent un traité d'alliance offenfive ; les rois de Pruffe, de Pologne & de Sardaigne y accedent. Quarante mille hommes, fous les ordres du maréchal de Belle-Ifle, paffent le Rhin au mois d'Août (1741) pour fe joindre aux Bavarois. Une autre armée de quarante mille hommes, commandée par le maréchal de Maillebois, fe rend aux portes de l'électorat d'Hanovre, pour empêcher les Hanovriens de secourir la reine de Hongrie. George II, roi d'Angleterre, craignant pour ses possessions d'Allemagne, s'engage avec la France, par un traité, à ne point donner de secours à la reine. Cependant M. de Belle-Isle, ambassadeur à Francfort auprès de la diete de l'Empire, parcouroit toutes les cours d'Allemagne, pour ménager les suffrages des princes qui devoient couronner empereur l'allié de la France.

L'électeur de Baviere passe en Autriche, en attendant la jonction des troupes de France aux siennes. Il se rend maître de Lintz, & menace Vienne; ensuite, ayant reçu les premieres divisions des François, il envoie des partis jusqu'aux portes de cette capitale. Le grand-duc s'y étoit rendu, accompagné du prince Charles son frere, pour y faire les dispositions propres à soutenir un siége que l'on croyoit prochain. Marie-Thérèse en étoit partie, emportant avec elle l'archiduc son unique consolation, & étoit allée se jetter dans les bras de ces Hongrois, que la sévérité de ses aïeux avoit autrefois rendus ennemis de sa maison, & que sa douceur lui avoit inviolablement attachés. La reine parut devant les ordres de l'Etat, tenant entre ses bras le jeune archiduc à peine âgé de quelques mois, & leur adreſſa en latin ces paroles touchantes : « Abandonnée de mes amis, perſécu- » tée par mes ennemis, attaquée par » mes plus proches parens, je n'ai de » reſſource que dans votre fidélité, » dans votre courage & dans ma conſ- » tance. Je remets en vos mains la fille » & le fils de vos rois, qui attendent » de vous leur ſalut. » A peine lui donne-t-on le temps d'achever ce diſcours énergique. Les Hongrois, frappés de ce ſpectacle & des paroles de la reine, tirent leurs ſabres ; &, tranſportés de l'enthouſiaſme qu'elle avoit fait naître, ils s'écrient d'une voix unanime : *Moriamur pro rege noſtro Mariâ-Thereſiâ !* « Mourons tous pour notre roi Marie- » Théreſe ! » Jamais princeſſe ne mérita mieux de porter ce nom. Pendant cette ſcene attendriſſante, la reine avoit fait paroître une fermeté héroïque ; elle vit d'un œil ſec tous ces braves guerriers attendris ſur ſon ſort, &, les larmes aux yeux, jurer de s'immoler pour elle. La nature, qui lui a donné en partage tant de grandeur d'ame, ne lui a point refusé la douce sensibilité; elle se dédommagea bien lorsqu'elle fut rendue à elle-même, & ses yeux répandirent des larmes en abondance. Cette princesse étoit enceinte; & c'est dans un de ces momens d'amertume profonde qu'elle écrivoit à la duchesse de Lorraine, sa belle-mere: « J'ignore encore » s'il me restera une ville pour y faire » mes couches. » Elle eut cependant la satisfaction d'apprendre qu'après bien des incertitudes, les ennemis abandonnoient Vienne, & marchoient vers Prague.

Leur armée n'arriva devant cette ville qu'à la fin de Novembre. La rigueur de la saison, & le défaut de vivres, imposoient la nécessité de tenter tout pour s'en emparer au plutôt. D'ailleurs le grand-duc venoit au secours de cette place à la tête de l'armée de Silésie, dont le comte de Neuperg avoit quitté le commandement. Le 25 ce prince arriva à cinq lieues de Prague, & le lendemain il apprend qu'elle a été prise d'assaut pendant la nuit. La gloire de ce dessein, les détails du plan, & une bonne partie de l'exécution, furent dus au comte de Saxe, qui avoit toute la confiance de l'électeur de Baviere. Parmi les officiers des troupes de France, le comte de Saxe avoit distingué ce fameux Chevert, alors lieutenant colonel du régiment de Beauce, l'homme, de toute l'armée, le plus capable d'exécuter un coup de main ; ce fut lui qu'il chargea de conduire les troupes. « Ecoute bien, dit Chevert à un sergent qu'il envoyoit tenter le premier l'escalade ; « tu monteras par-là, (l'an- » gle rentrant d'un bastion) : en ap- » prochant du haut du rempart, on » criera, Qui vive ? tu ne répondras » rien. On criera la même chose une » seconde fois ; tu ne répondras rien en- » core, non plus qu'au troisieme cri. » On tirera sur toi, on te manquera ; » tu égorgeras la sentinelle, & j'arrive » là pour te secourir. » Tout fut ponctuellement exécuté, & la ville fut prise ; il n'y eut ni pillage ni désordre : à six heures du matin tout étoit aussi tranquille qu'à l'ordinaire. La garnison, composée de trois mille hommes, fut prisonniere de guerre. L'électeur de Baviere entra dans Prague le même jour, & s'y fit couronner roi de Bohême le 7 Décembre. Le maréchal de Belle-Isle

DE L'EMPIRE D'ALLEMAGNE. 145
Isle se rendit à Prague pour établir parmi les troupes de la garnison, la discipline nécessaire pour concilier au nouveau roi l'affection des vaincus.

Il ne manquoit plus aux desirs du duc de Baviere que la couronne impériale ; tout étoit préparé pour la lui faire donner. Le maréchal de Belle-Isle retourna à Francfort, pour hâter la réussite de son grand projet. Le duc de Broglie, à qui il avoit laissé le commandement de l'armée, termina la campagne par la prise de Pisseck. Le grand-duc essaya de reprendre cette place ; &, n'y ayant point réussi, il prit la route de Vienne, & remit le commandement de son armée au prince Charles, son frere.

Après cette campagne malheureuse, tout paroissoit désespéré pour la reine Marie-Thérese. L'archiduché d'Autriche & presque toute la Bohême étoient au pouvoir des François, & la Silésie étoit à la merci du roi de Prusse qui pouvoit alors en faire la conquête sans obstacle ; il profita bien des circonstances, & porta ses vues plus loin. Il fit attaquer le comté de Glatz par le prince Léopold d'Anhalt, & la Mo-

Tome VIII. G

ravie par le maréchal de Schverin, tandis qu'il s'emparoit lui-même de Neiss. Avant la fin de la campagne, il fut maître d'Olmutz, capitale de la Moravie, & de Glatz, capitale du duché de même nom. Ce ne font pas là les exploits qui font le plus d'honneur au roi de Prusse ; il n'étoit pas difficile de s'emparer d'un pays abandonné : la multiplicité des ennemis avoit obligé la reine de Hongrie de rappeller ses troupes dans l'Autriche, qu'il falloit défendre contre l'armée combinée de France & de Baviere.

1742. La couronne impériale, qui depuis tant d'années étoit l'apanage de la Maison d'Autriche, s'en éloignoit ; les desseins du maréchal de Belle-Isle s'accomplissoient. Le 24 Janvier, le duc de Baviere fut élu roi des Romains ; il fit son entrée à Francfort le 31, & il fut couronné empereur sous le nom de Charles VII, le 22 Février, par l'électeur de Cologne, son frere.

Au milieu de tant de revers, Marie-Thérese n'avoit plus pour elle que ses grands talens & sa fermeté ; & avec cela, elle étoit encore plus redoutable que ne l'imaginoient ses ennemis triomphans. Cette princesse avoit mérité l'attachement de ses sujets de Hongrie ; elle trouva chez eux des secours prompts & inépuisables. Trois mille gentilshommes Hongrois qui avoient servi en Silésie sous le comte de Neuperg, montent à cheval ; leur exemple entraîne tout le reste de la noblesse. Les Etats de Croatie lui fournissent sur le champ douze mille hommes, & promettent de lever de nouveaux régimens. La reine accorde la liberté à tous les serfs qui prendront les armes pour sa défense ; un nombre infini accourt de tous côtés se ranger sous ses drapeaux. C'est à qui témoignera plus de zèle pour cette reine que l'on adore. Le clergé lui fournit généreusement des sommes considérables. Son nom déja célebre, & l'histoire de ses malheurs, portés jusqu'au fond de l'Esclavonie & sur les bords de la Drave, enflamment les habitans de ces tristes contrées de l'enthousiasme martial qui anime tous ses sujets. Il sort de ces pays sauvages des armées de troupes légeres si connues depuis sous le nom de *Pandoures* & de *Talpaches*, dont la bravoure étonnante, l'habillement singulier &

l'air affreux jettoient par-tout l'épouvante, & graverent pour long-temps dans la mémoire des ennemis de leur reine, le souvenir de leur figure & de leurs actions.

Tandis que des milliers de bras s'armoient pour sa vengeance, Marie-Thérese agissoit fortement auprès des cours étrangeres; elle ranimoit en sa faveur l'Angleterre & la Hollande, qui lui donnoient des secours d'argent; elle agissoit dans l'Empire; elle cherchoit à ébranler le roi de Sardaigne, & à détacher le roi de Prusse de la ligue. Toute la nation Angloise s'anima en sa faveur. Des particuliers proposerent de faire un don gratuit à cette princesse; la duchesse de Marlborough, veuve de celui qui avoit combattu pour Charles VI, assembla les principales dames de Londres; elles s'engagerent à fournir cent mille livres sterlings, & la duchesse en déposa quarante mille. La reine de Hongrie eut la grandeur d'ame de ne pas recevoir cet argent qu'on avoit la générosité de lui offrir; elle ne voulut que celui qu'elle attendoit de la nation assemblée en parlement. Alors toute l'Europe regarda cette princesse comme une héroïne digne de conserver un trône qu'elle sçavoit si bien défendre.

Les alliés avoient fait une grande faute, & ils se repentirent bientôt de n'avoir pas fait le siége de Vienne. Le fameux comte de Kévenhuller, à qui le grand-duc en avoit confié la défense, voyant qu'il n'avoit plus rien à craindre de ce côté, en sortit, & se mit à la tête de trente mille hommes, pour recouvrer l'Autriche & ravager la Baviere. Il arrive aux environs de Lintz, ou campoient les comtes de Ségur & de Minuzzi avec un corps de dix mille hommes : ils se retirent dans la ville, résolus de se défendre jusqu'à la derniere extrémité. Kévenhuller en forme le siége sous les ordres du grand-duc, qui s'étoit rendu à l'armée. Le maréchal de Terring, général de Charles VII, accouroit de la Bohême pour délivrer Lintz & secourir la Baviere : il trouve le post de Scherding, entre Lintz & Passau, occupé par les Autrichiens ; il l'attaque avec vigueur ; mais le général Bérinklaw, qui s'y étoit retranché, le repousse, le met en fuite, & lui enleve neuf drapeaux. Ce premier avantage des Autrichiens fut l'époque de tous les défastres des Alliés. Lintz fut pris après des attaques si vigoureufes & une défenfe si opiniâtre, que lorfque le grand-duc y entra, il ne prit poffeffion que d'un tas de pierres & de cendres.

Le grand avantage qui réfulta de la prife de Lintz fut que les troupes qui l'avoient défendue ne pouvant, fuivant la capitulation qu'on leur avoit accordée, porter les armes le refte de l'année, elles ne pouvoient fe joindre au maréchal de Terring, ni couvrir la Baviere, qui fut prife & pillée.

Les beaux jours de Charles VII avoient été de courte durée ; il étoit refté à Francfort fans troupes, fans argent & fans crédit. Il eut bientôt la douleur d'apprendre que le baron de Mentzel, avec cinq mille Autrichiens feulement, s'étoit emparé de Munich, capitale de fon électorat.

La France ne ceffoit d'envoyer des armées en Allemagne pour foutenir le nouvel empereur : le duc d'Harcourt paffa le Rhin le 10 de Mars, & prit la route de Baviere. Cependant le comte de Saxe méditoit une conquête importante. Egra, sur les frontieres de la Bohême, vers la Franconie, étoit le dépôt de tous les magasins Autrichiens : la prise de cette ville assuroit la conquête de la Bohême, & facilitoit la communication avec la Baviere. Quoique cette place fût très-forte, le comte de Saxe s'en rendit maître après quinze jours de siége. La nouvelle d'une conquête si importante fit éprouver à Charles VII des transports de joie que le sentiment de ses malheurs rendoit encore plus vifs.

Pendant que le comte de Saxe s'emparoit d'Egra, le roi de Prusse s'assuroit pour lui-même la conquête qu'il avoit faite de la Silésie. Après avoir partagé son armée en trois corps, il sortit de la Moravie, & s'avança dans la Bohême. Son dessein étoit d'aller chercher le prince Charles, qui commandoit les troupes de la reine dans ce royaume, & de se joindre, après l'avoir vaincu, à l'armée des Alliés, campée dans les environs de Prague. Le prince Charles, qui avoit pénétré ce projet de Frédéric, en formoit un autre pour le moins aussi bien concerté. Il se proposoit d'arrêter le roi de Prusse, en lui donnant de l'inquiétude pour fes magafins ; de l'empêcher de joindre le maréchal de Broglie, & de marcher brufquement vers Prague, qu'il efpéroit furprendre. Les mouvemens que firent ces deux princes, chacun pour exécuter fon projet, furent fuivis d'une action générale très-vive entre les deux armées, près de Czaflaw : les Autrichiens furent vaincus, & perdirent, dans cette bataille, quatre mille hommes, eurent trois mille bleffés ; on leur fit douze cents prifonniers, & on leur prit vingt piéces de canon, & plufieurs drapeaux ou étendards. Dans le même temps que Frédéric remportoit une victoire à Czaflaw, le maréchal de Broglie eut un avantage fur le prince de Lobkowitz, près de Sahay.

Les victoires du roi de Pruffe ne diminuoient point la répugnance que Marie-Thérefe avoit de démembrer les Etats de Charles VI. Elle avoit efpéré de gagner ce prince par la médiation de l'Angleterre & de la Hollande ; mais toutes les négociations avoient été inutiles, parce qu'elle demandoit toujours la reftitution de la Siléfie ; & Frédéric affuroit que, n'ayant pris les armes que pour recouvrer l'héritage de ses aïeux, il ne les quitteroit qu'au moment où la reine lui feroit justice sur ce point. La journée de Molwitz l'avoit déja ébranlée ; celle de Czaslaw, & plus encore l'état actuel de la Bohême & de l'Autriche, acheverent de la déterminer. Le 11 de Juin, le lord Hindfort, envoyé de sa part, & le comte de Podewils, ministre du cabinet de Frédéric, signerent à Breslau un traité qui cédoit à ce prince, en toute souveraineté, la haute & la basse Silésie, y compris le comté de Glatz, situé dans le royaume de Bohême, & enclavé dans cette province, excepté la principauté de Teschen & le duché de Troppau, à condition que le roi acquitteroit les capitaux & les intérêts des sommes qui avoient été prêtées au feu empereur par la Grande-Bretagne, sur les revenus des fermes de cette province. Les deux Puissances convinrent par le même traité, que le roi observeroit une exacte neutralité dans la guerre, & qu'il retireroit ses troupes de la Bohême treize jours après la signature du traité, dont le roi d'Angleterre se rendoit garant.

Quelque secrette que fût cette négociation, le maréchal de Belle-Isle vint à bout de la pénétrer; il en frémit. Il voyoit que, si le roi de Prusse abandonnoit la Bohême, le prince Charles, joignant ses troupes à celles du prince de Lobkowitz, viendroit, avec une armée de soixante mille hommes, écraser celle qui étoit en Bohême, & tout étoit perdu. Il vole au camp du roi de Prusse, lui communique ses craintes, déploie toute la finesse d'un négociateur habile, & étale tous les grands raisonnemens de sa politique. Le roi de Prusse l'écoute tranquillement, & lui répond laconiquement: « J'ai donné ma parole. »

Le prince Charles profitoit déja des avantages que devoit procurer la paix faite avec sa majesté Prussienne; il marcha au secours du prince Lobkowitz, pressé par le maréchal de Broglie depuis l'affaire de Sahay. Le général François, trop foible pour résister à deux armées, songea à faire bonne retraite. Le prince Charles arrive dans les environs de Budveiss, dont on vouloit faire le siége; suit le maréchal qui recule; le presse; atteint son arrieregarde, & la met en déroute. Les François regagnent Pisseck, & se retirent sous le canon de Prague. Le comte de Konigseck les suit jusque sous les murs de cette ville, qu'il investit, ainsi que le camp.

L'armée Françoise étoit à Prague comme dans un trébuchet; trop foible pour attaquer l'armée Autrichienne qui la tenoit ainsi resserrée, elle étoit trop nombreuse pour les vivres qu'il y avoit dans la ville. Bientôt la plus cruelle famine se fit sentir aux officiers comme aux soldats, sans que l'on eût aucun espoir de sortir de ce mauvais pas. Le maréchal de Belle-Isle, qui s'y étoit rendu, vit alors quelle faute il avoit faite d'avoir entraîné la France dans cette guerre, où elle n'avoit aucun intérêt; de n'avoir point fait le siége de Vienne, lorsqu'il le pouvoit; de n'avoir point de cavalerie dans un pays où sans elle on ne peut faire la guerre; d'avoir voulu garder avec trop peu de troupes un pays immense; enfin, d'avoir fait trop de divisions, & d'avoir fait tailler en piéces la plus grande partie de ces petits corps par les Pandoures, les Croates, les Talpaches, les hussards de la reine. Cependant il falloit sauver l'armée & la garnison de Prague. On eut recours aux négociations. La France demanda la paix à cette même princesse qu'elle avoit voulu dépouiller de ses Etats, & n'exigeoit, pour conditions du traité, que la liberté de la garnison & de l'armée de Prague. La reine répondit avec fermeté qu'elle ne vouloit point d'une paix plâtrée ; & que, pour premiere condition de celle que l'on proposoit, elle vouloit que l'armée Françoise mît bas les armes, & se rendît prisonniere de guerre. Le cardinal de Fleury, désolé de voir tant de désastres succéder à de si heureux commencemens, crut pouvoir gagner quelque chose en écrivant lui-même au comte de Konigseck. Il demandoit dans cette lettre la liberté de l'armée Françoise, & s'excusoit de l'entreprise de la guerre. Il avouoit qu'il y avoit été entraîné malgré lui. Pour toute réponse, la reine fit imprimer la lettre du ministre François. Elle sçavoit bien tout l'effet qu'alloit produire une pareille piéce. Elle faisoit connoître la foiblesse du ministere, & elle rejettoit le reproche de la guerre sur le général qui faisoit de si vives instances auprès d'elle pour obtenir ce qu'il demandoit ; & ce n'étoit pas rendre la négociation plus facile : elle pouvoit refroidir les alliés de la France, & enhardir ses ennemis. Tout cela arriva. Charles VII fit proposer aux Anglois des projets de paix qui furent rejettés. Après bien des tentatives inutiles, on donna une armée de quarante mille hommes au maréchal de Maillebois, pour aller au secours de celle qui étoit en Bohême.

Le comte de Konigseck, au bout d'un mois, ouvrit la tranchée devant Prague au commencement de Juillet : on le laissa faire ; mais au moment où il s'y attendoit le moins, les François, que l'on croyoit abattus par la famine, conduits par le duc, depuis maréchal de Biron, firent une terrible sortie sur les travailleurs. Après avoir comblé les travaux du siége, ils rentrerent avec des piéces de canon & des drapeaux qu'ils avoient enlevés, pendant que l'artillerie de la place qui avoit protégé la sortie, foudroyoit la cavalerie Autrichienne, qui voulut charger les troupes au moment où elles rentroient en bon ordre dans la place. Cette expédition, & la marche du maréchal de Mail-

lebois, obligerent les afliégeans à fuf-
pendre leurs attaques. Le grand-duc
d'un côté, le prince Charles & le
comte de Kevenhuller prirent de fi fages mefures, fuivirent de fi près toutes
les démarches de cette nouvelle armée,
qu'elle ne fut d'aucun fecours à celle
de Prague. Il en périt une grande partie par la fatigue des marches & des
contre-marches que le général lui fit
faire fans ofer rien entreprendre, &
par le fer des redoutables Talpaches.
Enfin, elle fe retira dans l'électorat de
Baviere : lorfqu'elle y fut, le maréchal
de Broglie eut ordre de quitter le camp
de Prague, & d'aller remplacer le maréchal de Maillebois.

Prague demeura ainfi fans efpoir de
fecours, & le maréchal de Belle-Ifle
fut feul chargé de fa défenfe. On ne
pouvoit plus y demeurer ; une extrême
difette y faifoit périr les troupes. Le
maréchal avoit formé le projet de faire
fa retraite : l'exécution étoit difficile ;
il falloit tromper la vigilance du prince
de Lobkowitz qui bloquoit la ville, &
les habitans qui étoient fes efpions. La
nuit du 16 au 17 Décembre, il fort de
Prague avec onze mille fantaffins &

trois mille chevaux, emmene quarante otages des plus distingués de la ville, trente piéces de canon, & des vivres pour douze jours. Avec tout cet attirail, il se fraye un chemin à travers les neiges & les glaces; il évite les défilés où l'ennemi l'attendoit, fait trente-huit lieues d'Allemagne; il arrive à Egra, non sans avoir perdu beaucoup de monde, par le froid excessif, par la fatigue extrême d'une route forcée de douze jours & douze nuits à la vue des troupes légeres de Hongrie, faite d'ailleurs par des soldats déja accablés des maux qu'ils avoient soufferts pendant un long siége, où ils avoient manqué de tout. Cette armée, que le maréchal avoit conduite en Allemagne, se trouvoit détruite, sans qu'il se fût donné une seule grande bataille. Cette retraite si vantée, & qui paroissoit impraticable, fut regardée comme un bonheur signalé, quoique l'on perdît la Bohême & l'Autriche, qu'on livrât la Baviere aux troupes Autrichiennes, & qu'on abandonnât au mépris, & presque à l'indigence, un empereur que l'on venoit de faire; enfin, quoique par cette retraite on attirât sur les frontieres de

France l'incendie que le maréchal avoit allumé dans le Nord.

Le général Autrichien, défefpéré d'avoir laiffé échapper l'armée Françoife, voulut au moins enlever la garnifon que le maréchal avoit laiffée à Prague. Elle montoit à fix mille hommes, la plûpart malades ou bleffés; mais le comte de Chevert étoit à leur tête. Le prince de Lobkowitz lui envoya un officier pour le preffer de fe rendre. « Dites au prince, répondit ce » brave guerrier, que s'il ne m'accorde » pas les honneurs de la guerre, je vais » mettre le feu aux quatre coins de Pra» gue, & je m'enfevelirai fous fes ruï» nes. » On le connoiffoit homme à tenir parole. On confentit à lui accorder les honneurs qu'il avoit fi bien mérités; il fortit avec tout fon monde, & fe retira à Egra. La Bohême rentra, par la reddition de fa capitale, fous la domination de fa légitime fouveraine, à la grande fatisfaction de fes habitans.

Les affaires de la reine de Hongrie n'alloient pas moins bien en Italie. A la mort de Charles VI, Charles-Emmanuel III, duc de Savoie, avoit formé des prétentions fur le duché de Milan.

Ce prince avoit accédé au traité de Versailles. Marie-Thérèse avoit pourvu à la défense de ses Etats d'Italie ; la Toscane avoit été le dépôt des troupes qui devoient les défendre. La reine n'ignoroit pas que l'alliance du duc de Savoie vaudroit mieux pour elle qu'une armée de cent mille hommes, les Etats de ce prince pouvant servir de barriere aux troupes de France & d'Espagne : depuis le commencement de la guerre, elle n'avoit rien négligé pour le gagner. La chose étoit devenue plus facile depuis que le duc de Savoie avoit commencé à s'appercevoir que les puissances avec lesquelles il s'étoit lié, destinoient le duché de Milan à l'infant dom Philippe ; qu'elles avoient résolu de l'en priver lui-même, & de lui donner ainsi pour voisin un prince de la maison de Bourbon. Dans la nécessité de perdre le Milanez, le roi de Sardaigne aima mieux le voir entre les mains de la reine, qui lui offroit le Vigevanasque en partie, la ville de Plaisance & le Pavesan, avec ses droits sur le marquisat de Final. A ces conditions, Charles-Emmanuel fit son traité avec la reine de Hongrie. Ce changegement n'arrêta point les desseins de la cour d'Espagne, & l'on résolut de passer à main armée sur ses terres : mais tous les efforts que l'on fit furent inutiles ; & les armes de la reine, aidées de celles du duc de Savoie, furent aussi heureuses en Italie qu'en Allemagne.

1743.

Dès le commencement de 1743, le maréchal de Belle-Isle, qui avoit ramené en France les restes malheureux de l'armée de Bohême, étoit retourné à Francfort. Le cardinal de Fleury étoit mort le 29 Janvier. Toutes les puissances de l'Europe parloient de paix, sans qu'aucune eût un vrai désir de terminer la guerre. Elle continua donc ; & la reine de Hongrie se couvrit d'une nouvelle gloire, en délivrant l'Allemagne de toutes les troupes étrangeres dont elle avoit été inondée les années précédentes. Les premiers coups de cette campagne se frapperent en Baviere ; cet électorat souffrit encore une révolution. Il étoit rentré sous la domination de son souverain vers la fin de 1742, lorsque le comte de Kevenhuller en avoit abandonné la conquête pour se rendre en Bohême. Le comte de Seckendorff l'avoit alors recouvré,

& Charles VII s'étoit rendu à Munich, sa capitale.

Au mois de Mai, le prince Charles commença ses brillantes opérations. Il fit enlever le fameux partisan Lacroix par les généraux Berenklaw & Nadasti. Lacroix fut battu, & pris avec nombre d'officiers & environ trois cents hommes. Les François qui étoient à Eggenfeld se retirerent vers l'Iser, & ceux qui étoient à Thaun abandonnerent ce poste, & gagnerent Ganchoffen & Dingelfing. Au lieu de poursuivre ces fuyards, le prince forma la résolution de surprendre le général Minuzzi, qui commandoit un corps de sept à huit mille hommes, & qui étoit campé à Erblach, du côté de Braunau. Ce corps, qui étoit composé en partie de la meilleure cavalerie impériale, fut entiérement défait. On lui prit ses bagages, son artillerie & ses étendards. Le général Minuzzi, le feld-maréchal comte de Gabrieli, & le major-général comte de Preysing, furent faits prisonniers.

Après cette expédition, le prince Charles alla attaquer les François. L'armée qui étoit sous les ordres du maréchal de Broglie, se retirant toujours du côté du Rhin, paſſa ſucceſſivement & en aſſez peu de temps de Dingelfing à Landau, à Deckendorff, à Straubinghen, à Ingolſtadt ; le comte de Ségur la joignit à Schellenberg avec un corps de douze mille hommes, détaché de l'armée du maréchal de Noailles. Pendant cette marche, elle avoit été ſuivie par le général Nadaſti, qui l'avoit toujours harcelée. La plûpart des villes qui viennent d'être nommées furent réduites en cendres, & éprouverent tous les malheurs de la guerre. Mais ne nous arrêtons point à ces excès, ils ſont de triſtes ſuites des fureurs de cet art meurtrier.

L'empereur avoit encore une fois abandonné Munich, capitale de ſon électorat, & s'étoit retiré à Francfort. Le maréchal de Seckendorff, étant demeuré en Baviere avec fort peu de troupes, ſe trouvoit hors d'état de la défendre contre les armées Autrichiennes. Il conſulta l'empereur ſur ce qu'il devoit faire, & il reçut ordre de ne plus agir contre les troupes de la reine de Hongrie. Il communiqua ces ordres au prince Charles, & lui fit dire qu'il eſpéroit que les troupes Autrichiennes n'agiroient point contre celles de l'empereur. Cette déclaration fut bientôt suivie d'un traité dont le comte de Kevenhuller & le comte de Seckendorff signerent les préliminaires le 27 Juin. Charles VII, qui, lorsqu'il avoit été question de la paix générale, avoit déja déclaré à la reine que, satisfait de la couronne impériale, il renonçoit à ses prétentions sur la succession d'Autriche, s'engageoit à demeurer neutre pendant tout le temps que pourroit durer la guerre ; il laissoit la Baviere au pouvoir de la reine jusqu'à la conclusion de la paix générale. Ainsi toutes les hostilités cesserent, & les troupes impériales, ne pouvant plus servir, furent cantonnées dans la Franconie.

L'armée Françoise étoit sous les ordres d'un nouveau général ; le maréchal-duc de Noailles avoit succédé dans le commandement de l'armée aux maréchaux de Belle-Isle, de Broglie & de Maillebois. Ce général, par une manœuvre sçavante & bien entendue, se rendit maître de la campagne. Le comte de Stairs, l'un des éleves de Marlborough, étoit à la tête d'une armée de cinquante mille hommes, composée d'Anglois, d'Hanovriens & d'Autrichiens. Le roi d'Angleterre, & son second fils le duc de Cumberland, s'y étoient rendus. Le maréchal de Noailles campoit vis-à-vis l'armée Angloise qui se trouvoit de l'autre côté du Mein, & occupoit le poste d'Aschaffembourg, petite ville située sur le bord de cette riviere. En se rendant maître des passages au-dessus & au-dessous de l'armée ennemie, le duc de Noailles lui coupa les vivres, & la tenoit comme bloquée dans son camp. Les Anglois ne tarderent pas à sentir la disette des vivres ; &, comme elle augmentoit de jour en jour, ils prirent le parti de se retirer vers Hanau, sur le chemin de Francfort. Mais ils sentoient bien que ce mouvement ne pouvoit se faire sans s'exposer au feu des batteries du canon ennemi, placées sur le bord du Mein de maniere à les foudroyer dans leur retraite ; &, par une suite des précautions que le maréchal avoit prises de jetter des ponts sur la riviere entre Dettingen & Aschaffembourg, l'arriere-garde auroit été exposée aux attaques des François. Enfin, la nécessité obligea les Anglois de sortir de leur camp le 26 Juin.

DE L'Empire d'Allemagne. 167
Cette marche périlleuse fut faite dans le plus grand silence. Le duc de Noailles, voyant que les Anglois étoient obligés de passer dans un chemin étroit & creux entre une montagne & une riviere, s'empare de tous les postes avantageux des environs ; il fait avancer tous les escadrons, composés de la Maison du roi, ceux des dragons & des hussards, vers le village de Dettingen par où les Anglois devoient passer ; il fait défiler sur ses deux ponts quatre brigades d'infanterie, avec celle des gardes Françoises. Ces troupes avoient ordre de rester dans le village, où, cachées en deçà d'un ravin profond, elles ne pouvoient être apperçues des Anglois, dont le maréchal pouvoit suivre des yeux tous les mouvemens. Le duc de Grammont, neveu du duc de Noailles, lieutenant-général & colonel des gardes, commandoit ce détachement, & avoit ordre d'attendre que l'ennemi se fût livré lui-même dans le chemin creux par où il devoit passer. Après avoir donné ces ordres, le maréchal alla reconnoître un gué pour faire avancer de la cavalerie ; il envoya cinq brigades pour occuper le

poste d'Aschaffembourg ; de sorte que les ennemis devoient se trouver enfermés de tous côtés. Le succès étoit infaillible ; le roi d'Angleterre pouvoit être fait prisonnier, & cet événement auroit peut-être rendu la paix à toute l'Europe.

Un mouvement impatient, un desir trop vif de gloire, dérangea toutes ces dispositions. Le duc de Grammont quitte son poste avant le moment marqué, fait avancer son détachement au-delà du ravin dans une petite plaine, & abandonne la position la plus avantageuse, pour conduire ses troupes dans un terrain étroit. Les Anglois, qui défiloient en ordre de bataille, forment leurs rangs, attaquent les François qui étoient en désordre, & dont les forces étoient bien inférieures. L'artillerie placée sur les bords du Mein devient inutile ; elle auroit tiré sur les François. Le maréchal arrive, mais trop tard ; la faute étoit faite, & elle étoit irréparable. La Maison du roi à cheval & les carabiniers enfoncent d'abord deux lignes d'infanterie ; mais elles se reforment aussitôt, & enveloppent les François : les officiers du régiment des gardes marchent

chent à la tête de leur corps ; vingt-un de ces officiers font tués, autant font dangereufement bleffés ; enfin, ce régiment eft bientôt mis dans une déroute entiere.

Le duc de Chartres, depuis duc d'Orléans, le comte de Clermont, le prince de Dombes, le comte d'Eu, & le duc de Penthievre malgré fa grande jeuneffe, donnerent, durant toute l'action, des marques du plus grand courage. Le marquis de Puyfégur, fils du maréchal de ce nom, rallioit les foldats de fon régiment, couroit après ceux qui fuyoient, pour les ramener au combat ; il tua même de fa main un foldat qui crioit *fauve qui peut*. Le comte de Noailles eut deux chevaux tués fous lui ; le duc d'Ayen fut renverfé de deffus le fien. Les ducs de Biron, de Luxembourg, de Richelieu, de Péquigni-Chevreufe, fe mirent à la tête des brigades qu'ils rencontrerent, & s'enfoncerent dans les lignes des ennemis. Toute la nobleffe Françoife qui fe trouva à cette malheureufe journée, y fit des prodiges de valeur qui devinrent inutiles, à caufe du défordre & de la confufion des attaques. La Maifon du roi & les carabiniers ne fe rebutoient pas. Cinquante moufquetaires, emportés par leur courage, pénetrent dans le régiment de cavalerie de milord Stairs; vingt-fept officiers de la Maifon du roi à cheval, périrent dans cette confufion; foixante-fix furent bleffés dangereufement. Le comte d'Eu, le comte d'Harcourt, le comte de Beuvron, le duc de Boufflers, furent bleffés; le comte de la Motte-Houdancourt eut fon cheval tué fous lui, fut foulé long-temps aux pieds des chevaux, & remporté prefque mort. Le marquis de Gontaut eut le bras caffé; le duc de Rochechouart ayant été bleffé deux fois, & combattant encore, fut tué fur la place. Les marquis de Sabran, de Fleury, le comte d'Eftrade, le comte de Roftaing, y perdirent la vie. Le jeune comte de Boufflers de Remiancourt, enfant de dix ans & demi, eut la jambe caffée d'un coup de canon; il fe la vit couper avec un courage héroïque, & mourut avec la même fermeté d'ame.

Les Anglois ne pouvoient foutenir des attaques fi violentes, fans faire des pertes auffi confidérables. Le roi combattoit à pied & à cheval, tantôt à la tête de l'infanterie, tantôt à celle de

la cavalerie ; son fils, le duc Cumberland, fut blessé à ses côtés. Le duc d'Aremberg, qui commandoit les Autrichiens, reçut une balle de fusil au haut de la poitrine. Plusieurs officiers généraux Anglois périrent dans l'action. Enfin, après trois heures du combat le plus opiniâtre, le duc de Noailles fit sonner la retraite. Le roi d'Angleterre dîna sur le champ de bataille, & se retira ensuite. Le duc de Cumberland avoit fait un acte de générosité qui doit être consacré dans l'histoire. Un mousquetaire, nommé Girardeau, dangereusement blessé, avoit été porté près de sa tente. On manquoit de chirurgiens fort occupés ailleurs ; on alloit panser le prince, à qui une balle avoit percé les chairs de la jambe : « Com-
» mencez, dit-il avec bonté, par sou-
» lager cet officier François ; il est plus
» blessé que moi ; il manqueroit de se-
» cours, & je n'en manquerai pas. »
Cette belle action fit autant d'honneur à ce jeune prince qu'il avoit acquis de gloire à la bataille, où il avoit rempli sa place de major général de la maniere la plus distinguée. La perte fut à peu près égale de part & d'autre ; mais les

François eurent ce défavantage de plus, d'avoir perdu le fruit des plus belles difpofitions, & d'être obligés de fuir.

Il ne fe paffa rien de remarquable après la bataille de Dettingen. Les Alliés ne tirerent pas de leur victoire tous les avantages qui auroient dû la fuivre. Le roi d'Angleterre fe contenta du champ de bataille & d'avoir vaincu les François, fans fonger à profiter de ce fuccès. L'avis du comte de Stairs avoit été de paffer le Mein, & de pourfuivre l'armée Françoife jufque fur le Rhin, dont l'armée Autrichienne, commandée par le prince Charles, n'étoit pas éloignée ; mais on n'en voulut rien faire.

L'armée que commandoit fon Alteffe Royale étoit une des plus belles & des plus fortes que la maifon d'Autriche eût eues depuis long-temps en Allemagne. Elle arriva fur les bords du Rhin, & campa du côté de Bade, après avoir traversé la Souabe. De-là, le prince Charles fe préparoit à porter le ravage en Lorraine & en Alface. Il defcendit jufqu'au vieux Brifack, vis-à-vis de Colmar ; & fon armée, partagée en deux corps, paffa un des bras du Rhin, & fe porta dans l'île de Reignac. Au premier bruit de cette marche, le maréchal de Coigni se mit à la tête de toutes les troupes qu'il put ramasser, s'avança vers le Rhin, pour empêcher les Autrichiens de passer le second bras de ce fleuve. Il établit des batteries sur ses bords, & attendit les ennemis. Le 30 Août, à quatre heures du matin, trois mille grenadiers Autrichiens passent le Rhin sur des bateaux; ils étoient suivis d'un grand nombre d'autres, qui portoient tous les agrès nécessaires pour construire un pont. Ce détachement débarque, & marche à la redoute de Rhinviller en poussant des cris affreux. Les généraux François ordonnent aux soldats de n'employer que l'arme blanche. Au premier cri des ennemis, le comte de Bérenger, les marquis de Balincourt & de Caraman, à la tête de l'infanterie & des dragons à pied, enveloppent les grenadiers, les chargent la bayonnette au bout du fusil, les culbutent les uns sur les autres, & en font un horrible carnage. Les grenadiers Autrichiens reculent, tâchent de regagner leurs bateaux; on ne leur en donne pas le temps; on les pousse dans le Rhin, on fait feu sur ceux qui se rembarquent ; ils y périssent tous ; & le comte de Harrach, qui commandoit l'attaque, va mourir à Basle de ses blessures. C'est dans cette occasion qu'un grenadier de Champagne, qui avoit quitté le combat avant les autres, fut rencontré par un officier général qui lui en demanda la raison : « Ma foi, » mon général, répond le soldat, j'ai » fait ma tâche : voilà le septieme gre-» nadier que j'ai tué ; je suis las ; que » mes camarades en fassent autant, on » n'a plus besoin de moi. » Le mauvais succès de cette expédition dégoûta, pour cette fois, le prince Charles de passer le Rhin ; il se retira dans le Brisgaw, où il prit de bonne heure ses quartiers d'hiver. Dans le même temps que Marie-Thérese apprit que ses troupes n'avoient pu pénétrer en France, cette princesse eut la satisfaction de recouvrer la seule ville de Bohême que les ennemis occupassent encore ; toutes les autres avoient été reprises. Celle d'Egra, bloquée depuis trois mois, étoit réduite à la plus cruelle famine ; la garnison fut obligée de se rendre prisonniere de guerre. La reine, voyant alors ce pays parfaitement libre, se rendit en Baviere, & se fit prêter serment de fidélité par les Etats.

En Italie, le roi de Sardaigne, qui avoit été obligé au commencement de cette année de repasser les monts pour arrêter la marche des Espagnols, avoit abandonné une seconde fois la Savoie à dom Philippe qui s'en étoit emparé. Mais le comte de Gages, commandant de l'armée dans l'intérieur de l'Italie, ayant passé le Tanaro, attaqua les Autrichiens & les Piémontois à Campo-Santo, le 5 de Mars. L'action fut vive & indécise, la nuit sépara les combattans. Le lendemain, le comte de Gages repassa le Tanaro sans être poursuivi. Le duc de Modene, nommé généralissime de cette armée, ne put entreprendre rien d'important dans tout le reste de la campagne.

Avant la fin de 1743, la reine fit sa paix avec l'electeur de Saxe, roi de Pologne. Peu après l'expédition de Prague, ce prince avoit retiré ses troupes; & au mois de Septembre ces deux puissances se garantirent réciproquement leurs Etats.

Il y avoit près de quatre ans que la France faisoit une guerre très-vive à la

1744.

reine de Hongrie & à ses alliés, sans la lui avoir déclarée. Louis XV, qui depuis la mort du cardinal de Fleury s'étoit mis à la tête des affaires, agit avec plus de fermeté, & la déclara formellement, au commencement de cette année, à Marie-Thérèse & au roi d'Angleterre. Le roi des Deux-Siciles en fit autant, & exposa la nécessité où il se trouvoit de prévenir les incursions que la reine vouloit faire dans ses Etats. Le roi de France mit sur pied quatre armées nombreuses, une pour la Provence, deux pour la Flandre, la quatrieme fut destinée à défendre le Rhin. Ce prince ayant résolu de faire ses premieres armes en Flandre, choisit un général digne de marcher devant lui dans la carriere de la gloire ; ce fut le fameux comte de Saxe, qu'il décora du bâton de maréchal de France.

Le comte d'Argenson, ministre de la guerre, avoit donné lieu d'espérer de grands succès par les préparatifs qu'il avoit faits. Le 12 de Mai le roi partit de Versailles pour se mette à la tête de ses troupes rassemblées à Lille, & déja prêtes à entrer dans la Flandre Autrichienne. Les Hollandois, consternés de voir si près de leur frontiere deux armées formidables, envoyerent au roi le comte de Wassenaër, pour supplier sa majesté de suspendre la marche de ses troupes : ses représentations furent inutiles, les généraux eurent ordre d'avancer dans le pays ennemi. Courtrai, Menin, Ypres, le fort de la Knoque, Furnes, toutes ces villes furent prises dans l'espace de deux mois. Les généraux Autrichiens & les Anglois étoient témoins de ces progrès sans pouvoir y mettre obstacle. Le maréchal de Saxe, posté près de Courtrai à la tête d'une armée, protégeoit les opérations en arrêtant les efforts des ennemis.

Au milieu de ces succès, l'on apprend tout-à-coup que les Autrichiens ont passé le Rhin du côté de Spire, à la vue des François & des Bavarois; que l'Alsace est déja entamée, & que les frontieres de Lorraine sont exposées. Le prince Charles, qui n'avoit pu réussir dans ce projet l'année précédente, ne l'avoit point perdu de vue ; enfin il étoit entré dans l'Alsace avec une armée composée de soixante mille hommes. D'abord il se rend maître de

Lauterbourg : il envoie le brave Nadasti jusqu'à Veissembourg, dont la garnison est faite prisonniere de guerre, & on laisse un corps de dix mille hommes tant dans la ville que dans les lignes. Le maréchal de Coigni, qui voit que sa communication avec la France est coupée, que le pays Messin & la Lorraine vont être en proie aux Autrichiens, enfin qu'il n'y a plus d'autre ressource que de passer sur le corps de l'ennemi pour rentrer en Alsace & couvrir le pays, marche vers Veissembourg, attaque les Autrichiens dans leurs retranchemens. Après six heures du combat le plus opiniâtre, il s'étoit emparé de la ville & des lignes; mais l'approche de l'armée Autrichienne obligea les François de se retirer vers Haguenau, qu'il furent encore forcés d'abandonner. Des partis Autrichiens & Hongrois, qui pousserent jusqu'à quelques lieues au-delà de la Sarre, porterent l'épouvante jusqu'à Lunéville, d'où le roi Stanislas fut obligé de sortir avec toute sa cour. Cette irruption des Autrichiens dans les provinces de France alloit avoir de terribles suites, lorsque le roi de Prusse, en paroissant de nouveau sur la scene, changea toute la face des affaires. Cette diversion obligea le prince Charles d'abandonner l'Alsace pour se porter en Bohême; elle rétablit les espérances de Charles VII, & mit la reine de Hongrie dans la nécessité de défendre ses Etats héréditaires, au moment où elle pouvoit espérer de faire des conquêtes dans les provinces de ses ennemis.

Depuis le traité de Breslau, & en conséquence de l'alliance défensive contractée la même année entre le roi de Prusse & l'Angleterre, il sembloit que la reine dût n'avoir plus à craindre que sa majesté Prussienne prît de nouveau les armes contre elle. Mais Frédéric n'étoit pas tranquille. Un traité fait à Worms unissoit la reine de Hongrie, l'Angleterre, la Sardaigne, la Saxe & la Hollande contre l'empereur; les puissances du nord, & surtout la Russie, étoient vivement sollicitées; Marie-Thérese avoit de grands succès en Allemagne; tout cela donna de l'inquiétude au roi de Prusse : il rompit la paix de Breslau, & reprit ses anciens engagemens avec la France.

Le traité secret avoit été signé le 5 Avril. Un autre traité d'union, fait à Francfort, entre l'empereur, le roi de France, le roi de Prusse, l'électeur Palatin, & le roi de Suede en qualité de landgrave de Hesse, fut comme le contrepoids de celui de Worms. Une moitié de l'Europe étoit ainsi armée contre l'autre, & des deux côtés l'on épuisoit toutes les ressources de la politique & de la guerre.

Cette puissante diversion en Allemagne, les conquêtes du roi en Flandres, les secours qu'il porta en Alsace, avoient dissipé les alarmes des François, lorsqu'on en éprouva une autre d'une espece toute différente. Le roi, arrêté à Metz par une maladie terrible, étoit à l'extrémité le 15 Août; le deuil fut universel dans le royaume. Les transports de joie furent sans mesure, lorsqu'on apprit que ce prince si cher étoit hors de danger.

Le roi de Prusse, en entrant dans la Bohême à la tête de quatre-vingt mille hommes, avoit publié un manifeste dans lequel il alléguoit, pour raison de l'infraction du traité de Breslau, le refus que la reine de Hongrie faisoit de reconnoître l'électeur de Bavière pour empereur. Cette raison, bonne ou mauvaise, fut appuyée par une armée de vingt-deux mille hommes qu'il fit passer en Moravie, & par une autre qu'il conduisit lui-même à Prague. Il obligea la garnison de cette ville, qui montoit à seize mille hommes, de se rendre prisonniere de guerre. Le prince Charles, malgré toute la diligence qu'il avoit faite, n'étoit pas arrivé assez tôt pour empêcher la ville d'être prise. S'étant posté aux environs de Prague, il évita de combattre les Prussiens; mais il voulut les forcer à abandonner cette ville. Pour y réussir, il fit des mouvemens qui donnerent de l'inquiétude au roi de Prusse pour ses magasins de Konigs-Gratz. Ce que le prince Charles avoit prévu arriva : le roi se mit en marche pour les défendre; & le prince, s'étant porté rapidement entre le camp du roi & la ville, la tint bloquée. La garnison de Prague sortit aussi, après en avoir fait sauter les portes & les fortifications.

Pendant que Marie-Thérèse recouvroit la capitale de Bohême, elle perdoit Fribourg, dont le maréchal de

Coigni avoit formé le siége aussi-tôt après la retraite du prince Charles. Le roi de France encore convalescent s'y étoit rendu; la garnison fut prisonniere de guerre. Ce fut la derniere opération de la campagne de 1744.

1745. L'empereur mourut à Munich le 20 Janvier de l'année suivante, âgé de quarante-sept ans, accablé de maladies, de chagrins & de revers, presque sans Etats, sans considération; &, sans l'argent de la cour de Versailles, presque réduit à l'indigence d'un particulier malheureux. Exemple mémorable & terrible de l'infortune, qui peut suivre un prince jusque sur le premier trône du monde.

La mort de Charles VII devoit naturellement donner la paix à l'Europe, puisque la France & le roi de Prusse sembloient n'avoir pris les armes que pour le soutenir sur le trône impérial; mais l'ancienne politique d'affoiblir la maison d'Autriche, & de lui enlever pour toujours la couronne de l'empire, parla plus haut que jamais, & fit continuer la guerre avec encore plus de vigueur. Chacune des nations belligérantes cherchoit à se venger; l'Angleterre, qui avoit été menacée d'une descente des François en faveur du prince Edouard, fils du Prétendant, se livroit toute entiere à son ancienne animosité, & la nation Angloise n'épargnoit ni son argent, ni ses troupes; la reine de Hongrie avoit la gloire de son auguste maison à soutenir, & les desseins de ses ennemis à prévenir & à renverser. Elle eut, sans doute, besoin de la plus grande fermeté; mais, au milieu même des périls qui la menaçoient, Marie-Thérese, au-dessus des revers, préparoit les moyens de mettre sur la tête de son époux cette couronne impériale qu'on vouloit lui arracher.

Dès le mois de Mai, le roi de France, accompagné de monsieur le Dauphin, se rendit au siége de Tournai, que le maréchal de Saxe avoit déja commencé. Tout malade qu'il étoit, ce grand homme avoit passé l'hiver à Paris, occupé à faire le plan de la campagne; & lorsqu'il partit pour l'armée, il répondit à ceux qui lui représentoient l'état de sa santé : « Il ne s'agit pas de » vivre, il s'agit de partir. » Tournai étoit la barriere de la Hollande; l'entreprise des François jeta l'épouvante chez ces fameux républicains, & ils furent les premiers à engager leurs alliés à combattre, & à défendre cette ville. Leur armée étoit composée de vingt bataillons & de vingt-six escadrons Anglois, sous les ordres du duc de Cumberland; cinq bataillons & seize escadrons Hanovriens étoient joints aux Anglois. Le jeune prince de Waldeck commandoit quarante escadrons Hollandois & vingt-six bataillons. Les Autrichiens n'avoient en Flandre que huit escadrons & le comte de Konigseck, dont le courage & l'expérience valoient une armée. Celle de France, campée près de Tournai, étoit aussi considérable.

Les troupes des Alliés ayant fait des mouvemens qui annonçoient le dessein d'attaquer les lignes des François, le maréchal de Saxe résolut de continuer le siége, & de sortir de ses lignes pour combattre l'ennemi. Il réserva dix-huit mille hommes, tant pour contenir la garnison de Tournai, que pour défendre les ponts sur l'Escaut. Il fit passer ce fleuve au reste des troupes, & s'établit dans la plaine de Fontenoy. C'est-là que se donna la fameuse bataille qui porte ce nom, sous les yeux de Louis

XV & de son fils, accompagnés des grands-officiers de la couronne, & d'un nombre prodigieux d'officiers-généraux qui brûloient tous du desir de signaler leur courage sous les ordres de leur roi. Le duc de Cumberland, à la tête des Anglois, s'y couvrit d'une gloire immortelle; les Autrichiens y firent des prodiges de valeur. Malgré tous cela, les François remporterent la victoire, après l'un des combats les plus opiniâtres & les plus meurtriers dont l'histoire moderne fasse mention. Malgré leur défaite, les Alliés se retirerent en bon ordre. Après la victoire de Fontenoy, les François prirent d'abord Tournai & Gand, & le reste de la campagne ne fut plus qu'une suite de conquêtes. En moins de trois mois, ils prirent Oudenarde, Dendermonde, Ostende, Nieuport & Ath.

Depuis la mort de Charles VII, les affaires avoient bien changé en Allemagne: l'électeur de Baviere, fils de ce malheureux prince, instruit par l'infortune de son pere, avoit eu la prudence de refuser la couronne de l'Empire qu'on promettoit de lui procurer. Il conclut à Fuessen, avec Marie-Thérese, un traité par lequel il renonçoit aux prétentions de la maison de Bavière sur les Etats de la maison d'Autriche, s'engageoit à une neutralité absolue, & à faire sortir de son électorat les troupes étrangères : la reine promettoit aussi d'en retirer les siennes. En conséquence de ce traité, les Bavarois qui défendoient la frontiere se replierent sur Munich, & laisserent M. de Ségur, qui n'avoit plus que cinq mille hommes, à la merci du général Bathiani. M. de Ségur, attaqué par le général Autrichien, se battit long-temps avec une valeur incroyable, se retira en grand homme de guerre, gagna les hauteurs, s'y défendit pendant trois jours, & se réfugia dans Donawert, sans avoir perdu beaucoup de monde.

Les avantages qui devoient résulter du traité de Fuessen pour la reine de Hongrie, furent contrebalancés par la bataille de Friedberg, dans le duché de Schveidnitz, où le roi de Prusse avoit attiré le prince Charles, & l'avoit vaincu le 4 de Juin. Cette fameuse journée avoit coûté aux Autrichiens près de quatre mille hommes tués sur le champ de bataille, & sept mille prisonniers. Les Prussiens perdirent aussi beaucoup de monde dans ce combat qui dura quatre heures, pendant lesquelles les Autrichiens, animés par l'exemple du prince qui les commandoit, ne céderent qu'à la derniere extrémité. Le roi de Prusse, écrivant à Louis XV la nouvelle de cette victoire, lui dit : « J'ai acquitté à Friedberg la » lettre de change que vous avez tirée » sur moi à Fontenoy. »

Voici une des plus grandes & des plus belles époques des Annales de Marie-Thérese. Ni la victoire de Fontenoy, ni celle de Friedberg, ne purent l'empêcher de jouir de la gloire de placer son époux sur le trône de l'Empire. C'étoit sa vue la plus chere, elle n'en avoit jamais perdu l'espérance, même du vivant de Charles VII. Enfin, malgré le roi de Prusse qui lui faisoit la guerre & qui remportoit sur elle des victoires, malgré les protestations de l'électeur Palatin, & malgré une armée Françoise qui, étant campée dans les environs de Francfort, auroit pu troubler l'assemblée, cette élection se fit comme en temps de paix, le 13 Septembre 1745.

La reine avoit eu soin de rassembler toutes les troupes qu'elle avoit dans cette partie de l'Allemagne ; & les différentes tentatives du prince de Conti, qui commandoit l'armée Françoise, ne purent empêcher cette jonction.

Marie-Thérese se rendit à Francfort pour y jouir de son triomphe & du spectacle du couronnement de son époux. Elle vit du haut d'un balcon la cérémonie de l'entrée ; elle fut la première à crier *Vivat!* & tout le peuple lui répondit par des acclamations de joie & des transports d'alégresse. Ce grand jour étoit pour elle la récompense de tant d'inquiétudes & de tant de travaux, il fut le plus beau de sa vie. Elle alla voir ensuite son armée rangée en bataille auprès de Hidelberg, au nombre de soixante mille hommes. L'empereur son époux la reçut l'épée à la main, à la tête de l'armée. Elle passa entre les lignes, saluant avec bonté ; dîna sous une tente ; &, pour que tout le monde prît part à sa joie, elle fit distribuer un florin à chaque soldat.

C'étoit, dit M. de Voltaire, la destinée de cette princesse, & de toutes les affaires qui troubloient son regne, que les événemens heureux fussent balancés de tous côtés par des disgraces. L'empereur Charles VII avoit perdu la Baviere pendant qu'on le couronnoit empereur, & la reine de Hongrie perdit une bataille pendant qu'elle préparoit le couronnement de son époux François I. Le roi de Prusse étoit encore vainqueur, le 29 Septembre, aux environs de Prandnitz, ville de Bohême, sur les confins de la Silésie.

Pendant que Frédéric remportoit cette victoire sur le prince Charles, un gros détachement de Prussiens, sous les ordres du prince Léopold d'Anhalt, entroit dans l'électorat de Saxe. Le roi de Prusse, piqué du traité que le roi de Pologne avoit conclu avec Marie-Thérese, lui avoit déclaré la guerre au mois d'Août. « Tous ceux qui se liguent avec » les Puissances que je combats sont mes » ennemis. Le roi de Pologne, électeur » de Saxe, a conclu un traité défensif » avec Marie-Thérese ; il est mon en- » nemi, & je lui déclare que je marche » contre lui. » Telle étoit la substance du manifeste que le roi publia en entrant dans la Saxe. Le 15 Décembre, le prince Léopold ayant battu, à la vue de Dresde, les Autrichiens & les Saxons, le roi de Prusse s'y rendit, entra dans cette capitale, suivi de dix bataillons & de dix escadrons ; il se rendit maître de la garnison, & alla au palais voir les enfans du roi de Pologne qui y étoient demeurés ; il les embrassa, & eut pour eux toutes les attentions qu'on devoit attendre de l'homme le plus poli de son siécle. Il fit ouvrir les boutiques qu'on avoit fermées, donna à dîner à tous les ministres étrangers, fit jouer un opéra Italien : on ne s'apperçut pas que la ville étoit au pouvoir du vainqueur, & la prise de Dresde ne fut signalée que par les fêtes qu'il y donna.

Le roi d'Angleterre voyoit avec peine que les victoires du roi de Prusse favorisoient les entreprises des François & des Espagnols ; il engagea ce prince à faire sa paix avec l'Autriche. Frédéric, qui n'avoit pris les armes que dans la crainte que Marie-Thérèse ne vînt lui redemander la Silésie qu'elle ne lui avoit cédée que malgré elle, n'ayant plus rien à craindre de ce côté, consentit à la paix, & laissa le fardeau de la guerre au roi de France. Le 25 Décembre on conclut à Dresde deux traités, l'un entre le roi de Prusse & le roi de Pologne, par lequel le monarque Polonois cédoit à Frédéric ce qui étoit en contestation entr'eux, & s'obligeoit à payer un million d'écus d'Allemagne : l'autre traité étoit entre l'impératrice-reine & le roi de Prusse ; Marie-Thérèse cédoit de nouveau à sa majesté Prussienne, & lui assuroit la Silésie & le comté de Glatz. Le roi garantissoit à l'impératrice-reine ses Etats d'Allemagne, & donnoit sa voix à l'élection du grand-duc en qualité d'empereur. L'électeur Palatin & le prince de Hesse furent compris dans ce traité, dont le roi d'Angleterre se rendit garant.

Frédéric, après une si heureuse campagne, dans laquelle il avoit défendu la Silésie, pénétré en Bohême & conquis la Saxe, retourna à Berlin jouir paisiblement du fruit de ses victoires. Son peuple le reçut sous des arcs de triomphe, en criant : *Vive Frédéric le Grand!* Ce prince ami des lettres, les cultiva avec autant de succès qu'il en avoit eu dans la guerre, & ne s'occupa que du soin de faire fleurir les loix & les arts dans ses Etats.

Les entreprises du roi de Prusse sur la Bohême avoient obligé l'impératrice-reine à lui opposer ses principales forces. Les François & les Espagnols avoient profité de cette puissante diversion pour faire des progrès en Italie. Au mois de Juin, l'Infant & le maréchal de Maillebois, après s'être rendu maîtres de la vallée d'Oneille, étoient entrés dans l'Etat de Gênes, du consentement de la république, qui se vengeoit ainsi de ce que l'impératrice-reine avoit cédé au roi de Sardaigne le marquisat de Final, sur lequel elle avoit des prétentions. Gênes avoit donné aux ennemis de l'Autriche dix mille hommes & une artillerie considérable. Les alliés s'emparerent de Tortone, de Plaisance, chasserent les Autrichiens de Parme, & entrerent dans Pavie. Les Autrichiens & les Piémontois, effrayés de la rapidité de ces conquêtes, qui sembloient annoncer l'invasion prochaine de la Lombardie, se hâterent de marcher vers le Tanaro pour en défendre le passage ; mais ils furent vaincus à Bassignana. Pendant que cette bataille se donnoit, une escadre Angloise, composée de treize vaisseaux, bombardoit

Final

Final sans beaucoup d'avantage. La prise d'Alexandrie, de Valence, du château de Casal & d'Asti, fut la suite de la victoire de Bassignana. Ces villes étoient les remparts de Milan, qui n'avoit aucune fortification; dom Philippe y entra sans résistance le 16 Décembre, & le 19 il reçut le serment de fidélité du sénat & des habitans.

Au mois d'Août les François avoient voulu donner de l'occupation au roi d'Angleterre dans ses Etats, en favorisant les desseins du prince Edouard pour recouvrer la couronne de la Grande-Bretagne. Ce prince, que l'on avoit fait venir de Rome en France, aborde en Ecosse, publie un manifeste dans lequel il rappelle ses droits au trône d'Angleterre, & promet un gouvernement sage & modéré. Un morceau de taffetas apporté de France, est le drapeau sous lequel il rassemble dix mille montagnards. Avec cette petite troupe, ce prince s'empare d'Edimbourg & de quelques autres places; il bat les Anglois à Boston, & s'avance jusqu'à quarante lieues de Londres. Le duc de Cumberland marche contre le Prétendant; celui-ci se retire, & ne peut empêcher son arriere-garde d'être battue. La bataille de Falkirk, gagnée le 28 Janvier 1746, releve ses espérances; mais celle de Culloden, qu'il perd le 16 Avril, les ruine absolument. Vaincu, poursuivi, fugitif & errant de forêts en forêts, d'île en île, obligé quelquefois de se cacher dans les cavernes des montagnes, toujours prêt à tomber entre les mains de ses ennemis, il se vit exposé aux coups les plus cruels de la fortune ; il les supporta en grand homme & en sage.

Durant toute cette guerre, il n'y eut pas de campagne aussi fertile en grands événemens. Ce fut encore dans le cours de cette année (1745) que cette guerre, dont la premiere étincelle s'étoit allumée dans le fond de la Bohême, alla porter ses ravages au-delà des mers. Les Anglois, pour se venger des avantages que les François avoient sur eux en Europe, assiégerent & prirent Louisbourg, capitale du Cap Breton.

1746. L'objet de la guerre opiniâtre que se faisoient les premieres puissances de l'Europe avoit changé. La France vouloit, par ses conquêtes en Flandre, obliger l'impératrice-reine à céder ce qu'elle disputoit en Italie, & contraindre les Etats-généraux à abandonner l'alliance de la maison d'Autriche. L'impératrice-reine avoit pour but de se dédommager sur la France de ce qu'elle avoit été obligée de céder au roi de Prusse: c'étoit aussi le projet des Anglois, qui avoient commencé par n'être qu'auxiliaires, & qui étoient devenus parties principales.

Les François commencerent la campagne de 1746 par une conquête importante; ce fut la prise de Bruxelles. Ils la durent à l'activité & aux grands talens du maréchal de Saxe. La garnison étoit Hollandoise, l'impératrice-reine n'y avoit qu'une poignée d'Autrichiens. Les Hollandois qui s'étoient mal battus à Fontenoy, défendirent mal la capitale du Brabant; la garnison fut prisonniere de guerre, & la perte de cette ville entraîna celle de tout le pays. Le prince Charles, à la tête de quatre-vingt mille hommes, ne put sauver aucune de ses places des mains des François. Il s'étoit contenté de faire une guerre défensive, & d'opposer des manœuvres savantes à la marche rapide du maréchal de Saxe, qui prévint tous ses desseins. A l'approche de l'hiver, le prince s'établit en-deçà de la Meuse, appuyant sa droite à Maëstricht & sa gauche à Liége. Dans cette position, il couvroit la Hollande, & pouvoit inquiéter les François s'ils prenoient leurs quartiers dans quelques-unes des villes conquises. Le maréchal de Saxe résolut de le déloger, & de l'obliger à repasser la Meuse. Ce dessein engagea la bataille de Raucoux, qui fut gagnée par les François; les alliés y perdirent beaucoup de monde & presque toute leur artillerie. Le prince Charles fut obligé de repasser la Meuse, & peu après les deux généraux prirent leurs quartiers d'hiver.

Les affaires d'Italie s'étoient rétablies depuis la paix que l'impératrice-reine avoit faite avec le roi de Prusse. Elle avoit envoyé à ses généraux un renfort de trente mille hommes, & leur avoit ainsi rendu la supériorité. Les troupes des alliés, surprises & battues d'abord en détail, ensuite en bataille rangée, furent bientôt obligées de repasser en France ; Asti, Milan, Guastalla, Parme, furent repris. Enfin la bataille de Plaisance, gagnée par le jeune prince de Lichtenstein, contre l'infant dom Philippe & le maréchal de Maillebois, rendit les Autrichiens maîtres de tout le pays. Après cette malheureuse journée, les troupes Espagnoles & Françoises se retirerent dans les Etats de Gènes, & ensuite vers la France.

Ferdinand VI, en succédant à son pere Philippe V, qui venoit de mourir, ordonna à ses généraux de ramener ses troupes, & de cesser la guerre contre l'impératrice-reine. On obéit ; les François & les Espagnols rentrerent en Provence au mois de Septembre, abandonnant le reste de leurs conquêtes, & la république de Gènes leur alliée. Le général Nadasti profite de cette circonstance, presse vivement les Génois, qui, n'ayant plus de secours à espérer, ouvrent leurs portes aux Autrichiens. La garnison est faite prisonniere de guerre : on exige des Génois une somme de quatre cents mille livres de notre monnoie, pour être distribuée aux troupes impériales ; le marquis de Botta est établi commandant de la ville pour l'impératrice-reine.

Peu de temps après cette capitulation, on exigea des Génois une nouvelle somme de vingt-quatre millions de livres, payable un tiers dans quarante-huit heures, un autre dans huit jours, le dernier dans quinze. Les Génois, mécontens de voir les Impériaux enlever leur principale artillerie, & outrés des traitemens qu'ils essuyoient pour le troisieme paiement, se révoltent, &, secondés par les habitans de la campagne, font main-basse sur les Autrichiens, & recouvrent leur liberté.

Le gros de l'armée Impériale qui poursuivoit les François & les Espagnols, avoit passé le Var au mois de Novembre, & étoit entré en Provence. Les partis Autrichiens désoloient le Dauphiné; presque toute la Provence étoit en proie à l'armée victorieuse; Vence & Grasse furent abandonnés au pillage. Le marquis de Mirepoix, trop foible pour attaquer les Impériaux, prit le parti de les harceler & d'arrêter leur marche, en attendant le maréchal de Belle-Isle qui voloit à son secours. C'étoit à lui à réparer les maux d'une guerre universelle que lui seul avoit allumée. Il arriva en Provence sans argent & sans armée; il emprunta en son nom cinquante mille écus pour subvenir aux besoins les plus pressans. Il reçut quelques bataillons avec lesquels il arrêta les Autrichiens, qui furent obligés, au commencement de Janvier (1747), d'abandonner les postes qu'ils avoient pris, faute de pouvoir y subsister : l'armée du maréchal les poursuivit, & les poussa hors des terres de France.

Les François rentrerent encore en Italie : Louis XV envoya quinze mille hommes aux Génois, & le duc de Boufflers, qui arriva à Gênes sur une simple barque, malgré les escadres Angloises qui veilloient sur la côte. Ce secours arrivoit à propos : Schullembourg, après avoir forcé le passage de la Bocchetta, avoit ravagé le territoire de Gênes & bloquoit la ville. Le duc de Boufflers repoussa les Impériaux, & les obligea d'abandonner la côte de la Rivarola.

1747.

Le maréchal de Belle-Isle marchoit aussi au secours de Gênes : son armée, divisée en cinq colonnes, passa le Var au mois de Juin, s'empara de Montalban, de Villefranche, du château de Vintimille. Les Piémontois, réunis aux Autrichiens, laissoient prendre leur pays, & continuoient à presser Gênes ;

enfin, le roi de Sardaigne abandonna ce siége pour défendre ses provinces. Les Autrichiens, trop foibles pour le continuer seuls, l'abandonnerent aussi, & la flotte qui bloquoit le port prit le parti de se retirer. Le duc de Boufflers étoit mort avant la délivrance de Gènes; ce fut le duc de Richelieu qui y mit la derniere main, & qui, suivant le plan de son prédécesseur, envoya des détachemens qui enleverent tous les postes qui tenoient pour les Impériaux.

Le chevalier de Belle-Isle, résolu de pénétrer en Italie, marchoit du côté de Nice qu'il vouloit prendre d'assaut. Etant parvenu au col de l'Assiette, sur le chemin d'Exiles, il trouva vingt-un bataillons Piémontois qui l'attendoient derriere des retranchemens profonds, palissadés & garnis d'artillerie. C'étoit précisément ce qu'il falloit pour irriter le courage d'un homme tel que le comte de Belle-Isle. Il n'avoit que vingt-huit bataillons & sept piéces de campagne; il ne prit pas même le temps de délibérer. Le 29 Juin, les bataillons François, à travers un feu plongeant de mousqueterie & de canon,

& une grêle de grosses pierres lancées du haut des retranchemens, montent aux Piémontois, arrivent aux palissades, & sont repoussés avec une perte très-considérable; cependant les troupes gravissent de nouveau, & dans un moment le devant des retranchemens est couvert de morts. Le carnage continue pendant deux heures entieres, & les François retournent à la charge avec la même ardeur. Le marquis de Brienne, colonel d'Artois, ayant eu un bras emporté, retourne aux retranchemens, en disant : « Il m'en reste un » autre pour le service du roi. » Il fut frappé à mort en achevant ces paroles.

Le chevalier de Belle-Isle, frémissant du peu de succès des attaques, s'élance lui-même aux palissades, assomme tout ce qui se présente avec celles qu'il arrache, reçoit plusieurs coups de bayonnette qui l'empêchent de se servir de ses mains; il arrache avec les dents les palissades qui l'arrêtent, & tombe percé de vingt blessures, à côté de quatre mille autres morts & de deux mille blessés. La valeur qui n'a point de bornes, cesse d'être vraie valeur; ce n'est plus qu'une aveugle témérité, qualité dangereuſe dans un général. Les bleſſés furent menés à Briançon, où l'on ne s'étoit pas attendu au déſaſtre de cette journée. M. d'Audifret, lieutenant de roi, vendit ſa vaiſſelle d'argent pour ſecourir les malades ; ſa femme, prête d'accoucher, prit elle-même le ſoin des hôpitaux, panſa de ſes mains les bleſſés, & mourut en s'acquittant de ce pieux office : exemple auſſi triſte que noble, dit M. de Voltaire, & qui mérite d'être conſacré dans l'hiſtoire.

Les François, toujours victorieux en Flandres, alloient pouſſer leurs conquêtes & attaquer la Hollande. La priſe des forts de l'Ecluſe, de ceux de la Perle, du ſas de Gand, & du fort Philippine, effrayerent ces républicains ; ils créerent un ſtathouder. Ce fut le prince de Naſſau, qu'ils déclarerent amiral & capitaine général des troupes de terre. Leurs mouvemens n'empêcherent point la marche du maréchal de Saxe. Sous les yeux de l'armée des Alliés, il prit Hulſt & Axel, & le 2 Juillet il gagna la fameuſe bataille de Laufeldt, qui coûta bien du ſang aux vainqueurs & aux vaincus. Neuf jours après, le comte de Lowendhal entreprit le siége de Berg-op-Zoom, qu'il prit d'assaut, après soixante-cinq jours de tranchée ouverte, au moment où les assiégés regardoient encore cette entreprise comme une témérité.

La prise de Berg-op-Zoom déconcerta les alliés de l'impératrice-reine, & découragea les Hollandois; cependant on résolut de faire un dernier effort, & de défendre Maëstricht qui étoit menacé par les François. Le maréchal de Saxe ayant rassemblé ses quartiers, trompa les alliés par une manœuvre savante qui leur laissa croire long-temps qu'il avoit dessein d'assiéger Bréda ou Luxembourg. Lorsqu'ils eurent divisé leurs troupes & dégarni les environs de Maëstricht pour couvrir les deux autres places, le maréchal se replia brusquement sur cette ville, qu'il investit sans pouvoir être inquiété par les alliés. Il poussoit vivement ce siége, à dessein de se rendre maître de cette place avant l'arrivée de trente-cinq mille Russes qui venoient au secours des alliés, en conséquence d'un traité conclu entre la Czarine & l'Angleterre au mois de Juin 1747.

1748.

Le succès rapide de ce siége donna

enfin la paix à l'Europe ; le maréchal de Saxe l'avoit dit souvent : *La paix est dans Maëstricht*. Quinze jours après l'ouverture de la tranchée, les articles préliminaires de la paix entre la France, l'Angleterre & la Hollande, furent signés à Aix-la-Chapelle. Ils portoient une suspension d'armes, & la remise de Maëstricht par provision entre les mains des François. On tint parole ; le duc de Cumberland envoya ordre au commandant d'ouvrir les portes de la ville au maréchal de Saxe, qui y entra le 7 de Mai. Peu après, l'impératrice-reine accéda aux préliminaires convenus entre ses alliés & la France ; en conséquence, le duc de Richelieu, qui avoit en tête le comte de Brown en Italie, fit cesser toutes les hostilités. Le roi d'Espagne & la république de Gênes suivirent l'exemple des autres puissances belligérantes.

Enfin, après huit ans d'une guerre sanglante, la paix calma l'Europe. Le traité, qui fut signé le 18 Octobre à Aix-la-Chapelle, porte que toutes les conquêtes faites de part & d'autre pendant cette guerre, seront restituées. L'impératrice-reine cede à l'infant dom

Philippe, Parme, Plaisance & Guastalla, pour lui & ses hoirs mâles, avec la clause de réversibilité au défaut de postérité masculine, ou au cas que ce prince parvînt au trône d'Espagne ou de Sicile.

Le duc de Modene devoit être rétabli dans ses Etats, à l'exception des villes ci-dessus nommées, & cédées à dom Philippe.

Le duc de Savoie devoit être maintenu dans les Etats qui lui avoient été cédés par le traité de Worms.

Gènes devoit rentrer dans les possessions dont elle jouissoit avant l'invasion des Autrichiens.

On confirmoit en faveur de la Compagnie Angloise, le traité de l'Assiento pour la traite des Negres.

Les fortifications de Dunkerque devoient demeurer dans l'état où elles étoient.

Le traité de la quadruple alliance pour l'ordre de la succession au trône d'Angleterre étoit confirmé.

Toutes les puissances stipulantes garantissoient de nouveau la sanction-pragmatique de Charles VI, & la Silésie, avec le comté de Glatz, au roi de Prusse.

Cette guerre étoit à peine terminée, que Marie-Thérese s'occupa des moyens d'en réparer les malheurs. La plûpart de ses Etats avoient été pendant quelque temps la proie de ses ennemis, il avoit fallu à force de combats les arracher de leurs mains; les autres avoient été obligés de supporter des impôts, pour fournir les sommes immenses nécessaires pour l'entretien de ses armées. Dès que le calme eut succédé à ces orages, l'impératrice-reine commença le regne de Titus, après avoir conquis, comme Henri IV, son propre héritage. Dès que cette princesse n'eut plus d'ennemis à combattre, elle ne vit plus que des sujets à rendre heureux; & elle employa à ce grand objet tous les moyens qui sont entre les mains des souverains. Son cœur compatissant, & plus prompt à sentir les besoins de ses peuples, qu'à s'appercevoir du vuide qu'alloit causer dans ses finances la diminution des impôts, hâta cette opération nécessaire. Dans ces premiers momens de paix, elle s'oublia elle-même pour ne penser qu'à récompenser ses Etats héréditaires de leur fidélité. Les impôts furent diminués, & l'on prit les moyens les plus sages pour en faire dans la suite les levées de la maniere la moins onéreuse pour les peuples. Les généraux & les officiers qui avoient contribué par leurs services & par leur valeur au succès de ses armes, trouverent des récompenses dignes d'eux dans l'accueil favorable que l'impératrice-reine leur faisoit, dans les distinctions dont elle les honora, & dans les récompenses qui leur furent destinées.

L'impératrice-reine se détermina à entretenir pendant la paix le plus de troupes qu'il seroit possible. Cette résolution fut communiquée aux Etats des pays héréditaires; on les exhorta à y concourir, & ils donnerent sur ces demandes les témoignages les moins équivoques de leur zele pour leur souveraine. Les Hongrois, qui, dans les temps antérieurs, avoient toujours refusé de recevoir chez eux des troupes étrangeres, même dans des temps où ils étoient menacés des incursions des Turcs, ne firent aucune difficulté de recevoir avec leurs troupes nationales, les régimens qui furent envoyés dans ce royaume; tant l'empire que Marie-Thérese avoit acquis sur ces peuples par la douceur & la sagesse de son gouvernement, surpassoit l'autorité que ses ancêtres avoient eue sur ces mêmes peuples, quoique quelques-uns eussent exercé sur eux un empire absolu.

François I secondoit les vues de son auguste épouse. Tandis que Marie-Thérese assuroit la tranquillité des frontieres de l'Empire, l'empereur travailloit lui-même à prévenir la désunion dans l'intérieur. Une fausse politique avoit armé les Allemands les uns contre les autres dans la derniere guerre; dès que la paix fut arrêtée, il pressa la conclusion d'un traité d'association de tous les Cercles antérieurs avec la cour de Vienne, dont le but étoit la sûreté de ces mêmes Cercles. L'union entre les puissances de l'Empire pouvoit seule assurer la tranquillité publique & la sûreté commune. François I vouloit la rétablir entre les Cercles, par cette association, en leur faisant prendre la résolution de se fournir, en cas de besoin, les secours stipulés par les anciens engagemens. Ce prince invitoit les Cercles à regarder ce traité comme la plus ferme base de leur conservation & de leur bonheur. Après quelques difficultés, cette affociation fut fignée. Les Etats du Cercle de Franconie répondirent qu'ils avoient reconnu dans le Mémoire qui leur avoit été préfenté par le baron de Vidmann, miniftre plénipotentiaire de leurs majeftés impériales, des preuves non équivoques des vues paternelles de l'empereur pour le repos & la sûreté de l'Allemagne ; que les efforts de ce prince pour refferrer les liens de l'affociation des Cercles antérieurs, avoit déja fait connoître combien il s'intéreffoit à leur tranquillité ; que par le rétabliffement de la paix, leurs majeftés impériales venoient de leur affurer, ainfi qu'aux autres Etats de l'Empire, la fatisfaction de pouvoir efpérer des foulagemens aux maux qu'ils avoient eu à fouffrir pendant la guerre ; que la reconnoiffance la plus vive ne fuffifoit point pour payer de pareils bienfaits ; que le Cercle de Franconie perfiftoit dans l'inviolable réfolution de s'acquitter de ce qu'il devoit au digne chef de l'Empire, & d'exécuter dans tous les points les engagemens dont il avoit reconnu l'exiftence. François I dut ce fuccès à la droiture de fes intentions, dont fon miniftre vint à bout de persuader les Cercles antérieurs, malgré l'opposition des princes & des premiers seigneurs, qui croyoient voir que, dans ce projet d'association, la maison d'Autriche travailloit plutôt pour ses intérêts personnels que pour le bien général de l'Allemagne ; idée fausse & absurde, que le souvenir des malheurs passés auroit dû faire regarder comme telle.

Le commerce avoit beaucoup souffert pendant la guerre ; il falloit lui donner une nouvelle vigueur : l'impératrice-reine permit aux Hongrois de transporter leurs vins chez l'étranger, à la charge d'un léger impôt sur ceux qui passeroient par l'archiduché d'Autriche. Plus cette princesse combloit ses peuples de faveurs, plus aussi, par un juste retour, ils s'efforçoient de lui donner des témoignages de leur fidélité & de leur attachement. En voici un auquel l'impératrice-reine dut être bien sensible. Au mois d'Octobre (1748) les Etats du royaume de Hongrie témoignerent désirer ardemment que l'archiduc Joseph y établît sa résidence. Les Hongrois souhaitoient jouir de la présence d'un prince si cher à leur souveraine & à eux-mêmes. Marie-Thérese, flattée de l'amour que ce peuple concevoit pour son fils, promit aux Etats que, dès qu'il auroit atteint l'âge de majorité, il se rendroit à Offen, qui a été autrefois la demeure ordinaire des rois de Hongrie. Sur cette assurance, les Etats résolurent d'y faire bâtir un palais magnifique aux dépens de la nation. Ainsi l'amour de ce peuple pour Marie-Thérese, le rendoit ingénieux à trouver des moyens de lui témoigner son attachement à son auguste maison, même après les malheurs d'une guerre de huit années.

Ces mêmes Etats, pour se conformer aux vues politiques de sa majesté impériale, s'occuperent à prendre des mesures certaines pour mettre ce royaume dans une situation florissante. On pensa d'abord à rétablir les forteresses voisines de l'empire Ottoman, afin que, si par quelqu'une des révolutions auxquelles cet Empire est sujet, le système politique de la Porte venoit à changer, la nation Hongroise fût en état de pourvoir par elle-même à sa sûreté. On n'avoit rien à craindre alors de l'empire Ottoman, mais l'expérience du passé rendoit ces précautions néceſſaires.

1749. Les commencemens de 1749 furent ſignalés par des actes de clémence. L'impératrice-reine, attentive à ranimer dans ſes Etats héréditaires l'agriculture qui avoit beaucoup ſouffert durant la derniere guerre, donna un édit par lequel cette princeſſe accordoit une amniſtie générale aux déſerteurs de ſes troupes, à condition qu'ils reviendroient dans un certain temps; elle permettoit même à ceux qui voudroient quitter le ſervice, pour ſe donner à la culture des terres, d'acheter leurs congés. Cet édit ne fut pas plutôt ſorti de ſa main bienfaiſante, qu'on vit revenir dans les Etats héréditaires un nombre conſidérable de ſes ſujets, qui, après avoir vainement cherché un empire où ils ſeroient plus heureux, reprirent les armes pour le ſervice de leur ſouveraine, ou rentrerent dans leurs foyers, d'où ils s'étoient bannis volontairement. Peu de temps après, cette princeſſe ſupprima la peine de mort à laquelle on condamnoit les déſerteurs; & elle ordonna que, dans la ſuite, les ſoldats coupables du crime de déſertion ſeroient condamnés pour

DE L'EMPIRE D'ALLEMAGNE. 213
toute leur vie aux travaux publics des grands chemins & des fortifications. Cette ordonnance pleine d'humanité, rendoit utiles à l'Etat des malheureux dont le supplice, auparavant trop cruel, enlevoit à la patrie des hommes qui pouvoient encore la servir.

En même temps que l'impératrice-reine rappelloit ses sujets dans le sein de ses Etats, elle étoit toute occupée des moyens de les rendre plus heureux. Elle envoya un commissaire dans la haute Autriche, pour examiner par quelles opérations l'on pourroit augmenter le commerce de cette province & en améliorer les revenus. Toujours guidée par le même point de vue, & sçachant combien il importe aux peuples d'avoir non-seulement des juges integres, mais encore de n'être pas ruinés par les longueurs des procédures, elle ordonna à toutes les cours de judicature de se conformer à son réglement qui ordonnoit la décision des procès dans le cours d'une année, à l'*instar* de ce qui se pratiquoit depuis quelque temps en Bohême. Un pareil réglement est sans doute le plus beau présent qu'un souverain puisse faire à ses sujets, puisqu'il les met dans l'impossibilité de se perdre dans les détours de la chicane, & dans l'heureuse nécessité de terminer promptement leurs débats.

Dans les annales du regne de l'impératrice-reine, les années de paix sont les plus satisfaisantes pour l'humanité, & les plus glorieuses de cette princesse. On voit une sage législatrice, portant ses regards sur tous les objets qui tiennent au bonheur des peuples, réformer, établir, supprimer, enfin mettre le plus bel accord entre toutes les parties du gouvernement. Tout se fait avec une sagesse admirable; les ministres ne sont que des causes secondes, dont les opérations reçoivent leur caractere de celui du chef de l'Etat: point d'opérations précipitées: il ne sort de son conseil que des ordonnances dont on voit au premier coup d'œil la sagesse & l'utilité; dans ce conseil qu'elle préside toujours elle-même, tout se pese dans la balance de la justice, & l'on n'y voit jamais que le bien public.

L'agriculture & le commerce sont les deux grands moyens de rendre un empire florissant. Depuis que la guerre étoit terminée, Marie-Thérese portoit sur ces deux objets ses vues principales. Ses premiers soins avoient été d'abord pour l'agriculture; c'est elle qui est la vraie richesse d'un Etat: elle avoit senti la nécessité de la remettre en vigueur. Dès que cet objet fut rempli, cette princesse fit différentes ordonnances relatives au commerce, & toutes propres à l'augmenter beaucoup. Dans tous ses Etats héréditaires, il y avoit déja des manufactures établies; mais ce n'étoit pas assez, il falloit que la souveraine s'en déclarât la protectrice, & c'est ce que fit l'impératrice-reine. Elle publia une premiere ordonnance, par laquelle elle déclara que tous ceux qui contribueroient à augmenter le débit des marchandises fabriquées dans ses Etats héréditaires, recevroient des primes & des récompenses proportionnées à la nature & à l'importance des services qu'ils auroient rendus. Une autre suivit d'assez près cette promesse si attrayante; elle avoit pour but de réprimer le luxe qui commençoit à devenir ruineux, & de faire valoir les fabriques des Etats héréditaires. Cette loi somptuaire proscrivoit les galons, les dentelles d'or ou d'argent, & toutes les marchandises, de quelqu'espece qu'elles fuffent, dans lesquelles il se trouveroit de l'or & de l'argent, venant des pays étrangers. Cette ordonnance permettoit cependant de porter du galon, pourvu qu'on juftifiât qu'il avoit été fabriqué dans les pays héréditaires. Peu de temps après la publication des édits qui concernoient l'établiffement des manufactures, & la protection qui leur étoit accordée, on vit une foule de particuliers se préfenter pour obtenir des privileges. L'émulation, qui fut toujours la mere des fuccès, les porta bientôt au plus haut point de perfection.

Les ordres les plus précis avoient été donnés pour encourager les cultivateurs du lin & du chanvre, dans l'intention de faciliter & d'augmenter la fabrique des toiles. L'œil vigilant de Marie-Thérefe ne dédaignoit pas de fe porter du haut du trône fur ces objets qui paroiffent petits, mais qui, dans la fage économie du gouvernement, ne le font pas. Cette princeffe, à qui rien ne paroît au-deffous d'elle lorfqu'il s'agit du bonheur public, fe

faifoit

faisoit informer avec la plus grande exactitude, des progrès des manufactures de toile, de coton & de bazin ; de ses établissemens pour la fabrique des cuirs de Russie ; enfin de tout ce qui avoit rapport aux mines de Hongrie, dont elle prenoit un soin particulier. C'est par cette vigilance qu'elle a perfectionné en peu de temps tous ses établissemens, & qu'elle a enrichi ses sujets.

L'impératrice-reine avoit commencé cette année par des actes de clémence, elle la termina par des témoignages de bonté & d'humanité. N'ayant rien plus à cœur que le soulagement de ses sujets, & touchée des représentations qui lui furent faites sur ce que les peuples de Bohême n'étoient pas en état de payer un impôt qu'elle avoit établi sur le sel, la suppression en fut ordonnée vers la fin de Décembre. Un peuple qui peut ainsi compter les jours de son souverain par les bienfaits qu'il en reçoit, ne peut manquer d'être heureux ; & le monarque qui se fait gloire de céder à propos ce qu'il pourroit exiger à la rigueur, ne peut manquer d'être adoré. Les rois ont mille moyens de rendre leurs peuples heureux, ils n'en ont qu'un seul pour se procurer à eux-mêmes le vrai bonheur ; c'est de mériter l'amour de leurs sujets.

Cette année & les suivantes ne nous offrent point de ces grands événemens dont l'éclat satisfait la curiosité. L'impératrice-reine, qui avoit travaillé avec une ardeur infatigable aux réformes & aux établissemens qu'elle avoit d'abord jugé les plus nécessaires, jouissoit déja du fruit de ses travaux. Cette princesse n'avoit plus qu'à entretenir & à perfectionner le bien qu'elle avoit fait ; c'est à quoi furent employées les années qui s'écoulerent jusqu'à la guerre de 1755. On vit cette souveraine toujours à la tête de son conseil, guider elle-même les vues de ses ministres, leur faisant appercevoir le plus grand bien, & prendre les moyens de l'opérer ; on la vit veiller également aux besoins particuliers & à la conduite générale des affaires. On la vit aussi quitter de temps en temps sa capitale, & visiter tantôt une partie de ses Etats, tantôt une autre, pour y verser elle-même sur ses sujets les graces & les récompenses que leur destinoit sa main bienfaisante. On la vit faire elle-même la revue de ses

1750.

armées, préfider aux exercices militaires, pour entretenir la bonne discipline parmi les troupes, les sentimens d'honneur parmi les chefs, & échauffer le zele du soldat qui aime à avoir son roi pour témoin de ses actions. Elle ne quittoit ces occupations bruyantes, que pour se délasser des soins du gouvernement entre les bras d'un époux, qui, de son côté, veilloit à conserver la paix entre les princes de l'Empire; ou au milieu de ses augustes enfans, à l'éducation desquels elle veilloit avec un soin particulier, pour leur inspirer sa piété, & leur transmettre ses vertus royales. Tel est en peu de mots l'histoire de l'impératrice-reine pendant les trois ou quatre années qui s'écoulerent jusqu'à la guerre de 1755.

Tout devient intéressant dans l'histoire des bons rois; leurs moindres actions portent l'empreinte de leur caractere, & servent à les faire connoître. La cour de Vienne, depuis long-temps, est la plus grande & la plus magnifique de l'Europe, par le grand nombre de princes & de seigneurs qui la composent; cependant on ne peut disconvenir que les cérémonies & l'étiquette ne lui donnassent un air de contrainte qui en diminuoit les agrémens. Ces anciens usages fatiguoient tout le monde, & étoient bien propres à ennuyer l'empereur & l'impératrice-reine, dont l'affabilité cherchoit à rompre ces chaînes qui n'étoient point de leur goût. On n'osoit cependant y toucher, & l'étiquette étoit comme une ancienne idole que l'on révéroit en se gênant beaucoup, sans sçavoir pourquoi. Enfin, au commencement de 1751, leurs majestés impériales effectuerent la résolution qu'elles avoient prise de réformer cette gêne accablante, & elles convinrent d'admettre deux fois par semaine à leur table vingt-quatre personnes des principaux seigneurs, & quelques-unes des dames les plus qualifiées de leur cour. L'empereur & l'impératrice s'affranchissoient d'un joug qui ne pouvoit convenir à leur affabilité. En bannissant cette morgue que l'on appelle étiquette, qui, sans rendre le trône plus respectable, ne sert qu'à le rendre odieux, Marie-Thérese rompoit encore la barriere que les courtisans sçavent élever entre le monarque & ses sujets. Jamais cette grande im-

1751.

pératrice ne refusa d'audience, & jamais on n'en sortit mécontent d'elle.

Si, dans ces années de paix, l'histoire de Marie-Thérese ne nous offre pas de récits de conquêtes, de grandes victoires, les traits que nous recueillons sont sans doute aussi dignes d'être consacrés dans ses Annales & de passer à la postérité ; c'est de la bonté du cœur de cette souveraine adorée dont nous faisons l'histoire. Heureux les princes dont les vertus & les bienfaits fourniront une matiere aussi belle à leurs Annalistes ! Marie-Thérese a sçu rendre intéressantes toutes les circonstances de sa vie, par une maniere qui lui est propre, & dont on ne voit aucun modele dans l'histoire ; elle ne pourra jamais être comparée qu'à elle-même. Au mois d'Avril (1751), elle voulut signaler son heureux accouchement de l'archiduchesse Joséphine : pour cela, elle ne donna pas au peuple une de ces fêtes somptueuses, dont les dépenses inutiles ne sont prises, au fond, que sur les impôts qu'il paye, & dont le souvenir ne dure gueres plus que le temps qui est employé à les voir ; mais elle rendit cet événement à jamais mémorable par un acte de clémence digne de son cœur. Elle fit rendre la liberté à tous les déserteurs de ses troupes qui étoient condamnés aux travaux des fortifications, & elle leur accorda la grace entiere en les rétablissant dans son service. Le plus beau feu d'artifice, la fête la plus brillante, seroient oubliés aujourd'hui; tandis que tous ceux qui reçurent alors leur liberté se souviennent encore qu'ils méritoient de passer le reste de leurs jours dans les fers, que Marie-Thérese leur fit grace, & que la naissance de l'archiduchesse en fut l'occasion & la cause; ils bénissent les jours de leur souveraine & de ses augustes enfans.

François I, digne époux de cette princesse, avoit l'ame aussi grande, aussi compatissante; il étoit aussi jaloux de l'amour de ses sujets : il vouloit en être le pere; &, dans plusieurs circonstances de sa vie, il donna des preuves éclatantes de la tendresse qu'il avoit pour eux. En voici un trait digne d'être conservé dans l'histoire. Le 15 Décembre 1752, le feu prit à Vienne au magasin du salpêtre. L'incendie fit un tel dégât dans les environs, qu'il fallut employer plus de quatre cents personnes pour enlever les décombres des bâtimens endommagés. Dès que l'empereur fut informé de cet accident qui avoit causé tant d'effroi, il se transporta à ce magasin, où sa présence contribua beaucoup à faire arrêter promptement les progrès de l'incendie. Comme il s'avançoit pour donner ses ordres par-tout où étoit le plus grand danger, un seigneur qui l'accompagnoit lui représenta qu'il s'exposoit trop. L'empereur lui répondit : « Ce n'est pas pour » moi qu'il faut craindre, mais pour » ces pauvres gens qu'on aura bien de » la peine à sauver. » En effet, malgré tous les efforts que l'on fit, plusieurs ouvriers d'artillerie périrent dans le feu. C'est par de pareilles actions que l'empereur se rendoit cher aux Allemands, & méritoit le beau nom de pere de la patrie. *

---

* L'empereur Joseph II, digne successeur de François I son pere, vient de donner une nouvelle preuve de cette douce sensibilité qui le rend si cher à ses peuples. Cette belle action mérite bien d'être mise à côté du trait que nous venons de raconter de son auguste

Tandis que l'Allemagne jouissoit ainsi des douceurs de la paix, & que les Etats héréditaires de l'impératrice-reine goûtoient le bonheur de vivre sous ses loix, un nouveau bruit de

---

père. Dans le mois d'Août (1774), deux ouvriers, en creusant un puits dans un des fauxbourgs de Vienne, furent couverts par l'écroulement des terres à environ six toises de profondeur. L'empereur, informé de cet accident, se transporte aussi-tôt sur les lieux, donne des ordres pour qu'on travaille sans relâche à la délivrance de ces malheureux, s'arrête une heure entiere en cet endroit, encourageant les travailleurs par l'espoir d'une récompense, & consolant par ses largesses & par des expressions pleines de bonté, les femmes désolées des deux manœuvres. Inquiet sur le sort de ces deux infortunés, l'empereur revient plusieurs fois exciter par sa présence & par ses bienfaits, le zele & l'activité des ouvriers. Il ordonne même qu'à quelque heure que ce fût, on vînt l'avertir lorsque ces deux hommes seroient déterrés. Après deux jours & deux nuits de travail, & à force de peines & de précautions, l'on parvint à les retirer. L'un d'eux n'avoit point été blessé; l'autre l'avoit été légérement, mais il se trouva, au sortir de terre, dans un état d'étourdissement qui le privoit de l'usage de la raison. L'empereur donna des ordres pour qu'on en prît le plus grand soin.

DE L'EMPIRE D'ALLEMAGNE. 225
guerre se fait entendre & commence à allarmer les peuples. Depuis la paix d'Aix - la - Chapelle, sous l'apparence d'un calme profond, presque toutes les cours de l'Europe avoient été dans une agitation continuelle. Les unes s'étoient disposées à attaquer, les autres à se défendre. L'impératrice - reine, instruite par le passé de ce qu'elle pouvoit avoir à craindre pour l'avenir, avoit profité des années de paix pour mettre la Bohême en état de défense. Voyant les armées d'un voisin entreprenant cantonnées sur ses frontieres, & prêtes à se rassembler au premier coup de tambour, elle n'avoit point licencié les siennes, & s'étoit occupée à les tenir en haleine jusqu'au moment où elle en auroit besoin. Enfin la bombe éclata. La premiere étincelle de la guerre de 1741 s'étoit allumée en Allemagne, & avoit passé les mers; celle-ci, allumée au-delà des mers, embrasa bientôt toute l'Allemagne. Au mois de Juin, en pleine paix, les Anglois prirent des vaisseaux François. Louis XV, par amour de la paix, tenta toutes les voies de la négociation ; mais elles furent inutiles. L'Angleterre avoit résolu

K v

de ruiner la marine Françoise, & de s'emparer des colonies de cette nation ; la guerre fut résolue. Ce qui y servit de prétexte n'auroit pas fait entre deux particuliers le sujet d'un procès difficile à accommoder ; un arbitre auroit écouté les raisons des deux contendans, auroit fixé les limites qui faisoient le sujet de la dispute, & elle eût été ainsi terminée. Les ministres qui avoient rédigé le traité d'Utrecht, n'avoient pas déterminé les limites de l'Acadie : les Anglois formerent de nouvelles prétentions sur cette partie ; & , sans avoir fait aucune déclaration de guerre, ils s'emparerent des vaisseaux François.

1756. Toutes les négociations étant inutiles, il fallut se défendre. Le maréchal de Richelieu fut envoyé pour s'emparer de l'île Minorque, qui avoit été cédée aux Anglois par le traité d'Utrecht. Le succès fut complet. L'escadre du comte de la Galissonniere, qui avoit débarqué les troupes, battit, le 20 Avril 1756, la flotte de l'amiral Byng : huit jours après, Port-Mahon fut pris, & les François se trouverent maîtres de l'île entiere. Il en coûta la vie à l'amiral Anglois, que ses compatriotes sacrifierent aux préjugés violens de la nation, qui ne pouvoit s'imaginer que, fans trahifon, une flotte Angloife eût pu être battue par une flotte Françoife.

Le roi d'Angleterre, qui craignoit de voir les armées de France tomber fur fon électorat d'Hanovre, fit avec le roi de Pruffe une alliance défenfive, par laquelle le monarque Pruffien s'engageoit à empêcher les troupes étrangeres d'entrer dans l'Empire. Ce traité donna lieu à un autre dont la maifon d'Autriche & la France ont tout lieu de s'applaudir aujourd'hui ; il fut conclu entre l'impératrice-reine & Louis XV. Marie-Thérefe s'engageoit à ne fe mêler ni directement ni indirectement de la querelle de l'Amérique ; &, au cas que les Etats d'une des deux puiffances fuffent attaqués, l'autre promettoit de lui fournir un fecours de vingt-quatre mille hommes.

On dut ce traité, qui dans le temps étonna toute l'Europe, au cardinal de Bernis. Cet habile négociateur, dont la main fçut rapprocher les auguftes maifons de Bourbon & d'Autriche, dont les divifions, depuis trois fiécles, avoient inondé l'Europe de fang, mérite le tribut de notre reconnoissance. Ce projet étoit d'autant plus hardi, qu'il heurtoit les anciens préjugés fondés sur les principes de la politique du cardinal de Richelieu. Le cardinal de Bernis fut peut-être le premier François qui vit que la gloire des deux maisons étoit indépendante l'une de l'autre. Cette premiere idée le conduisit à celle de les rendre amies par un traité solemnel. Cette alliance si mémorable a eu des suites qui rendront la France heureuse, puisqu'elle a donné pour reine à cette partie de l'Europe, l'auguste archiduchesse MARIE - ANTOINETTE, la vivante image d'une mere dont on ne prononcera jamais le nom, sans avoir l'idée de la plus respectable & de la plus grande des souveraines.

L'alliance de la maison d'Autriche & de celle de Bourbon rompit les mesures du roi de Prusse. Dans la derniere guerre, il avoit été le premier à se déclarer contre la maison d'Autriche, à laquelle la sienne doit la couronne; dans celle-ci il fut encore l'agresseur. L'impératrice-reine, le roi de Pologne & l'impératrice de Russie étoient unis pour leurs intérêts communs; cette alliance fut le prétexte dont se servit sa majesté Prussienne pour entrer dans la Saxe avec soixante mille hommes. Ce monarque, qui ne publie ses manifestes qu'à la tête de ses armées & dans le pays qu'il veut attaquer, étant arrivé sur les frontieres de Saxe, fit remettre une déclaration à Vienne & une autre à Dresde. Son ministre auprès de l'impératrice-reine déclara que Frédéric, informé de l'alliance offensive conclue contre lui avec la Czarine, exigeoit que sa majesté Impériale, pour détruire les allarmes qu'il en concevoit, dît clairement que son intention n'étoit pas de l'attaquer ni cette année ni la suivante, & que les préparatifs qui se faisoient en Bohême ne regardoient pas la Silésie.

Marie-Thérese répondit que le traité conclu avec la Czarine contre la Prusse étoit controuvé, & qu'elle n'avoit fait de préparatifs en Bohême, qu'après avoir vu le roi de Prusse en faire en Silésie; que, quant à la promesse qu'on exigeoit d'elle de ne point attaquer sa majesté Prussienne ni cette année ni la suivante, elle ne prétendoit point se lier les mains ; qu'elle agiroit selon que les événemens l'y forceroient, & que le traité d'Aix-la-Chapelle devoit suffire pour calmer les allarmes de la cour de Berlin.

La déclaration qui fut faite à la cour de Dresde étoit d'un autre style ; en voici les principaux articles : « Les injustes » desseins de la cour de Vienne met- » tant le roi dans la nécessité de préve- » nir un ennemi qui se refuse à toute » voie de conciliation, sa majesté se » voit forcée malgré elle, & par une » suite de ces mêmes circonstances, à » entrer avec son armée dans les Etats » héréditaires du roi de Pologne, élec- » teur de Saxe..... C'est à regret que » le roi se trouve dans l'obligation de se » porter à une démarche que son amitié » personnelle pour sa majesté Polonoise » lui auroit fait éviter, si les loix de » la guerre, les malheurs des temps, » la sûreté de ses propres Etats, ne la » rendoient indispensable.... Mais en » prenant ce parti, sa majesté déclare » en même temps de la maniere la plus » forte à sa majesté Polonoise, & à » la face de toute l'Europe, qu'elle n'a » aucun dessein offensif contre le roi

DE L'Empire d'Allemagne. 231
» de Pologne ni contre ses Etats ; qu'elle
» n'y entre pas comme ennemie, mais
» uniquement pour sa sûreté ; qu'elle
» fera observer à ses troupes l'ordre
» le plus exact & la discipline la plus
» sévere...... Sa majesté, forcée de
» céder aux considérations les plus
» pressantes, n'attend que l'heureux
» moment où ces mêmes considéra-
» tions lui permettront de remettre à
» ce prince un dépôt qui sera toujours
» sacré pour elle. »

Ce manifeste étoit à peine parvenu au roi de Pologne, & le prince Ferdinand de Brunswick étoit déja entré sans résistance dans Leypsick, & pilloit cette ville. Une autre partie de l'armée se présente aux portes de Dresde ; le roi de Pologne n'eut que le temps de fuir de sa capitale, & de gagner le camp de Pirna près de Kœnigstein, sur les bords de l'Elbe, où son armée étoit rassemblée. Frédéric, en entrant au palais, trouve la reine de Pologne, fille de l'empereur Joseph. Cette princesse, aidée de son courage & de sa fermeté, n'avoit point voulu fuir. On lui demande les clefs des archives, elle refuse de les donner ; des soldats s'avancent pour enfoncer les portes, elle se précipite au-devant d'eux: sans aucun respect ni pour son sexe, ni pour son rang, ni pour sa naissance, on la repousse, on ouvre les archives par force; & le roi de Prusse est surpris de n'y trouver aucunes traces de l'alliance offensive qu'il supposoit conclue entre la Saxe, la Russie & l'Autriche, contre lui.

L'empereur, instruit de l'irruption de Frédéric, le fait sommer de retirer ses troupes de l'électorat de Saxe, s'il ne veut s'exposer aux peines portées par les loix de l'Empire contre les perturbateurs du repos public. Ce n'étoit pas assez d'un décret impérial pour obliger le roi de Prusse à abandonner son projet.

Maître de Leypsick & de Dresde, le roi de Prusse oublia ce qu'il avoit promis au roi de Pologne dans le manifeste qu'il venoit de publier. Il établit à Torgau un bureau militaire pour la perception de tous les revenus de l'électorat; il fait ouvrir les arsenaux, s'empare des armes & des munitions, exige les plus fortes contributions, vuide les caisses du souverain, & enrôle

par force les Saxons en état de servir.
La superbe maison de campagne du
comte de Bruhl, ministre de sa majesté
Polonoise, est pillée ; les tableaux précieux qu'il y avoit rassemblés à grands
frais sont brûlés ; l'on coupe à trois
pieds de terre les arbres & les charmilles du parc ; enfin l'on démolit l'intérieur de sa maison, de maniere qu'il
n'en restoit plus que la carcasse. Ces
excès, dignes des soldats d'Attila, furent désavoués par le roi de Prusse. Sa
majesté Polonoise, pour détourner l'orage dont elle étoit menacée, avoit fait
faire au monarque Prussien des propositions de neutralité ; mais le dévastement de la Pologne étoit résolu, sa
majesté ne reçut d'autre réponse que
celle-ci : « Tout ce que vous me pro-
» posez ne me convient pas ; je n'ai
» aucune proposition à faire. »

Lorsque Frédéric se vit maître de la
Saxe, il donna ordre au maréchal de
Schverin d'entrer en Bohême par la
Silésie ; il traversa lui-même la Saxe
avec une autre armée, marcha au camp
de Pirna, y laissa un corps de troupes
pour le masquer, & s'avança vers les
frontieres de la Bohême à la rencon-

tre du comte de Brown, qui commandoit les Autrichiens au camp de Budin, pendant que le prince Picolomini, retranché à Koenifgratz, attendoit le maréchal de Schverin. Le 1er Octobre fe donna la bataille de Lowofitz, fur les confins de la Bohême. Les deux partis s'attribuerent l'honneur de la victoire, quoique les Pruffiens, toujours repouffés dans leurs attaques, y euffent perdu plus de monde que les Autrichiens. Les fuccès & les fuites de cette journée furent à peu près les mêmes. Frédéric empêcha Brown de fecourir le camp de Pirna, & Brown arrêta le roi de Pruffe qui alloit fondre fur la Bohême.

Ce prince, voyant qu'il ne pouvoit y pénétrer dans cette campagne, retourna au camp de Pirna, & le refferra davantage. Le général Brown fit une manœuvre hardie pour délivrer les Saxons, à qui il envoya le plan d'une double attaque; mais, las de les avoir attendus trois jours de fuite, malgré tout le danger de fa pofition, il prit le parti de fe retirer, & abandonna des Alliés qui ne fçavoient pas agir. Les Saxons, manquant de tout & n'efpérant plus de secours, mirent bas les armes & capitulerent. Il fut défendu aux officiers de servir contre le roi de Prusse pendant toute la guerre, & la plus grande partie des soldats furent incorporés de gré ou de force dans les régimens Prussiens. Le roi de Pologne, qui étoit à Koenisgratz, se retira à Varsovie, abandonnant son électorat à la discrétion du vainqueur. Ce prince ayant demandé des passeports, Frédéric les lui envoya, & eut même la complaisance insultante de donner des ordres pour qu'on fournît des chevaux de poste à sa majesté Polonoise. La reine, qui étoit restée à Dresde, mourut quelque temps après, accablée de chagrins.

Les Anglois, qui étoient les premiers auteurs de la guerre, & qui au commencement de cette année avoient perdu l'île Minorque & un combat naval, perdirent encore au mois d'Août, dans l'Amérique septentrionale, Osvego & les deux autres forts qui en dépendent. MM. de Montcalm & de Vaudreuil s'emparerent de sept navires armés en guerre, de cent cinquante piéces de canon, & d'un magasin immenfe de provifions de toute efpece. Cette expédition, qui déconcerta les vaftes projets de l'Angleterre, ne coûta que cinq à fix foldats aux François.

1757. L'irruption du roi de Pruffe dans la Saxe, la bataille de Lowofitz & l'affaire de Pirna, n'avoient été que de légers préludes d'une guerre qui, cette année, arma toute l'Europe, & continua avec la même vivacité dans l'autre continent. L'hiftoire moderne des nations ne fournit point d'exemple d'un armement auffi formidable. Au printemps de 1757, il y avoit dans l'Allemagne neuf grandes armées; &, depuis le mois de Mai jufqu'à celui de Novembre, il fe donna fix batailles rangées.

L'impératrice-reine, qui s'étoit vue menacée d'une nouvelle irruption dans fes Etats héréditaires, s'étoit occupée pendant l'hiver à reclamer les fecours de fes Alliés. Les troupes de la Ruffie & de la Suede menaçoient les frontieres du royaume de Pruffe, & la France alloit attaquer l'électorat d'Hanovre. Les Cercles de l'Empire avoient fenti la néceffité de s'armer pour défendre la liberté publique, ils avoient

DE L'EMPIRE D'ALLEMAGNE. 237
tous fourni leur contingent; deux armées Autrichiennes, campées aux environs de Prague, devoient défendre la Bohême.

Le roi de Prusse parut au mois de Mai sur les hauteurs de Prague, suivi de cent mille combattans divisés en trois colonnes. A la tête de la premiere, il entra en Bohême par la Saxe : le maréchal de Schverin avoit pris sa route par la Siléfie. Le prince de Bévern, qui en conduisoit une autre par la Lusace, rencontra le comte de Konigseck; on se battit; l'action fut vive; mais les Prussiens, bien supérieurs en nombre, forcerent les Autrichiens à se retirer.

Le dessein de Frédéric avoit été de surprendre les Autrichiens avant que toutes leurs forces fussent rassemblées, & de les battre en détail; mais l'activité du maréchal de Brown rompit tous ses projets. Ce général, en fort peu de temps, ramassa assez de troupes pour faire tête aux ennemis. Le 6 Mai, le roi de Prusse parut devant l'armée des Autrichiens, commandée par le prince Charles & par le maréchal de Brown. La bataille qui se donna sous les murs de Prague fut très-sanglante. Brown y fit des prodiges de valeur, l'aile qu'il commandoit fut victorieuse pendant plus de trois heures. Le maréchal de Schverin perdit la vie sur le champ de bataille, en faisant d'inutiles efforts pour résister au général Autrichien. Le roi de Prusse fixa la victoire de son côté, en obligeant le maréchal de Brown à se retirer avec son aile droite à Benechau, pendant que la gauche & le corps de bataille entroient dans Prague. Les Autrichiens sauverent leur canon, la caisse militaire, tous les principaux bagages, & ne perdirent que huit mille hommes. La perte des Prussiens fut évaluée au-delà du double. La mort du maréchal de Schverin, l'un des créateurs de la discipline des armées Prussiennes, & le premier guide de Frédéric dans la carriere des armes, fut un des plus grands malheurs de cette journée. Les Autrichiens eurent aussi à regretter un grand homme de guerre. Le maréchal de Brown mourut de ses blessures à Prague, peu de jours après la bataille. Ce grand général avoit mérité la confiance de Marie-Thérese : de simple soldat, il étoit parvenu, par son mérite, au grade de feld-maréchal. L'impératrice-reine a eu beaucoup de généraux de cette trempe, parce qu'il n'y eut jamais de souverain qui sçût mieux qu'elle distinguer les hommes d'un vrai mérite, se les attacher & les récompenser à propos. Si les grands hommes qu'elle a mis en place ne furent pas toujours heureux, ils se montrerent au moins toujours dignes de l'être.

Le prince Charles s'étant retiré dans Prague, le roi de Prusse fit bloquer cette ville, & y fit jetter à diverses reprises une quantité prodigieuse de bombes. Les Autrichiens firent plusieurs sorties pour ruiner les batteries des assiégeans. Vers le milieu de Juin, le comte de Daun résolut de faire lever le siége, & de combattre le roi de Prusse. Ce général ayant reçu tous ses renforts, marche vers Prague. Frédéric, instruit de ce projet, prend avec lui l'élite de ses troupes, joint l'armée du comte de Bévern, & se dispose à recevoir les Autrichiens. Daun fait ses dispositions, & le dix-huit Juin, à deux heures après-midi, le combat commence. La gauche de l'armée Prussienne s'avance pour attaquer l'aile droite des Autrichiens ; dans un

instant, cette aile est prise de front & par le flanc droit. Le choc violent des Prussiens entame & ébranle la cavalerie Autrichienne ; le comte Serbelloni, quoique blessé, s'élance le sabre à la main contre les Prussiens, & rétablit l'avantage de son côté. L'infanterie se battoit alors avec un acharnement affreux ; six fois les bataillons de Frédéric sont mis en déroute, six fois ils reviennent à la charge avec la même intrépidité ; Daun & le roi de Prusse étoient par-tout. Le prince Charles de Lobkowitz, le prince d'Esterhasi, & le comte Odonell, firent pendant toute l'action le devoir de commandans & de soldats. Vers les sept heures, l'excès de la fatigue sépare les combattans ; ils prennent, comme de concert, une demi-heure de repos. Frédéric veut faire un dernier effort ; il rassemble ses meilleures troupes pour fondre sur ces redoutables bataillons qui l'ont repoussé tant de fois ; il se met lui-même à leur tête. Daun ordonne à la cavalerie de sa gauche de fondre sur l'ennemi, & de le prendre en flanc : ce mouvement, & la vigoureuse résistance de son infanterie, décident enfin le succès de
cette

DE L'EMPIRE D'ALLEMAGNE. 241
cette terrible journée. Les Prussiens perdirent dix mille hommes dans cette bataille mémorable. Frédéric se retira fort en désordre ; le soir même il se rendit au camp devant Prague, & la nuit du 20 il passa précipitamment l'Elbe à Brandeiss ; tandis que son armée, battue à Chotemitz, se retiroit à Nimbourg, où elle passa le même fleuve. Vingt-deux drapeaux, quarante-cinq pièces de canon, quantité de caissons d'artillerie & de munitions, furent les glorieux trophées de cette victoire, qui ne coûta pas cinq mille hommes aux Autrichiens.

En apprenant la nouvelle de cette grande victoire, l'empereur & l'impératrice-reine se transportèrent chez la maréchale Daun pour la lui annoncer, & partager avec elle la satisfaction que leur causoient les succès du maréchal vainqueur. Cette distinction flatteuse étoit bien capable d'enflammer le courage des rivaux du général. Ils eurent tous part aux bienfaits de l'impératrice-reine. Cette princesse, ingénieuse à trouver des moyens de récompenser dignement ses sujets, perpétua le souvenir de la victoire de Chotemitz, en établissant un ordre militaire auquel elle

Tome VIII. L

donna son nom, & dont elle décora les braves officiers qui s'étoient signalés à cette fameuse journée. Cette victoire n'auroit rien eu de plus frappant que tant d'autres dont l'histoire est remplie; mais ce qui en rendra le souvenir immortel, c'est la démarche que firent l'empereur & l'impératrice auprès de la maréchale: démarche qui, loin de dégrader leur majesté impériale, en relevera l'éclat aux yeux de la postérité; c'est l'établissement de l'ordre militaire de Marie-Thérese, dont l'impératrice décora ses braves généraux; c'est enfin la distinction particuliere qui fut accordée au maréchal Daun par l'empereur & par l'impératrice. Ils lui donnerent la permission de faire lui-même une promotion dans leurs armées. Ce témoignage d'estime & de confiance fut d'autant plus flatteur pour le maréchal, qu'il lui fournissoit l'occasion de donner des marques de son amitié à ses rivaux d'honneur. Le choix qu'il fit dans cette promotion le couvrit d'une autre espece de gloire, qui, sans être aussi éclatante que celle de la victoire, n'en mérite pas moins les plus grands éloges. En accordant les intérêts de sa souveraine avec ceux de sa grande ame, il sçut servir également bien l'impératrice-reine & ses amis, & profiter de sa faveur, pour la faire rejaillir sur ceux que l'amitié lui avoit attachés.

Les avantages qui suivirent la victoire de Chotemitz, furent la levée du siége de Prague, & l'évacuation de la Bohême. Le roi de Prusse, pour couvrir sa fuite, avoit laissé auprès de Prague un corps de vingt mille hommes sous les ordres du maréchal Keith. Le prince Charles, qui étoit toujours dans Prague, avoit remarqué des mouvemens dans l'armée du roi de Prusse, qui abandonnoit les travaux du siége. Ne sçachant rien de la bataille de Chotemitz, il avoit résolu d'attaquer les troupes qui étoient restées dans les lignes ; il sortoit de la ville à la tête de vingt-quatre mille hommes, lorsqu'il reçut la nouvelle de la victoire. Le courage des troupes redouble en ce moment, elles se jettent dans les retranchemens ; &, après un combat de deux heures, elles parviennent à en déloger les Prussiens.

Tandis que les armes de l'impératrice-reine avoient de si brillans succès en Bohême, celles de ses alliés frappoient de grands coups dans la Westphalie. En moins de huit jours, le prince de Soubise, à la tête des François, prend Wesel, enleve au roi de Prusse l'Etat de Cleves & de Gueldres, & pousse les Prussiens jusqu'auprès de l'armée Hanovrienne, que le duc de Cumberland commandoit au-delà du Weser.

Vers le milieu d'Avril, le maréchal d'Estrées arriva à Wesel, & prit le commandement de l'armée. Ce général, digne éleve du comte de Saxe, & l'un des officiers en qui le héros de la France avoit eu le plus de confiance, avoit étudié sous un si grand maître l'art difficile des campemens & de la conduite d'une armée. Après deux mois de marches sçavantes & de manœuvres habiles, il mit le duc de Cumberland dans la nécessité d'accepter la bataille. Ce prince, voyant qu'elle étoit inévitable, eut recours à tout ce que l'art de la guerre a pu inventer pour assurer le gain d'une bataille. Il couvrit le front de son armée d'un marais impraticable, appuya sa droite vers Hamelen, & sa gauche à des montagnes très-hautes, couvertes de bois épais,

& défendues par des ravins de vingt pieds de profondeur, garnis de batteries de canon.

Le maréchal d'Estrées, ayant reconnu cette position, fit son plan d'attaque. On ne pouvoit marcher aux ennemis que par leur gauche, & en les tournant par les montagnes. Quatre brigades d'infanterie partirent à minuit pour se trouver le matin à portée de combattre. Il falloit, pour conduire ces troupes, des officiers très-intelligens & d'une valeur à toute épreuve ; messieurs de Chevert & d'Armentieres furent choisis. Tout fut ponctuellement exécuté ; à quatre heures du matin les troupes furent en état de donner.

A six heures le canon des Hanovriens commença à tirer, l'artillerie Françoise y répondit, & à huit heures les batteries des ennemis étoient fort endommagées ; alors la grande attaque commença. Chevert, sur le point de donner, entend un de ses domestiques qui le prie de prendre une cuirasse : « Ces braves en ont-ils ? » répond Chevert en montrant ses grenadiers. Ce mot, qui vaut la plus belle harangue, est le signal du combat. M. d'Armentieres & l'intrépide Chevert s'élancent dans le bois, tombent sur les Hanovriens ; &, après un combat opiniâtre & la plus vigoureuse défense, la montagne est nettoyée. Les deux corps d'armée se battoient avec un acharnement épouvantable ; enfin, le duc de Cumberland, voyant tous ses retranchemens occupés par les François, & par les Autrichiens qui combattoient sous les ordres du baron de Dombasle, & ayant déja perdu trois mille hommes, se retira aux gorges qui conduisent à Hanovre. Un accident qui arriva au moment où les Hanovriens fuyoient, empêcha qu'on ne les poursuivît aussi vivement qu'on l'auroit pu. Quelques bataillons qui suivoient l'ennemi à travers le bois ayant rencontré la troupe de Chevert, la prirent pour un corps d'ennemis, & firent feu ; celle-ci y répondit, & dans un moment il y eut quinze cents hommes blessés, & victimes d'une méprise qui diminua la joie que devoit causer la nouvelle d'une victoire qui n'avoit pas coûté six cents hommes. La reddition d'Hanovre fut le fruit de cette grande journée. Le maréchal d'Estrées eut la satisfaction d'en recevoir les clefs avant que le maréchal de Richelieu, plus ancien que lui dans le grade de général, vînt prendre le commandement de l'armée victorieuse, pour achever l'ouvrage qui avoit été si bien ébauché. M. de Richelieu trouva l'électorat d'Hanovre tout ouvert ; & le duc de Cumberland, déja poussé jusqu'à Stade, n'avoit plus de ressource ; il falloit qu'il se déterminât à combattre contre des troupes déja victorieuses, ou à mettre bas les armes. Ce second parti lui parut le plus sûr.

Il étoit bien naturel d'agir en cette occasion, comme le roi de Prusse l'avoit fait à l'égard des Saxons enfermés dans le camp de Pirna ; mais, au lieu de faire ces troupes prisonnieres de guerre, le 10 Septembre les deux généraux dresserent au camp de Closter-Seven un traité de neutralité de la part des Hanovriens. Cette convention portoit que le duc de Cumberland renverroit les troupes auxiliaires de Hesse, de Brunswick, de Saxe-Gotha & du comte de la Lippe qui servoient dans son armée ; que ces différens corps retourneroient dans leur pays avec des passe-ports du maréchal de Richelieu ; qu'on délivreroit de pareils passeports aux troupes Angloises pour passer l'Elbe; que celles qui demeureroient à Stade ne pourroient être augmentées; qu'elles ne pourroient passer les limites qui seroient réglées & marquées par des poteaux de distance en distance; & qu'en attendant la conciliation définitive des deux Puissances, les François demeureroient en possession des duchés de Brémen & de Verden, conquis par la force des armes. On ne pouvoit gueres s'attendre à voir un pareil traité suivi bien exactement dans tous ses points; aussi les ennemis ne tarderent-ils pas à manquer à leur parole; & l'on eut tout lieu de se repentir de n'avoir pas pris de meilleures précautions.

Le roi de Prusse, embarrassé par les suites de la capitulation de Closter-Seven, l'eût été bien davantage, si le maréchal de Richelieu, le prenant pour modele, eût fait prisonniere de guerre l'armée Hanovrienne, au lieu de la munir de ses passeports. Ce prince se trouvoit dans une situation fort critique: le prince de Saxe-Hildbourghausen & le prince de Soubise marchoient vers le duché de Magdebourg; les Suédois &

les Russes entroient dans la haute Silésie, & les Autrichiens se préparoient à entrer dans la basse, tandis qu'un détachement considérable alloit mettre Berlin à contribution. Tant d'ennemis à combattre n'effrayerent point Frédéric; il prit la résolution de les attaquer en détail, & de triompher successivement de chacun. La fortune secondoit à merveille son intrépidité; les Russes, après avoir battu le maréchal de Lehwald près de Jagendorff, s'étoient retirés brusquement, & avoient évacué la Silésie qui leur étoit ouverte. Le général Prussien, n'ayant plus rien à craindre de ce côté, s'étoit porté rapidement en Poméranie, où une petite armée Suédoise étoit entrée; celle-ci se retira de même à l'approche des Prussiens.

Frédéric, retranché dans la Saxe, observoit de-là tous les mouvemens des Autrichiens, dont les détachemens pénétroient en Silésie. Il forma le projet d'aller combattre le prince de Saxe-Hildbourghausen: il falloit pour cela dérober sa marche à l'œil pénétrant du maréchal Daun, battre l'ennemi, & revenir faire tête aux Autrichiens.

Ce deffein hardi, celui de toutes les campagnes du roi de Pruffe qui lui fait le plus d'honneur, fut exécuté, réuffit, & le tira du plus grand danger.

Après bien des mouvemens & des manœuvres fçavantes, ce prince, à la tête d'un corps confidérable, fe dérobe, marche vers la Thuringe, & établit fon quartier général à Erfurth. Ce ne fut qu'après avoir éprouvé de vives alarmes, qu'il goûta enfin le plaifir du fuccès. Le maréchal Daun s'étoit apperçu de fon abfence, & de la diminution de fon armée, qu'il avoit laiffée aux ordres du prince de Bévern pour défendre le terrain en Siléfie. Alors le prince Charles s'ébranla; &, preffant toujours le prince de Bévern, il l'obligea de fe retirer fous le canon de Breflau, & de fe retrancher à la hâte dans le fauxbourg. Pendant ce temps-là, le général Nadafti refferroit Schveidnitz, & fe préparoit à en former le fiége.

Une autre entreprife du général Haddick vint encore inquiéter le roi de Pruffe. Ce général Autrichien, à la tête de trois mille quatre cents hommes, étoit allé mettre Berlin à contribution. A cette nouvelle, Frédéric ordonne au prince Maurice d'Anhalt de s'approcher de sa capitale, il vole lui-même à son secours. Haddick, averti de ces mouvemens, se hâte de lever deux cents mille écus de contribution, & regagne la Silésie, sans que le roi de Prusse ait pu l'atteindre dans sa retraite.

Frédéric retourne camper vis-à-vis l'armée de l'Empire ; & le 4 Novembre il s'établit à Rosbach, à dix lieues de Dresde. Il prend enfin le parti d'en venir à une bataille dont le succès ou la perte devoit avoir pour lui des suites si importantes. Pour s'assurer de la victoire, il trompe l'armée Impériale par un stratagême. Il feint de se retirer avec précipitation du côté de Merzbourg, & cache ses troupes derriere une hauteur qui dérobe aux Impériaux les dispositions qu'il alloit faire. Cette manœuvre précipitée en présence d'une armée ennemie, étoit certainement très-dangereuse ; mais, dans l'extrémité où il se trouvoit, il crut devoir risquer quelque chose. Le prince de Soubise avoit été d'avis de poursuivre l'arriere-garde Prussienne, & l'on convient que la victoire n'étoit point douteuse. Mais le général François n'étant qu'auxiliaire, ne pouvoit que propofer ; malheureufement pour les deux nations, fon avis ne fut point fuivi. Le lendemain, l'on n'auroit point dû combattre, ou ne le faire quaprès avoir bien examiné la pofition d'un ennemi qu'on ne pouvoit pas foupçonner de s'être retiré par crainte ; mais, dans la confiance aveugle où l'on étoit, on ne fit point cette réflexion fi naturelle ; on voulut pourfuivre un ennemi que l'on croyoit en fuite, & qui attendoit dans la plus grande fécurité l'armée qui le croyoit à demi-vaincu. L'on fe contenta de deviner la pofition des Pruffiens. Enfin l'armée Impériale marche à l'ennemi avec confiance, comme à une victoire affurée. Lorfqu'on eft defcendu dans le champ de bataille, la fécurité augmente ; on s'apperçoit que les tentes des Pruffiens font encore dreffées, & que rien ne remue. Au moment où l'on croit le roi de Pruffe perdu fans reffource, on entend un coup de canon partir de la gauche des ennemis ; à ce fignal, les tentes s'abaiffent, & laiffent voir l'armée de Frédéric rangée en bataille ; deux batteries formidables, placées aux côtés du camp fur deux collines voifines, font en même temps un feu terrible ; la cavalerie Prussienne accourt à toute bride à droite & à gauche, & prend en flanc les escadrons des Alliés. L'infanterie, étonnée par cet appareil nouveau de combat, & foudroyée par les batteries, s'ébranle & perd ses rangs. On se rassure cependant, & l'on combat avec la plus intrépide valeur. Le baron de Bretlach, le marquis de Voghera, le baron de Roth, le prince George de Hesse Darmstadt & le prince de Saxe-Hildbourghausen, mêlés aux cuirassiers, firent d'abord plier les escadrons Prussiens, & culbuterent la premiere ligne. Frédéric accourt, la reforme, & la ramene au combat; elle donne avec une nouvelle impétuosité sur les cuirassiers, & leur fait perdre du terrain.

Le combat ne fut pas long ; le désordre avoit été d'abord si général, que l'on fut bientôt obligé de se servir du corps de réserve. Il fut conduit au feu par le prince de Soubise, suivi du comte de Revel & du marquis de Castres. Ce dernier, sans chapeau, ayant reçu deux coups de sabre sur la tête, exhorte ses soldats à tenir ferme, & continue à montrer l'exemple. Cependant le corps de réserve alloit être culbuté par la supériorité du nombre ; le prince de Soubise s'en apperçoit en combattant, il vole aussi-tôt à sa gauche, en ramene quatre nouveaux régimens, & à leur tête il s'enfonce dans les escadrons Prussiens.

Ce renfort rétablit le combat, & fait plier l'ennemi. Ce fut à la tête de cette brave cavalerie que le comte de Mailli-d'Aucourt, renversé d'un coup de sabre, fut fait prisonnier. Tant d'efforts & d'actions héroïques furent inutiles. Une seconde ligne de cavalerie Prussienne, qui n'avoit pas encore combattu, se présente & recueille les débris de la premiere. Alors tout marche à-la-fois ; on enveloppe la cavalerie de l'Empire & celle des François, qui ne céderent enfin que lorsqu'il ne fut plus possible de demeurer sur le champ de bataille.

La déroute de la cavalerie entraîna celle de l'infanterie, qui avoit été pendant toute l'action exposée au feu des batteries, & qui étoit alors attaquée en flanc par les escadrons des vainqueurs ; il fallut nécessairement se retirer. Le marquis de Crillon, qui eut un cheval tué sous lui, le duc de Cossé, qui fut blessé & pris, le chevalier de Nicolaï, combattirent encore pendant une heure à la tête de quelques bataillons. Le comte de Saint-Germain, dont la réserve n'avoit point donné, se chargea de protéger la retraite, & fut bien secondé par le régiment d'Apchon dragons, & par celui du comte de Rougrave, lieutenant-général ; ce dernier sur-tout s'est immortalisé à Rosbach. La gendarmerie Prussienne & deux régimens de dragons s'étant présentés pour l'enlever, cet intrépide officier, sans redouter la supériorité du nombre, donne sur les ennemis l'épée à la main, & fait plier les trois corps qui l'avoient attaqué ; trois fois ils renouvellerent leur attaque avec aussi peu de succès, le comte de Rougrave se défendit avec la même intrépidité, jusqu'à ce qu'ayant donné le temps à quelques corps d'infanterie de passer le pont qu'il venoit de garder, il se retira lui-même en combattant toujours. Cet excellent citoyen, trop peu célébré par les historiens de sa nation, continua, avec les dragons d'Apchon & de Fitzjames, à se porter par-tout où sa présence pouvoit être nécessaire pour favoriser la retraite & la jonction des troupes en déroute, pendant que le marquis de Crillon, d'un autre côté, faisoit la même manœuvre ; ils ne mirent pied à terre qu'à trois heures après minuit.

Deux régimens Suisses étoient demeurés sur le champ de bataille, & continuoient à braver seuls tout l'effort de la cavalerie Prussienne & le feu des batteries ; les colonels de Diesbach & de Waldner ne pouvoient se résoudre à fuir. Le prince de Soubise, à travers les plus grands dangers, retourne sur le champ de bataille, pour obliger les deux régimens à se retirer. Ce fut en ce moment que ce général, passant devant un chemin creux, fut couché en joue par six grenadiers Prussiens. Le roi de Prusse, qui heureusement étoit à côté d'eux, fit baisser les fusils. Cette journée si malheureuse pour les Alliés, & si intéressante pour le roi de Prusse, coûta beaucoup de monde aux vaincus ; on y perdit malheureusement un grand nombre d'officiers qui se sacrifierent pour rassurer les troupes ébranlées. Les François regretterent sur-tout le comte de Revel de la maison de Broglie, si féconde en héros. Nous nous abstenons de faire aucune réflexion sur cette fameuse bataille, dont on a fait dans le temps des récits bien différens les uns des autres. On dit que le roi de Prusse, ayant donné un assez mauvais souper aux officiers qui avoient été fait prisonniers, s'excusa de la mauvaise chere qu'il leur faisoit faire, sur ce qu'il ne s'attendoit pas ce jour-là à recevoir si nombreuse compagnie : il loua d'ailleurs leur bravoure, & leur dit des choses obligeantes.

Immédiatement après cette victoire, le roi de Prusse vola au secours du prince de Bévern, qui étoit toujours retranché auprès de Breslau. Le prince Charles, instruit de la victoire du roi de Prusse & de sa marche, attaqua les retranchemens du prince de Bévern, & les emporta, malgré toutes les difficultés de l'entreprise & la défense la plus opiniâtre. Le prince de Lobkovitz & le général Sprecher, à la tête des grenadiers Autrichiens, firent des miracles de bravoure à l'attaque du village de Pilsnitz. Le général Beck, à la tête d'un corps de troupes légeres, poursuivoit les fuyards ; ayant rencontré, le lendemain pendant la nuit, le prince de Bévern qui examinoit son camp, il le fit prisonnier, le désarma, & le conduisit au prince Charles, qui lui fit l'accueil le plus distingué, & l'envoya sous bonne escorte en Moravie. Le même soir, la garnison de Breslau capitula : on lui accorda les honneurs de la guerre ; mais la plus grande partie déserta, & s'enrôla dans les troupes d'Autriche.

Schveidnitz s'étoit rendu au général Nadasti dès le 12 Novembre. Frédéric, malgré la victoire de Rosbach, voyoit la Silésie prête à retourner à ses anciens maîtres. Il lui falloit une autre bataille & la victoire pour rétablir ses affaires ; il résolut de se battre, quoique la saison fût fort avancée, & que ses troupes fussent très-fatiguées des travaux de la campagne. Le 4 Décembre il gagna sur le prince Charles la bataille de Lissa, où les Autrichiens, après s'être battus pendant cinq heures, firent leur retraite en bon ordre. Ils avoient perdu près de cinq mille hommes, tant tués que blessés ; la perte des Prussiens étoit à peu près égale. Le prince Charles vouloit sauver Breslau ;

après y avoir jeté une forte garnison, une artillerie considérable & des provisions de toute espece, il regagna la Bohême. Le roi de Prusse ne perdit point de temps; malgré la rigueur de la saison, il assiégea Breslau, & poussa les travaux avec tant de vigueur, que le 19 la place capitula. La garnison, qui montoit à dix-sept mille hommes, fut faite prisonniere de guerre. Ce fut pour les Autrichiens la perte la plus considérable de toute la guerre. Frédéric termina cette mémorable campagne par la prise de Lignitz.

Suspendons un moment le récit de ces combats, pour admirer la générosité de l'impératrice-reine, dans un moment où le roi da Prusse exigeoit avec la plus grande rigueur que les officiers qu'il avoit fait prisonniers de guerre se rendissent dans ses Etats. Le prince de Brunswick-Bévern, qui avoit été fait prisonnier par le général Beck, avoit demandé la permission d'écrire au roi de Prusse, & elle lui avoit été accordée. Il avoit écrit plusieurs fois, & n'avoit point reçu de réponse. Ce prince fit alors demander à l'impératrice-reine, comme une grace particuliere, de pouvoir se racheter lui-même & de payer sa rançon. La réponse de Marie-Thérese fut qu'elle n'en vouloit recevoir aucune, & qu'elle lui accordoit néanmoins sa liberté, mais gratuitement. Pénétré d'une bonté si rare, ce prince se rendit à la cour de Vienne pour épancher aux pieds de l'impératrice-reine les sentimens de sa vive reconnoissance. Marie-Thérese lui fit l'accueil le plus distingué, & le prince de Bévern remporta en Prusse la plus haute idée de cette souveraine.

1758. Au commencement de cette année, l'impératrice-reine reçut un témoignage bien flatteur de l'amour de ses fideles Hongrois. La magnats ou grands de Hongrie se rendirent à Vienne, pour annoncer à leur auguste souveraine, que les Etats de ce royaume alloient mettre sur pied, à leurs propres dépens, au moins trente mille hommes, auxquels ils fourniroient armes, chevaux, équipages de guerre, &c. Ainsi ces Hongrois, qui ne prenoient autrefois les armes que pour se soulever contre leurs rois, volent aujourd'hui au-devant des besoins d'une reine qui ne s'occupe qu'à les rendre heureux. Telle fut dans tous les temps & parmi tous les peuples la différence entre un gouvernement sage & modéré, & un gouvernement dur qui ne laisse entrevoir aux sujets qu'un joug accablant sous lequel il faut baisser la tête en silence. Dans cette même année, quarante mille Croates prirent les armes; elle eut vingt mille hommes de la Servie; la Bosnie & les environs de la Save lui fournirent plus de dix mille hommes. Enfin, tous les sujets de Marie-Thérèse devenoient soldats pour la défendre en temps de guerre, parce qu'elle avoit été la mere de ses peuples pendant la paix.

Malgré la rigueur de la saison, les Russes étoient restés sous les armes. La Czarine, indignée de la conduite du général Apraxin, qui, après la victoire de Volhau, avoit abandonné la Prusse l'année précédente, le rappella, & donna le commandement de ses troupes au général Fermer. Celui-ci, s'étant mis en marche dès le mois de Janvier, s'empara de Kenisberg & de la Prusse royale qui étoit sans défense; il passa la Vistule, & s'approcha des confins de la Silésie & de la Poméranie. Le roi de Prusse vit les progrès des Russes sans inquiétudes. Son premier soin fut d'engager les Anglois à rompre le traité honteux de Closter-Seven, & de former ainsi une barriere entre les armées de France & les siennes. Ayant réussi dans ce projet, il reprit, dès le commencement de la campagne, Schveidnitz, la seule place de Silésie qui fût restée aux Autrichiens.

A peine étoit-il maître de Schveidnitz, qu'il songea à s'emparer d'Olmutz, capitale de la Moravie, afin de porter sur les terres de l'impératrice-reine le théâtre de la guerre qui avoit ravagé les siennes pendant l'année précédente. D'ailleurs, la prise de cette ville lui auroit ouvert l'entrée de la Bohême, que le maréchal Daun auroit sûrement abandonnée pour couvrir Vienne & l'Autriche. La forte garnison de cette place, la valeur & l'intelligence du commandant, des fortifications en bon état, étoient des obstacles trop foibles pour arrêter Frédéric. Avant de partir, il laisse une armée considérable en Saxe, sous les ordres du prince Henri son frere, pour observer celle que le maréchal Daun avoit laissée sur les frontieres de cet électorat, aux ordres du maréchal-comte de Serbelloni, & l'armée de l'Empire, commandée par le prince Frédéric de Deux-Ponts, qui s'avançoit vers la Bohême. Il donne ordre au général Fouquet, retranché dans le comté de Glatz, de faire différens mouvemens pour masquer ses desseins sur Olmutz.

Après plusieurs marches & contre-marches, Frédéric arrive devant Olmutz, & en forme le siége, malgré les fréquentes sorties de la garnison. Le maréchal Daun s'étoit déja apperçu que le roi de Prusse étoit sorti de la Silésie; il le suit, arrive à la vue d'Olmutz, voit l'impossibilité de faire lever promptement ce siége; il se contente de resserrer le camp ennemi, & d'empêcher l'arrivée des convois. Loudhon, le brave Loudhon, qui de bon soldat étoit devenu excellent général, commandoit les troupes légeres. Sous ses ordres, elles eurent toujours l'avantage en différens petits combats qui se donnerent. Vers le milieu de Juin, Daun apprend qu'un convoi considérable arrive de la Silésie; il fait partir Loudhon & Siskovitz, chacun avec un corps de six mille hommes, pour l'enlever. Au moment où le convoi alloit entrer dans les lignes des Prussiens, les deux généraux Autrichiens tombent sur quatorze mille hommes qui lui servoient d'escorte, tuent près de trois mille hommes, font quatre cents prisonniers, s'emparent de douze piéces de canon & de tout le convoi. Une perte aussi considérable pour le roi de Prusse le détermina à lever le siége d'Olmutz ; il prit tant de précautions, qu'il fit sa retraite sans que le maréchal Daun pût l'inquiéter.

Pendant que le roi de Prusse abandonnoit le siége d'Olmutz, le prince Ferdinand de Brunsvick remportoit à Crévelt une victoire sur les François, commandés par le prince de Clermont. Tout Paris pleura le jeune comte de Gisors, fils unique du maréchal de Belle-Isle, qui y fut mortellement blessé, à la tête du régiment des Carabiniers, qu'il commandoit pour la premiere fois. C'étoit un jeune seigneur qui donnoit déja les plus grandes espérances, dans lequel une éducation ferme

&

& cultivée avoit déja développé les talens les plus brillans. Il mourut à Neiff, vivement regretté par le prince Ferdinand, qui lui prodigua tous les soins que l'estime & l'amitié peuvent inspirer.

La bataille de Crévelt pouvoit avoir des suites fâcheuses pour les Etats de l'impératrice-reine dans les Pays-bas. Le prince de Brunsvick avoit pris Ruremonde, & ses troupes légeres faisoient des incursions jusqu'aux portes de Louvain ; mais la bataille de Sunderhausen, près de Cassel, gagnée par le duc de Broglie contre les Hessois, commandés par le prince d'Isembourg, rétablit les affaires. Après cette victoire, les François entrerent dans Minden, & le pays d'Hanovre leur fut ouvert. Cette diversion déconcerta les projets du prince Ferdinand ; il abandonna toutes ses conquêtes, repassa le Rhin, & marcha sur Munster.

Les Russes, qui s'étoient avancés vers la Hesse malgré le général Dohna, voient déja formé le siége de Custrin dans le Brandebourg, vers les confins e la Silésie. Le roi de Prusse, ayant résolu de faire lever ce siége, part avec des troupes choisies, joint le général Dohna, & poursuit son projet, quoiqu'il apprenne que l'armée de l'Empire & celle du maréchal Daun s'approchent de Dresde. Le 22 Août, il passe l'Oder près de Custrin, & le 25 il livre bataille aux Russes près de Zorndorff. Le combat fut des plus opiniâtres; il dura seize heures en deux jours. Les deux partis s'attribuerent la victoire; mais les Prussiens abandonnerent le champ de bataille, & les Russes leverent le siége qu'ils avoient entrepris.

Frédéric marcha au secours de Dresde, envoya le général Vedel dans le Brandebourg, pour faire tête aux Suédois, & laissa le général Dohna dans les environs de Custrin, pour observer les Russes. Il fit lui-même différentes manœuvres dont le but étoit d'inquiéter le maréchal Daun; enfin il prit son camp à la vue des Autrichiens, en étendant sa droite par-delà Hochkirchen, & sa gauche depuis Seska jusqu'à Kottiz. Le 11 Octobre, Daun va reconnoître la position des ennemis; il trouve leur camp retranché partout avec soin, & tout le front garni d'artillerie. Le général Autrichien prend

DE L'EMPIRE D'ALLEMAGNE. 267
la réfolution d'attaquer ce camp. Pour mieux cacher fon deffein, il retranche lui-même le fien, feignant de fe tenir fur la défenfive : il ordonne de faire des abattis au bois qui étoit fur fa gauche, vis-à-vis l'endroit où il avoit réfolu de faire fon attaque, & garnit de redoutes tout le front de fon armée. Daun, à la tête d'un corps choifi, traverfe des chemins & des bois très-difficiles ; fon artillerie eft placée, & déja Loudhon s'eft emparé des hauteurs qui dominent le camp des ennemis. Le fracas horrible de l'artillerie donne le fignal de l'attaque ; Daun d'un côté, & Loudhon de l'autre, s'emparent du village d'Hochkirchen, malgré toute la réfiftance des Pruffiens. De ce pofte dépendoit le fuccès de la bataille. Trois fois les Pruffiens tâchent de le regagner, trois fois ils font repouffés vigoureufement. Une quatrieme attaque les rend maîtres d'une partie du village : Daun reconduit les Autrichiens au centre de ce pofte ; la mêlée devient affreufe, les généraux combattent comme le fimple foldat ; Keith, qui commandoit l'aile droite des Pruffiens, tombe mort fur la place ; le prince François de Brunfvick, frere

de la reine, & le général Kleift, font frappés prefqu'en même temps ; alors les Pruffiens abandonnent le village, & fe retirent à la faveur de leurs batteries placées au centre de leur camp. Le duc d'Aremberg avoit attaqué la gauche des Pruffiens ; le fuccès longtemps douteux eft encore pour les Autrichiens. L'armée vaincue fe retire en bon ordre fur les hauteurs qui étoient derriere le camp.

Le roi de Pruffe n'avoit pas encore effuyé de perte auffi confidérable. Les Autrichiens s'emparerent de toutes les tentes, de tout le bagage, de cent piéces de canon, de vingt-huit drapeaux, de quantité de munitions de guerre & de bouche. Outre les trois généraux déja nommés, le prince Maurice d'Anhalt-Deffau fut fait prifonnier. Les Pruffiens perdirent près de dix mille hommes, & les Autrichiens n'en perdirent pas douze cents.

Malgré ce défaftre, jamais le roi de Pruffe ne parut plus grand ; il établit fon camp à une lieue du champ de bataille, dans un terrain avantageux, où il effuya courageufement toutes les injures de l'air, en attendant que le prince

Henri lui amenât de Saxe des troupes, des tentes & du canon. Lorsqu'il eut reçu ce renfort, il marcha au secours de Neiss, dont il fit lever le siége. Le maréchal Daun étoit retourné devant Dresde, qu'il ne prit point à cause des ménagemens qu'il eut pour la famille royale qui se trouvoit dans cette ville. Frédéric faisoit marcher toutes ses forces au secours de cette place; la partie n'étant plus égale, le maréchal Daun se retira en Bohême.

A peu près dans le même temps que le roi de Prusse avoit été battu par les Autrichiens, le prince de Soubise gagna la bataille de Lutzelberg sur les Hessois réunis avec les Hanovriens; cette victoire n'eut aucunes suites. Au commencement de Décembre, le prince de Soubise quitta la Hesse pour aller prendre des quartiers d'hiver du côté de Francfort sur le Mein. L'armée du prince de Clermont n'avoit rien entrepris depuis la bataille de Crévelt, elle avoit pris ses quartiers sur le bas-Rhin.

Le maréchal Daun alla jouir pendant l'hiver, à la cour de l'empereur & de l'impératrice-reine, de la gloire des succès brillans de la campagne, & préparer les travaux de la suivante sous les yeux de ses maîtres. Les témoignages de satisfaction que lui avoit donnés Marie-Thérese, animerent du même esprit les Etats d'Autriche. Par reconnoissance des grands services rendus à la patrie par le maréchal, ils arrêterent de lui faire présent de trois cents mille florins d'Allemagne, pour racheter la seigneurie de Ladendorff, que le pere de ce grand général avoit vendue au comte de Kévenhuller. Ainsi l'Etat faisoit rentrer dans son patrimoine celui qui, par sa valeur & par ses talens militaires, mettoit un frein aux projets ambitieux des ennemis de la patrie.

1739. Frédéric, ne voulant pas que ses provinces fussent davantage le théâtre de la guerre, fit tous ses efforts pour l'attirer au centre de l'Empire. Il ordonna au prince Ferdinand, joint au prince d'Isembourg, d'attaquer les François qui étoient encore dans leurs quartiers d'hiver aux environs de Francfort. Dans le milieu d'Avril, le prince Ferdinand parut tout-à-coup à la tête de quarante mille hommes. Le duc de

Broglie, en trente-six heures, rassemble toute son armée, &, par cette belle manœuvre, mérite les éloges de tous les connoisseurs. Le comte de Saint-Germain ne peut le joindre avec le renfort qu'il devoit lui amener ; il est forcé de faire tête, avec vingt-cinq mille hommes seulement, à une armée de quarante mille combattans. Malgré cette énorme disproportion de forces, le duc de Broglie fut vainqueur à Berghen, & obligea le prince Ferdinand à décamper, après avoir perdu six mille hommes & quelques pièces de canon. Le succès de cette bataille couvrit de gloire le duc de Broglie. L'empereur le créa prince de cet empire qu'il avoit si bien défendu, & Louis XV lui donna le bâton de maréchal de France.

Le prince Ferdinand eut au mois d'Août une revanche complette. Le maréchal de Contades, ayant laissé le bas-Rhin à la garde du marquis d'Armentieres, marcha avec le reste de l'armée, joignit le maréchal de Broglie, & poussa devant lui les Alliés jusque dans la Hesse. Le maréchal de Broglie s'empara de Minden, & y établit son quartier général. Le prince Ferdinand arriva pour secourir le pays d'Hanovre, & campa à Petershagen, presqu'à la vue des François. Ce prince trompa le maréchal de Contades par une retraite simulée. Le maréchal abandonna une position excellente, pour attaquer un corps de troupes que Ferdinand avoit laissé au village de Todtenhausen. Au plus fort de la mêlée, le prince Ferdinand tombe sur les François, les enfonce & les met en déroute. Ils perdirent grand nombre d'officiers de distinction, quantité de canons & de drapeaux. Cette armée vaincue, n'ayant point de retraite assurée, fut poursuivie pendant plusieurs jours jusqu'à Cassel, &, dans cette fuite précipitée, perdit encore beaucoup de monde.

Tandis que les François & les Hanovriens se battoient du côté de l'électorat, le roi de Prusse & le maréchal Daun s'observoient avec une égale attention. Ils attendoient, chacun dans leur camp, l'arrivée des Russes qui devoient attaquer la Silésie, Frédéric pour les combattre, Daun pour profiter de la diversion. Dans le mois de Juillet, les Russes s'approcherent de cette province. Le roi de Prusse envoya aussi-tôt le comte de Dohna pour les combattre; mais le général Prussien, ayant été complettement battu, se retira après avoir fait une perte considérable. Les Russes étant devenus maîtres de la campagne, marcherent vers Francfort sur l'Oder, & s'en emparerent. Sur ces entrefaites, le maréchal Daun s'avance par la Lusace, pénetre dans les Etats du roi de Prusse, pendant que l'armée de l'Empire, après avoir pris Leypsick & Torgau, marchoit vers Dresde.

Frédéric, attaqué de tous côtés, joint les restes de l'armée de Dohna, & va en Silésie attaquer le général Soltikoff, qui commandoit les Russes. Soltikoff, & le baron de Loudhon qui l'avoit joint, font leurs dispositions; le 12 Août, le combat se donne & le roi de Prusse est pleinement battu. Sept fois durant le combat il retourne à la charge avec de nouvelles troupes, & il est toujours repoussé avec une perte très-considérable; il prend enfin le parti de se retirer, & laisse sur le champ de bataille quinze mille hommes tant tués que blessés, près de deux cents piéces de canon, trente drapeaux, & une grande quantité de munitions de guerre. Loudhon, à la tête de la cavalerie, atteint son arriere-garde, & culbute dans des marais les escadrons qui essayent de l'arrêter; quatre mille Prussiens furent faits prisonniers. Les Russes & les Autrichiens eurent près de dix mille hommes tant tués que blessés. Cette sanglante bataille n'eut cependant aucune suite remarquable.

L'armée Impériale poussoit vivement le siége de Dresde; les généraux Brentano & Wehla battirent & disperserent un corps de Prussiens qui étoit venu au secours de cette ville. Le comte de Schmettau, qui commandoit dans Dresde pour le roi de Prusse, n'espérant plus de secours, fit sa capitulation; il obtint les honneurs de la guerre. Frédéric, ayant appris que Dresde étoit entre les mains des Autrichiens, résolut de reprendre cette capitale. Il s'avança dans la Saxe avec la plus grande partie de ses forces pour resserrer le maréchal Daun, & il détacha le général Finck avec dix-huit mille hommes pour fermer la communication des Autrichiens avec la Bohême. Cette manœuvre, qui auroit pu être très-funeste à un général ordinaire, fournit au maréchal l'occasion de ses plus brillans exploits.

Il se dérobe à la tête d'un corps d'élite, arrive à la vue de Maxen, près du fameux camp de Pirna. Le général Prussien s'étoit retranché dans ce village situé sur une hauteur très-escarpée. Daun va reconnoître sa position, & se dispose à l'attaquer par la droite, & à le cannoner vivement par la gauche. L'entreprise étoit très-difficile; il falloit faire monter l'artillerie & la cavalerie à la hauteur du village, sur des montagnes couvertes de neige & de glace. L'ardeur des Autrichiens & la présence du maréchal firent disparoître tous les obstacles.

Lorsque tout fut prêt, le comte Odonell à la tête des escadrons, & le baron de Sincere à la tête des bataillons, commencerent l'attaque au bruit de l'artillerie. Les Prussiens se retirent dans le village ; les Autrichiens les y attaquent, & les forcent de l'abandonner. Finck gagne une hauteur, & risque une seconde attaque ; il est encore vaincu. La nuit sépare les combattans. Le lendemain, le général de Lascy, envoyé par le maréchal Daun au-devant du général Prussien qui se présentoit avec un trompette, lui déclare qu'il faut mettre bas les armes, ou s'exposer à être culbuté dans l'Elbe avant la fin du jour; qu'en prenant le premier parti, il faut tout abandonner, excepté le bagage qu'on lui laisse par grace spéciale. Il n'y avoit pas à balancer; Finck, commandant des Prussiens, huit officiers généraux, & tout ce qui restoit de quatorze mille hommes qui avoient combattu, furent prisonniers de guerre & entiérement désarmés. Il fallut livrer soixante-six piéces de canon, tous les drapeaux, tous les étendards, les timbales, les trompettes, les tentes, les chevaux de la cavalerie, & tous les chariots de l'armée qui fut dispersée dans la Bohême. Cette journée si glorieuse pour les Autrichiens, ne leur coûta pas deux mille hommes tant tués que blessés. Un avantage si marqué n'eut cependant aucune suite décisive. Le maréchal Daun retourna à son armée de Saxe, & se contenta d'arrêter le roi de Prusse, qui fit des efforts inutiles pour reprendre Dresde.

1760. Les troupes de l'impératrice-reine, sous la conduite du maréchal Daun, avoient pris fur les Prussiens une supériorité décidée. Le roi de Prusse ne faisoit plus que parer les coups que lui portoient les généraux de Marie-Thérese, tous animés du même zele pour la gloire de ses armes, & dont l'attachement à leur souveraine avoit fait autant de héros. En résistant à leurs efforts, il acquéroit de la gloire, il est vrai; mais cette guerre ravageoit ses Etats depuis deux ou trois campagnes; la Saxe, épuisée d'hommes & d'argent par les exécutions militaires qu'il avoit si souvent réitérées, ne lui étoit plus d'aucun secours. Cependant il fit de nouveaux efforts pour réparer dans cette campagne les malheurs des deux précédentes.

Le brave Loudhon, qui ne s'étoit pas trouvé à Maxen, brûloit du desir de se distinguer à son tour. Le maréchal Daun avoit donné ordre à ses officiers généraux d'attendre, pour agir, que les Russes fussent arrivés pour donner de l'occupation au roi de Prusse. Loudhon, après avoir attendu jusqu'au mois de Mai, sort de ses quartiers, résolu de marcher en Silésie par le comté de Glatz. Ce projet demandoit le plus profond secret & la plus grand activité. Frédéric, qui l'avoit deviné, avoit détaché Fouquet avec quinz mille hommes pour arrêter Loudhon Le général Autrichien manœuvre avec tant d'adresse, qu'il trompe le généra Prussien, s'empare des passages très difficiles de Bilberberg & de Warta & marche droit à Glatz dont il avoi résolu le siége. Il prend, chemin faisant, un magasin considérable que Fouquet avoit abandonné. Le général Prussien revient sur ses pas, rassemble de troupes dans sa marche & un gro train d'artillerie, occupe les hauteur de Buchberg, & s'y retranche ave soin. Huit montagnes contiguës, auxquelles on communiquoit par de lignes palissadées, sembloient mettr Fouquet à l'abri de toute insulte.

Loudhon, resolu d'attaquer ces re tranchemens, prend toutes les précau tions nécessaires pour ne pas manque son coup. Le 23 Mai à trois heures d matin, l'intrépide Autrichien, à la têt des piquets, des grenadiers & des trou pes légeres, attaque les ennemis pos tés sur les montagnes de Buchberg & d Doctorsberg; parvient à les déloger,

& les oblige de se jetter dans la ville de Landzhud. Chassés de ce poste, ils veulent se retirer par Schmiedberg ; le général Nawendorff les repousse & n'en laisse passer aucun. Fouquet, forcé de tous côtés, veut du moins échapper à Loudhon ; il rassemble un corps de grenadiers, en forme un bataillon quarré, se place au centre, & pousse à travers les Autrichiens pour s'ouvrir un passage & s'échapper. Ressource inutile ; le bataillon quarré est enfoncé & taillé en piéces, Fouquet blessé & obligé de se rendre. A huit heures du matin, tout fut tué ou fait prisonnier, excepté deux ou trois cents hommes qui purent se sauver. Neuf mille prisonniers, soixante piéces de canon, tous les drapeaux, toutes les armes, les munitions & tous les instrumens militaires furent les trophées de cette victoire, qui fut le pendant de celle de Maxen.

Frédéric, en apprenant un événement aussi extraordinaire, eut peine à le croire. Instruit dans le même temps de la marche des Russes dans la Silésie, il fit passer le prince Henri vers Francfort sur l'Oder, & décampa lui-même pour être à portée de réunir les deux armées. Le maréchal Daun décampa aussi pour éclairer la marche de Prussiens. Frédéric, voyant les Autrichiens en Silésie, retourne brusquement sur Dresde, canonne & bombarde la ville avec un fracas épouvantable ; mais le général Maquire, qui commandoit, fit la plus belle défense en attendant les secours du maréchal Daun. Daun paroît six jours après le commencement du siége, campe à la vue des Prussiens, & se comporte devant Dresde comme il avoit fait devant Olmutz ; le roi de Prusse fait aussi de même, il décampe, & se retire dans le marquisat de Misnie.

Tandis que le roi de Prusse abandonnoit le siége de Dresde, Loudhon poursuivant les avantages de sa brillante expédition, prenoit la ville de Glatz. Il avoit espéré de trouver les Russes près de Breslau, & prendre cette ville ; mais il y rencontra le prince Henri avec une armée supérieure en forces ; il se retira à Canth, où il se retrancha.

Les Russes arriverent enfin sur l'Oder. Leur dessein étoit de joindre l'armée du maréchal Daun ; les Autrichiens marchoient auſſi en Siléſie pour exécuter ce projet de jonction. Frédéric évita toujours la bataille, & campa près de Lignitz, pour s'oppoſer à la jonction des deux armées. Daun, qui le ſuivoit de près, occupa le fameux camp d'Hoch-Kirchen; le général Lazcy campoit à la gauche, & Loudhon à la droite. Dans cette poſition, le roi de Pruſſe étoit environné de tous côtés, & ſur le point d'avoir affaire à tous les grands capitaines des armées de l'impératrice-reine. Le maréchal Daun avoit réſolu de le faire attaquer en même temps par toutes ſes forces.

Loudhon, qui devoit attaquer le lendemain de grand matin, part la veille avec l'aile droite, marche toute la nuit, fait paſſer ſon artillerie au-delà du ruiſſeau de Hatsbach, & le paſſe lui-même avec toutes ſes troupes. Il les formoit en colonnes, pour donner ſur le flanc des Pruſſiens qu'il ſçavoit n'être pas éloignés; lorſqu'à travers un brouillard fort épais qui, aux premiers rayons du ſoleil, commençoit à tomber, il s'apperçoit que depuis une heure il eſt au milieu de l'armée du roi de Prusse, qui avoit vu toute sa manœuvre, & l'avoit laissé passer pour le mettre entre ses troupes & le ruisseau. La fortune avoit bien servi ce prince ; informé à temps du dessein du maréchal Daun qui campoit vis-à-vis de lui, il s'étoit dérobé pendant la nuit, & s'étoit mis en marche pour enlever Loudhon qui s'avançoit pour le surprendre.

Dans une position aussi critique, où seize mille hommes étoient enveloppés par quarante mille, un général moins habile & moins déterminé eût été perdu sans ressource, & ce fut le plus beau jour de Loudhon. Sans délibérer un moment, il fait repasser le ruisseau à son artillerie, range ses troupes en une espece de triangle, se place à leur tête, & donne avec tant d'impétuosité sur l'aile gauche des Prussiens, qu'il s'y fait jour, la renverse & la met en déroute. Les Prussiens, surpris de la violence du choc, & s'imaginant que toute l'armée Autrichienne alloit tomber sur eux, commençoient à s'étonner : leur roi accourt de l'aile droite, amene des troupes fraîches, fait reprendre les rangs, & se préparoit à donner. Il n'étoit plus temps : pendant que le roi de Prusse reforme ses bataillons, Loudhon retire ses troupes, s'approche du ruisseau en combattant, le repasse à droite & à gauche de son artillerie, qui, de l'autre bord, faisoit un feu violent & continuel; il replie ses ponts, se range en bataille, & derriere son canon attend les Prussiens qui le regardent sans oser l'attaquer. Loudhon en fut quitte pour cinq mille hommes qu'il laissa sur le champ de bataille, après en avoir tué autant au roi de Prusse. Frédéric combla d'éloges la retraite du général Autrichien : « Je n'ai point vu » dans toute la guerre, a dit depuis ce » prince, de manœuvre aussi belle que » celle de Loudhon, & son plus beau » jour est celui où je l'ai voulu battre. » Après cette journée, le roi de Prusse marcha droit à Breslau, & de-là aux Russes, avant que le maréchal Daun eût pu les joindre. A l'approche des Prussiens, ils repasserent l'Oder & resterent dans l'inaction ; le roi de Prusse & le maréchal continuerent à s'observer.

Les heureux succès des armées de l'impératrice-reine & de celles de

France se soutenoient. Pendant que les généraux Autrichiens gagnoient des batailles sur le roi de Prusse, l'armée Françoise, aux ordres du maréchal de Broglie, faisoit une campagne dont les avantages soutenus lui ouvrirent le chemin de la Hesse, où elle passa son quartier d'hiver, malgré les efforts du prince Ferdinand & les diversions que fit le prince héréditaire de Brunswick. La victoire de Corback, où le maréchal de Broglie fut si bien secondé par le comte de Saint-Germain & par le comte de Guerchy, rendit les François maîtres des frontieres de la Hesse, & prépara la prise de Cassel & de Minden par le comte de Lusace. Le prince Ferdinand voyoit le maréchal de Broglie avancer dans cette province, il ne vouloit point risquer de bataille; mais il détacha le prince héréditaire, pour faire une diversion sur le Rhin. Vers la fin de Septembre, le jeune prince s'empara de Cleves, de Rhinberg, & commençoit à faire le siége de Wesel. Le maréchal de Broglie envoya le marquis de Castries, lieutenant-général, pour arrêter les progrès du prince héréditaire, & faire lever e siége. La fameuse bataille de Closter-Camp, où le marquis de Castries remporta une victoire signalée, remplit tous les desseins du maréchal de Broglie.

Cependant le général Totleben, détaché de l'armée Russe, s'étant joint au général Lazcy, ces deux capitaines se rendent à Berlin. Le 9 Octobre la ville est prise, & la garnison prisonniere de guerre. Ils levent une forte contribution, & retournent à l'armée sans avoir reçu aucun échec. C'étoit la seconde fois que Frédéric voyoit sa capitale mise à contribution par les Autrichiens, sans avoir pu y mettre obstacle, malgré toute la célérité avec laquelle il avoit volé à son secours.

Ce prince avoit formé le dessein d'empêcher les troupes de l'impératrice-reine de prendre des quartiers d'hiver dans la Saxe, dont elles s'étoient emparées. Il laissa un corps de troupes pour observer l'armée des Russes en Silésie, se mit lui-même à la tête de toutes ses forces, & alla camper près de Virtemberg. L'armée de l'Empire recula, & abandonna Leypsick qui fut aussi-tôt pris. Le maréchal Daun, qui, pendant toute cette guerre, avoit été le Fabius des Autrichiens, étoit campé entre Zinna & Siplitz près de Torgau ; il y attendit tranquillement le roi de Prusse. Frédéric, qui avoit résolu de lui livrer bataille, se porta le 2 Novembre sur les derrieres de l'armée Autrichienne, pour lui couper toute communication avec Dresde. Le maréchal devina le dessein du roi de Prusse, & changea en conséquence sa position.

L'armée Prussienne, à deux heures après midi, déboucha du bois sur plusieurs colonnes pour attaquer les Autrichiens. Ceux-ci, qui se souvenoient encore de leurs dernieres victoires, les reçurent avec tant de bravoure & de fermeté, firent un feu si violent, que les colonnes furent repoussées jusqu'au bois d'où elles étoient sorties. Cette manœuvre dura des deux côtés jusqu'à huit heures du soir. Les colonnes Prussiennes revinrent huit fois à la charge, sans pouvoir entamer les Autrichiens. Frédéric, qui, à la derniere attaque, en conduisoit une lui-même, reçut un coup de feu dans la poitrine ; le margrave Charles, qui en conduisoit une autre, eut une contusion à la cuisse. Dans une action aussi terrible, Daun paya de sa personne; &, en combattant à la tête des siens, il eut la jambe fracassée d'une balle de fusil. Déja Frédéric, ayant perdu le champ de bataille, & voyant ses troupes en désordre, pensoit à profiter de la nuit pour faire sa retraite, lorsqu'on vint lui annoncer sur les dix heures que le général Ziéthen s'étoit emparé des hauteurs de Siplitz, d'où l'on pouvoit foudroyer l'armée Autrichienne. Il vole aussi-tôt à ce poste, le fait fortifier, & commence à canonner les Autrichiens. Le comte Odonell, qui commandoit en l'absence du maréchal Daun, voyant qu'il n'étoit pas possible de déloger les Prussiens, fit une retraite qui lui mérita les plus grands éloges; il fit passer l'Elbe à l'armée, & la conduisit heureusement sous les murs de Dresde, où elle passa l'hiver. Le roi de Prusse avoit perdu dix-huit mille hommes à la bataille de Siplitz, & un grand nombre d'officiers supérieurs. Les Autrichiens y perdirent près de douze mille hommes. Cette fameuse bataille fut la derniere action de la campagne de 1760.

Pour ne point interrompre le récit des événemens de 1757, nous n'avons fait qu'annoncer en passant l'institution de l'ordre de Marie-Thérese, à l'occasion de la victoire de Chotemitz, sans entrer dans le détail des statuts de cet ordre. Comme cet établissement est une époque intéressante dans la vie de l'impératrice-reine, & que ce fut dans le commencement de cette année (1760) que cette princesse y mit la derniere main, nous rendrons compte ici de ce qui fut établi d'abord, & de ce qui fut ajouté aux statuts. L'on retrouvera ici, comme dans toutes les institutions de Marie-Thérese, les vues de la politique la plus sage.

L'empereur fut déclaré grand-maître de l'Ordre. Tous officiers, même les lieutenans & les enseignes, peuvent y être admis, sans distinction de religion & de naissance, & sans égard à l'ancienneté du service. On y recevra même les officiers étrangers qui serviront en qualité de volontaires dans les armées de l'impératrice reine; mais ils ne pourront aspirer aux pensions que cette princesse attache à l'Ordre. Quiconque se sera signalé par une action d'éclat, sera mis au nombre des chevaliers. La grande croix est réservée aux officiers qui, joignant à une valeur distinguée la prudence & les lumieres, auront contribué particuliérement au succès de quelque entreprise importante. Il y aura un certain nombre de pensions, tant pour les chevaliers que pour les grands-croix. Celles des grands-croix seront de quinze cents florins; celles des chevaliers seront les unes de quatre cents, les autres de deux cents florins. Lorsque toutes les pensions auront été distribuées, les chevaliers qui n'en auront point été pourvus y parviendront à leur tour, suivant la date de leur réception.

Trois formalités sont nécessaires pour cette réception; premiérement, une information suffisamment détaillée de l'action dont on demandera la récompense; secondement, une vérification de cette action par des preuves non équivoques; troisiémement, un examen impartial, sur lequel on puisse juger si l'action dont il s'agira mérite la grande-croix, ou simplement la croix de chevalier. Le candidat, qui prétendra à l'une ou à l'autre de ces marques d'honneur, s'adressera au général commandant; celui-ci chargera l'auditeur général, ou en son absence un autre commissaire, de faire des perquisitions exactes sur l'action alléguée par le candidat. Ce commissaire, après avoir exigé des témoins leur parole d'honneur de dire la vérité, rédigera leurs dépositions, & leur fera la lecture de son procès-verbal, afin qu'ils le signent, & qu'ils y apposent les cachets de leurs armes. L'information devra, pour l'ordinaire, être signée par sept officiers. S'il ne s'en trouve pas ce nombre qui aient été témoins oculaires de l'action alléguée, il faudra suppléer par la déposition de deux bas-officiers, ou de deux soldats, au témoignage de chaque officier qui manquera au nombre prescrit. Parmi les témoignages, celui de l'officier aux ordres de qui sera le candidat, & sous les yeux de qui l'action se sera passée, sera principalement nécessaire. Lorsque les preuves seront faites, elles seront envoyées au commandant général, qui tiendra par lui-même, ou par un officier substitué à cet effet, un chapitre de l'Ordre, où ces preuves seront scrupuleusement examinées, & dans lequel on délibérera si le candidat sera fait chevalier ou grand-croix. Le candidat ne sera cependant reçu qu'après la décision du grand-maître.

Un chapitre ne pourra jamais être composé de moins que de six chevaliers; & si le hasard faisoit qu'on ne pût rassembler ce nombre, ceux qui manqueront seront remplacés par les plus anciens officiers généraux, colonels, lieutenans-colonels, ou majors. Le résultat du chapitre étant confirmé par le grand-maître, le commandant général, ou celui qui tiendra sa place, attachera à la boutonniere du récipiendaire la marque de l'Ordre, au bruit des timbales & des trompettes. Il lui donnera ensuite l'accolade, ce qui sera suivi par tous les grands-croix & les chevaliers présens.

Comme il y auroit de l'injustice à ne pas rendre participans des mêmes distinctions les généraux & les officiers des troupes de l'impératrice-reine, qui se trouvent actuellement (1757) dans les armées des Puissances alliées, sa majesté Impériale entend que, s'ils y font quelque action distinguée, dont l'information soit envoyée au grand-maître dans la forme requise, on tienne à ce sujet un chapitre pour juger l'action, de la même maniere que si elle s'étoit passée dans une des armées de sa majesté. Le nouvel Ordre étant la récompense de la valeur & des exploits remarquables, leurs majestés Impériales ont résolu de l'excepter seul de l'incompatibilité établie dans cette cour par rapport à l'Ordre de la Toison d'or. En conséquence, l'impératrice-reine déclare, que la marque d'honneur de l'Ordre militaire de Marie-Thérese pourra être portée avec le collier de la Toison.

En 1760, leurs majestés Impériales mirent la derniere main à l'établissement de l'Ordre de Marie-Thérese, en assignant des revenus à cet Ordre militaire, & en réglant les privileges dont jouiroient ceux qui en seroient décorés. Elles assignerent cent cinquante mille florins de rente à cet Ordre. Une partie de cette somme est distribuée en pensions de quinze cents florins au nombre de vingt, destinées pour autant de grands-croix; le surplus partagé en pensions de six cents & de quatre cents florins, pour les plus anciens chevaliers; la moitié de ces penfions réverfible à leurs veuves. Les chevaliers auront audience de leurs majeftés Impériales fans être affujettis à l'étiquette du grand chambellan. Les grands-croix auront leurs entrées perpétuelles au confeil privé, & les chevaliers y feront admis les jours des fêtes de l'Ordre. La croix donnera à ceux qui en feront décorés la nobleffe héréditaire & le titre de baron.

Tels font les réglemens de cet Ordre militaire; inftitution célebre par l'événement qui y donna lieu, par les vues de l'augufte impératrice qui en conçut l'idée, & par les fuites heureufes qu'elle a eues & qu'elle peut avoir encore. Ce fut un des moyens avec lefquels Marie-Thérefe créa, pour ainfi dire, cette foule de héros dont les noms fameux méritent d'occuper une place dans les Annales de leur fouveraine. Cet Ordre refpectable fera dans l'Empire un monument éternel de la fermeté de fon augufte inftitutrice. C'eft à cette vertu, qui fait les plus fameux héros, que Marie-Thérefe dut la confervation de fon patrimoine & de fa couronne; & fes peuples, qui depuis ont eu tant d'occasions de connoître que la bonté de son ame égaloit sa grandeur & son courage, doivent à cette même vertu le bonheur de voir régner sur eux cette grande impératrice.

L'on n'aura pas manqué d'observer la sagesse de cette loi qui exclut toute distinction de religion, de naissance & d'ancienneté de service. Tout officier qui s'est distingué par une action d'éclat a droit de prétendre à la récompense qui est promise ; il se présente lui-même ; & ce sont ses égaux, même ses subalternes, qui déposent en sa faveur, en attestant le fait dont il demande la récompense. La faveur n'y peut rien, le mérite seul peut y donner des droits.

Les Romains récompensoient ainsi la valeur, dans quelque rang qu'elle se trouvât. Lorsque leurs armées étoient de retour, après avoir vaincu les ennemis de la république, on voyoit ces braves distribuer sans jalousie à leurs rivaux les couronnes civiques, & les autres récompenses militaires ; ils partageoient l'honneur de leur triomphe, en attendant qu'une heureuse occasion leur eût fait mériter d'être couronnés de même.

Comment l'impératrice-reine n'auroit-elle pas fait des héros de tous ses soldats ? Pendant l'hiver de 1761, lorsqu'ils se reposoient des fatigues de la campagne précédente, cette princesse voulut témoigner par un acte public à toutes ses troupes combien elle étoit satisfaite de leurs services. Elle ne se contenta pas de donner à leur courage & à leur zele les éloges qu'ils méritoient, elle voulut encore rendre le sort des soldats plus heureux, en augmentant leur ration d'une livre de farine par jour. Cette grande souveraine s'est toujours fait adorer par ses bienfaits ; sensible aux malheurs dont les habitans de Dresde avoient été accablés depuis le commencement de la guerre, elle envoya dans cette capitale des sommes considérables, destinées à réparer les pertes qu'ils avoient faites. Ainsi Marie-Thérese, en faisant avec son conseil les préparatifs de la campagne prochaine, répandoit sur ceux qui devoient en supporter la fatigue, des bienfaits propres à leur en adoucir les travaux.

1761.

Dès le mois de Février, le prince héréditaire, réuni à un corps de Prusfiens, essaya de chasser les François de la Hesse, & mit le siége devant Cassel. Le maréchal de Broglie laisse le comte son frere dans cette ville avec dix mille hommes, rassemble son armée, & revient au secours de la place. Le 24 du mois de Mars se donne la bataille d'Altzenhinn, près de Gremberg : le prince héréditaire est battu ; le maréchal fait deux mille prisonniers, lui enleve trois piéces de canon & dix-neuf drapeaux, sans avoir fait lui-même d'autre perte que celle d'une cinquantaine d'hommes, tant tués que blessés ; il fait ensuite lever le siége de Cassel. Le combat de Filingshausen ne fut pas si heureux ; les François, commandés par le prince de Soubise & par le maréchal de Broglie, furent obligés d'abandonner le champ de bataille, quoique la perte des deux côtés fût à peu près égale. Le mauvais succès de cette journée déconcerta le plan de campagne arrêté entre les deux généraux François ; le prince de Soubise se retira vers le bas-Rhin, & le maréchal de Broglie dans la Hesse.

L'Europe avoit alors les yeux fixés sur la Silésie ; les Russes y étoient arrivés plutôt que dans les campagnes précédentes. Au mois de Juin, une partie de leurs troupes, sous les ordres du général Romanzow, fut envoyée dans la Poméranie Prussienne, tandis que le gros de l'armée marchoit du côté de la Silésie. Le grand objet des Russes étoit de se réunir au corps de troupes que commandoit Loudhon, pour s'opposer au roi de Prusse ; pendant que le maréchal Daun & l'armée de l'Empire étoient dans la Saxe, pour observer le prince Henri. Frédéric, qui vouloit empêcher les Russes de passer l'Oder, fit tout ce qu'il put pour tromper le baron de Loudhon & lui dérober sa marche ; mais le général Autrichien ne le perdit point de vue, le suivit toujours pas à pas, & les Russes passerent tranquillement le fleuve. Le roi de Prusse, ayant vu échouer ses projets, & craignant d'être attaqué par les deux armées réunies, crut devoir se mettre à l'abri de toute insulte. Il choisit pour cet effet un camp près de Schveidnitz, & s'y retrancha avec toutes les précautions qui pouvoient le mettre en sûreté. Les fourrages étant venus à manquer aux Autrichiens, ils furent obligés de se séparer des Russes sans avoir rien fait. Le général Romanzow, après avoir pris Treptow le 24 Octobre, s'empara de Colberg le 16 Décembre.

Après le départ des Russes, Frédéric étoit sorti de son camp pour se rapprocher de Neiss. Loudhon saisit cet instant, se présente devant Schveidnitz; il attaque si brusquement les ouvrages extérieurs, qu'à peine peut-on se servir du canon pour tâcher de l'éloigner; dans un moment, tout est emporté. Loudhon marche au glacis, descend dans le fossé, escalade les remparts, & arrive au milieu de la place sans donner le temps au commandant de proposer une capitulation; il est fait prisonnier de guerre avec les trois mille hommes qui composoient la garnison. On trouva dans la ville deux cents piéces de canon, & des magasins immenses d'armes & d'habits, & beaucoup d'argent.

Le roi de Prusse fut consterné de la perte qu'il venoit de faire; les Autrichiens alloient prendre des quartiers d'hiver en Siléfie; les Ruffes, maîtres de Colberg, pouvoient aifément tirer des fubfiftances fans leur faire traverfer la Pologne; tout annonçoit pour l'année fuivante une campagne terrible & décifive. La fortune vint à fon fecours, & le tira de l'embarras où il alloit fe trouver.

L'impératrice de Ruffie, Elifabeth, étant morte le 5 Janvier (1762), Pierre III fon neveu fut proclamé empereur. Ce prince, allié à la maifon de Pruffe, avoit pour Frédéric les fentimens de la plus vive amitié. Il les fit éclater dès qu'il fut fur le trône. Son premier acte d'autorité fut l'ordre qu'il donna à fes troupes qui étoient en quartier d'hiver dans le comté de Glatz, de quitter les Autrichiens pour fe joindre au roi de Pruffe. L'exemple de Pierre III détermina les Suédois. Après avoir fait mollement la guerre à Frédéric, ils conclurent avec lui une fufpenfion d'armes qui fut bientôt fuivie de la paix.

1762.

Le roi de Pruffe alloit profiter de ces heureufes circonftances, lorfque, par une nouvelle révolution en Ruffie, Pierre III fut dépofé, & la princeffe d'Anhalt-Zerbſt, ſon épouſe, fut miſe ſur le trône. L'impératrice Catherine II avoit beſoin de ſes troupes dans une circonſtance auſſi critique; elle les rappella, & le roi de Pruſſe fut encore réduit à ſes ſeules forces. Ce prince ne changea rien à ſon plan de campagne: il vouloit reprendre Schveidnitz; &, pour réuſſir dans cette entrepriſe, il tâcha de rompre la communication de l'armée du maréchal Daun avec cette ville. L'affaire de Toplitz, où Kleiſt, l'un de ſes généraux, fut battu par le prince de Lévenſtein, ne fut pas plus un obſtacle à ſon grand projet; après bien des marches & des contre-marches, pour donner le change aux Autrichiens, il forma le ſiége de Schveidnitz. Le maréchal Daun accourut auſſi-tôt au ſecours de cette ville, & ſe conduiſit avec la même habileté qu'il avoit employée à chaſſer le roi de Pruſſe de devant Dreſde & Olmutz; mais il ne fut pas auſſi heureux. Frédéric avoit employé tous les ſecours de l'art pour bien retrancher ſon camp. Daun tenta pluſieurs fois de forcer les retranchemens de Frédéric; mais il n'y réuſſit point. Le comte de Guaſco défendoit la ville avec une intrépidité digne des plus grands éloges. Enfin, un accident rendit le roi de Prusse maître de la place. Un obus étant tombé dans le laboratoire du fort de Javernick, mit le feu aux poudres, & fit sauter l'ouvrage avec quatre cents hommes qui le défendoient. Il n'étoit plus possible après cela de tenir contre les assiégeans ; le comte de Guasco fut obligé de se rendre prisonnier de guerre avec toute la garnison. Lorsqu'il alla saluer le roi de Prusse, à la tête de tous les officiers qui avoient défendu Schveidnitz : « Mes-» sieurs, leur dit Frédéric, vous avez » donné un bel exemple à imiter à » ceux qui auront à défendre des pla-» ces ; votre résistance me coûte plus » de huit mille hommes. »

Après la prise de Schveidnitz, il ne se passa plus rien d'important entre les armées de l'impératrice-reine & celles du roi de Prusse. L'objet des Autrichiens fut d'empêcher les troupes de Frédéric d'entrer dans la Bohême par la Saxe. L'armée de l'Empire, aux ordres du prince de Stolberg, eut sur les Prussiens plusieurs avantages qui furent tous effacés par la victoire que le prince

Henri remporta, le 29 Octobre, sur les troupes Impériales. Les Prussiens, qui depuis long-temps n'avoient goûté les douceurs de la victoire, releverent avec soin cet avantage, & exagérerent beaucoup la perte des Impériaux ; mais il est certain qu'ils ne perdirent en tout que trois mille hommes, vingt-quatre piéces de canon & quelques drapeaux.

La victoire de Joannesberg, que les François remporterent sur le prince héréditaire le 30 de Septembre, fut aussi de ce côté la derniere expédition d'une guerre qui, depuis six ans, embrasoit toute l'Europe & ravageoit les Indes & l'Amérique. Le traité de Fontainebleau entraîna la paix d'Hubersbourg ; elle fut conclue entre l'impératrice-reine, le roi de Pologne & le roi de Prusse, le 15 Février 1763. Il y eut deux traités séparés. Dans le premier, entre l'impératrice-reine & le roi de Prusse, la reine cede à ce monarque la ville & le comté de Glatz, & généralement tous les Etats, pays, villes, places & forteresses que sa majesté Prussienne avoit possédés en Silésie ou autre part avant la guerre présente. Les articles préliminaires de la paix de Breslau, du 11 Juin (1742), le traité définitif de la même paix, signé à Berlin le 28 Juillet de la même année, & le traité de la paix de Dresde, sont renouvellés & confirmés.

Suivant le second traité, conclu le même jour entre le roi de Prusse & le roi de Pologne, il doit y avoir entre les parties contractantes une paix solide, une amitié sincere & un bon voisinage, un oubli éternel de tout ce qui est arrivé à l'occasion de la présente guerre ; & il n'est pas permis de demander de dédommagement de part & d'autre, sous quelque prétexte ou nom que ce puisse être. L'évacuation de la Saxe, le renvoi des prisonniers, & la restitution de l'artillerie Saxonne actuellement en Saxe, sont l'objet de quelques articles. Le traité de Dresde, du 23 Décembre 1745, est confirmé.

Ces protestations d'une amitié sincere réparoient-elles les maux affreux dont la Saxe avoit été désolée pendant cette guerre ? Tant de familles réduites à la mendicité, pouvoient-elles oublier si facilement combien de fois elles avoient vu un soldat inhumain piller leurs maisons, leur arracher les choses les plus néceſſaires, les vendre à quelque prix que ce fût, pour remplir les ſommes exhorbitantes qu'exigeoit le roi de Pruſſe ? Rendoient-elles aux meres déſolées leurs enfans qu'on avoit arrachés avec violence de la maiſon paternelle, pour les obliger à défendre les armes à la main la cauſe de leurs oppreſſeurs contre leur légitime ſouverain ? Non ſans doute ; & dans cette occaſion, le peuple fut la victime de l'ambition des auteurs de la guerre. De longues années de paix ont encore à peine réparé les dévaſtations qui ſe firent pendant ſix années de guerre. Détournons la vue de ces triſtes objets, pour les porter ſur la plus belle partie des Annales de l'impératrice-reine ; ſur ces temps heureux où, délivrée d'une guerre qu'elle avoit ſoutenue avec tant de gloire, elle ſe livroit toute entiere à ſa bienfaiſance, en aſſurant le bonheur de ſes peuples par des réglemens & des ordonnances dignes d'être comparées à celles des plus ſages légiſlateurs.

Marie-Théreſe, pendant tout le temps qu'avoit duré cette guerre, avoit recueilli le fruit des vertus qui l'avoient déja rendue si chere à ses peuples. Toutes les provinces soumises à sa domination, se disputerent la gloire de l'aider à soutenir le poids de la guerre. Les unes lui avancerent de leur propre mouvement des sommes considérables sur le produit des impositions ordinaires ; d'autres lui offrirent des dons gratuits ; & celles qui ne pouvoient donner de l'argent, lui fournirent des troupes nombreuses qui porterent si haut la gloire de ses armes. De semblables preuves de zele & d'attachement font également l'éloge des souverains qui les reçoivent & des sujets qui les donnent.

Le traité de paix n'étoit point encore signé, & Marie-Thérese s'occupoit déja des moyens de réparer les maux inséparables de la guerre même la plus heureuse, en protégeant dans ses Etats héréditaires les manufactures nationales. Pour cet effet, elle renouvella les défenses qui avoient été faites en 1749, d'introduire dans ses Etats aucune étoffe de soie, riche ni demi-riche, de fabrique étrangere. On déclara aux marchands qu'on n'accorderoit plus de passeports pour cet objet de commerce, comme on l'avoit fait avant que les manufactures fussent en état de suffire à la consommation intérieure. Dès que le traité de paix eut rendu le calme à ses sujets, on vit éclore une multitude de réformes, d'institutions, de loix sages, & cette princesse s'arma d'un zele constant à les faire observer.

Au milieu de ces occupations si dignes d'une souveraine, Marie-Thérèse ressentit la plus vive douleur de la perte de l'archiduchesse infante, qui mourut au mois de Novembre, de la petite-vérole, après une fausse couche. L'archiduc Joseph, son époux, s'étoit enfermé avec elle dès l'instant que la maladie s'étoit déclarée, & ne l'avoit point quittée jusqu'à son dernier moment. Il étoit inconsolable de la mort d'une épouse accomplie qu'il chérissoit tendrement; & il ne trouva de soulagement à sa peine, que dans la tendre amitié que l'impératrice sa mere avoit pour lui.

1764. Par un article secret du traité de paix conclu entre l'impératrice-reine & le roi de Prusse, ce monarque avoit promis sa voix pour placer le fils ainé de François I sur le trône de l'Empire. Ce jeune prince étoit l'archiduc Joseph, qui fut élu roi des Romains par le college électoral, à Francfort, le 27 Mars, & la cérémonie de son sacre se fit le 3 Avril. Quel triomphe pour Marie-Thérese ! Cette princesse, après tant d'années de traverses, jouissoit du plaisir & de la gloire de placer sur la tête d'un rejetton de son sang, cette même couronne impériale qu'on avoit voulu enlever à sa maison. Cette tendre mere voyoit enfin tous ses vœux accomplis ; la maison d'Autriche, prête à s'éteindre, alloit revivre dans son fils, & former une nouvelle maison impériale qui recevoit des mains de la nation une couronne à laquelle la naissance ne donne point de droits ; mais qui est le prix glorieux du mérite & des vertus, & l'ornement de la premiere puissance du monde. L'empereur conduisit lui-même son fils à Francfort, & jouit avec lui des témoignages de satisfaction & de joie que le peuple fit éclater dans cette auguste cérémonie. La douceur & l'affabilité de ce jeune prince présageoient à la nation Allemande le bonheur dont elle devoit jouir fous fes loix.

1765. Marie-Thérefe, contente d'avoir affuré la couronne impériale à l'archiduc Jofeph, avoit encore eu la fatisfaction de voir ce fils chéri former de nouveaux nœuds avec une princeffe de la maifon de Bavière. Son fecond fils, l'archiduc Léopold, depuis grand-duc de Tofcane, époufoit l'infante Marie-Louife d'Efpagne; elle étoit avec toute fon augufte famille à Infpruck, où elle jouiffoit du bonheur de fes enfans & du fien, lorfqu'au milieu des fêtes données à l'occafion de ce mariage, elle fut frappée du coup le plus terrible; une mort inopinée lui enleva l'empereur François I. L'union entre ces auguftes époux avoit été, pendant trente ans, comme un beau jour fans nuages; cette féparation lui fut infiniment fenfible. Il n'y a point d'expreffion capable de peindre une telle douleur, le fentiment feul peut en donner l'idée. Les guerres les plus terribles, les fituations les plus critiques, le trône de fes ancêtres chancelant fous fes pieds, les premieres puiffances de l'Europe armées contre elle pour lui enlever son héritage, tout cela n'avoit pu ébranler la fermeté de Marie-Thérese; la mort de son époux la plongea dans un si cruel abattement, que l'on craignit pour ses jours. Sa famille à qui elle devoit toute sa tendresse, & les consolations puissantes de la religion, calmerent les premiers transports; mais depuis, rien n'a pu la consoler. Pour satisfaire sa douleur & sa piété, elle fonda à perpétuité, à Insprück, un chapitre de douze chanoinesses dont la fonction est de prier pour le repos de l'ame de l'empereur.

François I étoit bien digne de la tendresse & des larmes de Marie-Thérese. Ce prince, n'étant encore que grand-duc de Toscane, avoit montré à la bataille de Cornéa, qu'il gagna contre les Turcs, qu'il n'avoit point dégénéré du sang de Charles V, duc de Lorraine, & de celui du duc Léopold son pere. Il se fit toujours gloire de partager avec son auguste épouse les sentimens d'humanité qui ont mérité à l'un & à l'autre le titre glorieux de *Peres des peuples*. Il aimoit ses sujets, il portoit ce sentiment gravé sur son auguste front; chaque mot, chaque geste déceloit en lui la bonté & l'humanité. Son peuple qui l'adoroit, le voyoit avec étonnement oublier sa grandeur, & ne lui montrer que de la douceur & de la bienveillance; & l'étranger apprenoit avec surprise, que la majesté impériale ne consistoit point dans un appareil pompeux, mais qu'elle portoit dans la personne de l'empereur le caractere le plus sublime par son affabilité & par sa bienfaisance. Cet amour de son peuple n'avoit point de bornes, & les plus grands dangers pour sa personne n'en arrêtoient jamais un moment les effets. Le signal d'un incendie devenoit pour lui le cri d'un enfant chéri qui appelle à son aide le pere le plus tendre. Il voloit à l'endroit où sa présence étoit nécessaire; & souvent son activité, sa prudence & sa présence d'esprit avoient écarté le danger, avant que ceux même qui étoient préposés pour y veiller en fussent instruits.

Les habitans de Vienne se rappelleront de génération en génération, ce jour affreux où l'on vit un débordement des eaux du Danube inonder un des fauxbourgs. Des malheureux s'étoient réfugiés fur les toits de leurs maifons fubmergées; depuis trois jours ils manquoient de nourriture; & la violence du courant de ce fleuve impétueux ne leur laiffoit entrevoir qu'une mort inévitable. Les bateliers les plus intrépides refufoient de leur porter du fecours, malgré les récompenfes qui leur étoient promifes. François I entre lui-même dans une barque, affronte les dangers qui avoient fait frémir des hommes accoutumés aux inondations du fleuve, & qui avoient jugé le péril trop évident pour s'y expofer; il parvient à la rive oppofée; &, après avoir encouragé ces infortunés qu'il rappelloit à la vie, après leur avoir diftribué des fecours, il revient heureufement, au bruit des acclamations d'un peuple qui fond en larmes, l'ame remplie de la douce & pure fatisfaction d'avoir fauvé tant de miférables. Ambitieux conquérans, dites fi jamais la plus éclatante victoire produifit un fentiment auffi délicieux ?

Vous, qui avez une ame fenfible, vous ne lirez point ces traits fans verfer des larmes. Si vous avez des enfans, rendez-les bienfaifans en leur mettant fous les yeux des exemples fi admirables. Dites-leur : Marie-Thérefe & François I furent les plus grands fouverains par l'amour qu'ils eurent pour leurs peuples. Ils eurent des enfans qui, remplis comme eux de fentimens d'humanité, fuivirent leur exemple. Dites-leur : Jofeph II, digne de fuccéder au meilleur des peres, renouvella, peu de temps après la mort de ce grand prince, l'acte de bienfaifance qui vient de vous attendrir. On a vu déja plus d'une fois ce jeune prince, au moment où la cloche annonçoit un incendie dans la capitale, quitter fon palais au milieu de la nuit, dans la faifon la plus rigoureufe, monter à cheval, & fe porter à l'endroit où, par fa préfence & par fes ordres, il pouvoit diminuer le danger & le faire difparoître. La bienfaifance & l'humanité font des vertus héréditaires dans l'augufte maifon d'Autriche. C'eft Marie-Thérefe qui a formé elle-même le cœur de fes enfans, ils ont tous hérité de fes vertus.

Quel exemple d'humanité, de bienfaifance & de bonté, ne leur donnoit-elle pas, lorfqu'étant à Laxembourg, elle

y

y reçut un meſſage de la part d'une femme âgée de cent huit ans, qui, pendant pluſieurs années, n'avoit pas manqué de ſe préſenter le jour du jeudi-ſaint, pour être au nombre des pauvres auxquels ſa majeſté impériale & royale lavoit les pieds. Depuis deux ans, ſes infirmités l'avoient empêchée de ſe rendre au palais; elle fit dire à l'impératrice qu'elle avoit le plus vif regret de n'avoir pu ſe trouver à cette pieuſe cérémonie, *non à cauſe de l'honneur qu'elle auroit reçu, mais parce qu'elle avoit été privée du bonheur de voir une ſouveraine adorée.* L'impératrice-reine, touchée du meſſage & des ſentimens de cette bonne femme, ſe rendit elle-même dans le village qu'elle habitoit; elle ne dédaigna pas d'entrer dans une miſérable cabane; elle la trouva ſur un grabat où la retenoient ſes infirmités, compagnes inſéparables de l'âge. « Vous regrettez de ne m'a-
» voir point vue, lui dit avec bonté
» cette généreuſe princeſſe; conſolez-
» vous, ma bonne, je viens vous voir. »
Repréſentez-vous l'effet que produiſirent ſur cette pauvre femme la préſence de ſon impératrice, & les pa-

roles touchantes qu'elle venoit de prononcer. Ses yeux étoient baignés de larmes, sa bouche entr'ouverte ne pouvoit prononcer aucune parole ; elle tendoit ses mains jointes & tremblantes du côté de sa souveraine, elle la regardoit comme un ange du ciel qui venoit pour la consoler dans ses peines. L'impératrice-reine fut attendrie de la situation & de l'air pénétré de cette vieille femme, qui gémissoit de ne pouvoir sortir de son lit pour se jeter à ses pieds. Elle l'entretint pendant long-temps, & lui laissa, en se retirant, une somme d'argent nécessaire pour lui procurer les secours dont elle avoit besoin. Ce beau trait de Marie-Thérese n'a besoin d'être accompagné d'aucune réflexion ; il remplit l'ame d'un sentiment si doux & si agréable, que ce seroit lui faire tort que de l'en distraire.

Le lendemain de la mort de François I, le nouvel empereur écrivit aux archiduchesses ses sœurs, qui étoient demeurées à Schonbrun, une lettre qui doit être conservée : elle donne la plus grande idée de l'ame de ce prince.

« Pardonnez, très-cheres Sœurs, si
» dans l'excès de la douleur qui m'ac-
» cable, & au milieu des occupations
» dont je me trouve chargé, je m'a-
» dreſſe à vous toutes à-la-fois. Nous
» venons d'être frappés du coup le plus
» funeſte qui pût nous menacer. Nous
» perdons le plus tendre des peres &
» notre meilleur ami.

» Soumettez-vous aux décrets de la
» Providence; prions Dieu ſans ceſſe
» pour le repos de ſon ame, & redou-
» blons d'attachement pour notre au-
» guſte mere, le ſeul bien qui nous
» reſte; ſa conſervation fait mon uni-
» que ſoin dans ces affreux momens.
» Si toute l'amitié d'un frere, qui ne
» ſçauroit plus vous l'offrir, puiſque
» vous la poſſédez depuis long-temps,
» peut vous être de quelqu'utilité, or-
» donnez-en; je trouverai du ſoulage-
» ment à vous ſervir. Je vous embraſſe
» toutes, & ne demande que de la com-
» paſſion pour le plus malheureux fils.

« Votre très-humble ſerviteur & frere. »

L'empereur François I avoit été co-régent des royaumes & des Etats héréditaires de Marie-Thérèſe; après ſa mort, l'impératrice-reine, ayant considéré qu'elle alloit se trouver chargée elle seule de tout le poids du gouvernement, résolut, pour le bien de ses sujets, de se décharger d'une partie de ce pesant fardeau, en nommant à la même co-régence le nouvel empereur son fils & son héritier. Elle y mit les mêmes conditions qui avoient été stipulées en 1740, lorsqu'elle avoit nommé son époux ; ces conditions étoient qu'elle ne prétendoit déroger en rien à la souveraineté indivisible qu'elle conservoit sur tous ses Etats. Joseph II, ayant accepté la co-régence, donna pour cet effet les réversales requises, & cet événement fut notifié à tous les départemens des Etats de l'impératrice-reine. Peu de temps après elle se démit, en faveur de l'empereur son fils, de la grande-maîtrise de l'ordre de S. Etienne, qu'elle avoit rétabli en Hongrie depuis quelque temps.

Dep. J. C. 1765.
JOSEPH II, comme empereur, devenoit grand-maître de l'ordre de Marie-Thérèse. En cette qualité, ce prince fit un nouvel établissement dans les statuts de cet ordre, en se conformant

toujours aux vues que l'impératrice-reine avoit eues en l'inftituant. Il ordonna que les grands-croix porteroient une broderie attachée fur le côté gauche de leur habit, repréfentant la grande croix fur une couronne de laurier entrelacée de fils d'or. Sa majefté impériale créa auffi, entre les grands-croix & les fimples chevaliers, une claffe intermédiaire fous le nom de commandeurs. Ces officiers doivent porter la grande croix pendue au cou, & attachée à un ruban un peu moins large que celui des premiers.

L'empereur, dès le commencement de fon regne, voulant avoir un état jufte de fa dépenfe, ordonna à toutes les perfonnes de la cour & aux membres des différens colleges, de lui remettre une notice qui contînt leurs noms, leur état, leur condition, leurs appointemens & leurs penfions. Un premier acte d'autorité auffi fage, fit juger qu'on ne s'étoit point trompé fur les grandes efpérances que l'on avoit conçues de ce jeune prince.

Après les premiers momens donnés à fa jufte douleur, l'impératrice-reine reprit les rênes du gouvernement, de concert avec l'empereur son fils. Ce prince assistoit avec la plus grande exactitude à tous les conseils, & apprenoit de Marie-Thérese le grand art de gouverner les peuples. Il y avoit vingt-cinq ans que, par les loix les plus sages & par le gouvernement le plus doux, elle rendoit heureux tous ceux qui étoient soumis à sa puissance. Joseph II, né avec toute l'humanité & l'affabilité qui avoient rendu François I cher aux Allemands, entra dans toutes les vues de sa respectable mere, &, par son application aux affaires, lui rendit plus léger le poids du gouvernement.

L'histoire de ce prince est remplie de ces traits de bonté qui enchaînent aux monarques les cœurs de leurs sujets. Le commencement de son regne fut signalé par un de ces traits de clémence. Il y avoit trois ans qu'un employé au bureau de Saint-Polsen en avoit enlevé une somme de six cents florins; ce commis ayant été saisi & mis en prison vers la fin de l'année 1765, son procès étoit sur le point d'être instruit; mais l'empereur, ayant été informé que cet employé, chargé d'une nombreuse famille, n'avoit pour toute subsistance que deux cents florins d'appointemens annuels, & étant persuadé qu'il avoit commis ce larcin plutôt par indigence que par mauvaise inclination, lui pardonna son crime, le rétablit dans son emploi, & augmenta ses appointemens jusqu'à cinq cents florins. Cet acte de bonté sauva de la misere une famille entiere qui, si elle eût vu périr son chef par un supplice infâme, eût été perdue sans ressource.

Pour faire fleurir les arts, les souverains n'ont besoin que de jetter sur eux un regard favorable; ce goût leur fait honneur; &, lorsqu'ils ne dédaignent pas de s'en occuper, on voit ces mêmes arts anfanter des merveilles. Leur fortune & leur gloire est d'être bien accueillis; lorsqu'ils le font, il semble que le génie des artistes, échauffé par les éloges du monarque & des grands, produise selon leur volonté les chefs-d'œuvre qu'ils desirent. En 1766, Marie-Thérese établit à Vienne une académie de gravure. L'année suivante, cette académie eut l'honneur de recevoir au nombre de ses membres les archiduchesses Marie-Anne & Marie-

Charlotte-Louife. La premiere de ces princeffes fit remettre, pour fa réception, une tête de femme gravée de fa main fur une pierre fanguine ; & la feconde, un deffin fait au crayon fur du papier gris. L'honneur que l'impératrice-reine fit à cette académie, en lui permettant de recevoir les archiducheffes, excita parmi les artiftes qui la compofoient cette noble émulation qui eft le plus sûr moyen de porter les arts à leur perfection.

Pendant que Marie-Thérefe étoit ainfi occupée à Vienne, & qu'elle préfidoit avec une affiduité infatigable à fes confeils, l'empereur paffa une partie de cette année à vifiter les royaumes héréditaires, à voir par lui-même les manœuvres des troupes, l'état des fortifications, celui des manufactures. Ce prince, voyageant avec une fuite peu nombreufe, & laiffant par-tout où il paffoit des marques de fa bonté & de fa générofité, reffembloit à ces fleuves dont les eaux tranquilles arrofent & fertilifent les campagnes qu'elles parcourent. Jofeph II penfoit déja que la premiere étude d'un roi qui monte fur le trône, doit être celle de la fituation de ſes ſujets ; que celui qui ne connoît que les habitans de ſa capitale, ne connoît point ſon peuple. Dans le ſéjour qu'habite le monarque, tout ſe peint en beau, & dans toutes les capitales du monde le peuple eſt à peu près le même. Joſeph II vouloit voir de ſes propres yeux le véritable état de ſes ſujets ; &, pour y réuſſir, il falloit faire ce qu'il a fait, voyager dans ſes provinces, mais voyager ſans être entouré de ces courtiſans dont le cœur endurci ne ſçait point compatir au ſort du malheureux, ou de ces flatteurs qui ſont toujours de l'avis du prince. Dans ces voyages qu'il réitère ſouvent, ce prince ſe plaît à n'être environné que de ſa grandeur perſonnelle, ſans autre garde que l'amour de ſes peuples ; il eſt toujours acceſſible pour tous ſans diſtinction ; les plus foibles ſont ſûrs d'être écoutés dans leurs plaintes, & vengés des injuſtices de l'oppreſſion.

Quelle ſatisfaction pour Marie-Théreſe, en voyant toutes les lettres qu'elle recevoit de la haute Siléſie, remplies des témoignages de reconnoiſſance dont les ſujets de cette province étoient pénétrés pour la bienveillance avec la quelle l'empereur avoit daigné recevoir leurs repréfentations, relativement au dépériffement de leur commerce! Sa majefté impériale avoit eu la bonté de leur promettre d'employer les moyens les plus prompts & les plus sûrs pour le rétablir. Un roi qui voit tout par lui-même, ne peut plus être trompé; il opere le bien fans difficulté. Quand, au contraire, il ne voit que par les yeux de fes miniftres, il n'agit plus pour fes fujets, même avec la meilleure volonté; il devient infailliblement l'efclave de ceux qu'il emploie, & qui ne le font plus agir que pour leurs intérêts perfonnels.

1767. Dans le refte de cette hiftoire, remplie jufqu'à préfent de grands événemens, vous ne trouverez plus de récits de bataille; une heureufe paix laiffe à l'impératrice-reine & à fon fils le temps & les moyens de travailler fans relâche au bonheur de leurs fujets. Aucune branche du gouvernement ne fe trouve négligée; elles forment toutes enfemble une parfaite harmonie, parce qu'une même tête les dirige toutes, & fait mouvoir à fon gré tous les refforts. Au commencement de cette année, l'impératrice-reine porta fes vues fur les moyens de favoriser & d'augmenter la population dans ses Etats. Comme elle fait la force des royaumes, il est de l'intérêt des souverains de ne le pas négliger. Marie-Thérese, en prudente législatrice, avoit remarqué que, les militaires composant une partie considérable de ses sujets, elle ne pouvoit trop encourager les mariages parmi eux. En conséquence, elle ordonna dans ses Etats d'Autriche, aux supérieurs territoriaux ecclésiastiques ou séculiers, que, loin de s'opposer aux mariages que les soldats desireroient contracter avec les filles sujettes à leur jurisdiction, ils veillassent au contraire à leur en faciliter les moyens. On ne tarda pas à jouir du fruit de cette sage ordonnance ; cette permission augmenta tellement la population dans cette classe d'hommes, que quatre ans après on compta environ quarante mille enfans nés de ces mariages. L'impératrice-reine forma alors des établissemens pour nourrir & élever ces enfans, & pour leur donner des métiers. Elle assigna pour leur entretien une partie des droits imposés sur le gingembre & le poivre, importés de l'étranger. Si, comme l'on ne peut en douter, la population est la principale force d'un Etat, que l'on juge, d'après ceci, quelle sera un jour celle des Etats héréditaires de Marie-Thérèse.

Au milieu de ces prospérités, un coup affreux vint frapper l'empereur & toute l'Allemagne. L'impératrice son épouse fut attaquée de la petite-vérole, vers la fin du mois de Mai ; on n'avoit point été à temps d'employer les remedes de précaution, & la malignité de la maladie donna les plus vives inquiétudes. L'impératrice-reine, qui étoit à Schonbrun, étant informée de l'état de l'impératrice, accourut pour la voir ; sa tendresse & son attachement pour cette princesse ne lui laisserent point appercevoir le danger auquel elle s'exposoit. Le lendemain, elle fut attaquée elle-même d'une fiévre violente, & quelques jours après la petite-vérole se déclara. La mort de l'impératrice Josephe, qui arriva le 28 Mai, en accablant l'empereur de chagrin, augmenta les inquiétudes que causoit l'état de l'impératrice-reine. Lorsqu'on sçut que ses jours étoient en danger, Vienne & tout l'Empire furent dans les plus vives alarmes.

Chacun craignoit de perdre une mere tendre ; la consternation étoit générale ; les églises, remplies d'une foule innombrable de citoyens de tout rang & de tout âge, tous confondus sans distinction de condition ni d'état, retentissoient des gémissemens des uns & des ferventes prieres des autres. Dans les rues de la capitale un morne silence annonçoit l'effroi de tout le monde ; on voyoit aux portes du palais impérial d'autres citoyens, l'inquiétude & l'abattement peints sur le visage, demander ou attendre des nouvelles de l'impératrice-reine, & les porter aussi-tôt dans leurs maisons où leur famille les attendoit en tremblant. On vit des meres désolées, tenant entre leurs bras leurs enfans encore à la mamelle, leur faire baiser le portrait de cette vertueuse princesse, comme l'image de leur protectrice & de leur mere. Pendant quatre jours l'impératrice-reine fut en danger, pendant quatre jours on ne goûta dans sa capitale aucune sorte de repos ; sa maladie étoit comme une de ces calamités terribles qui affligent sans distinction tous les ordres de citoyens, & pendant lesquelles on ne sçait plus que gémir & se plaindre. On se rappelloit tous les bienfaits que ses peuples tenoient d'elle, on regrettoit ceux que promettoit encore sa prudente administration ; ou plutôt on ne voyoit qu'elle, on ne parloit que d'elle, on ne vouloit vivre que pour elle. Enfin, l'espérance renaît, on apprend que Marie-Thérèse est hors de danger ; le calme revient peu-à-peu, on se livre à la douce joie de la posséder encore. Une heureuse convalescence affermit cet espoir, & bientôt sa parfaite guérison permet de se livrer d'autant plus vivement au plaisir, qu'on avoit été plongé dans une plus cruelle affliction. Les temples, les places publiques & les maisons des particuliers, retentissent de ce cri mille fois répété : *Vive Marie-Thérèse ! vive notre auguste mere !*

Lorsque l'impératrice-reine fut entiérement rétablie, elle rendit d'abord de solemnelles actions de graces au souverain Maître des rois, & témoigna ensuite à son peuple combien elle étoit sensible à son amour. Elle déchargea de la capitation les deux dernieres classes des habitans, & elle porta la générosité jusqu'à rembourser sur les deniers de sa propre caisse, ceux qui avoient déja payé le dernier terme de cette imposition. Ceux de ses officiers qui l'avoient servie pendant sa maladie, reçurent des témoignages de sa reconnoissance ; elle leur fit à tous des présens magnifiques. Le baron Van-Swiéten, son premier médecin, en reçut un précieux ; c'étoit le portrait de cette princesse. Bientôt après, l'ordre de la noblesse du Tirol agrégea à son corps ce célebre médecin, en récompense des soins qu'il avoit donnés à l'impératrice-reine pendant la maladie qui avoit si fort alarmé ses peuples. Le diplôme qui lui fut donné, de l'agrément de Marie-Thérese, étoit conçu dans les termes les plus honorables pour ce sçavant. Les arts célébrerent aussi l'heureux rétablissement de leur protectrice ; on frappa une médaille où le nom de *Mere de la patrie*, qu'elle mérite à si juste titre, lui fut donné solemnellement. Il y avoit déja long-temps que la voix publique, cette voix si agréable ou si terrible pour les rois, le lui avoit donné.

A peine étoit-on remis des alarmes que venoit de causer la cruelle maladie qui avoit menacé les jours précieux de l'impératrice-reine, que la même maladie lui enleva l'archiduchesse Josephe. Ce triste événement répandit la désolation la plus vive & la plus universelle. La douleur de Marie-Thérèse fut inexprimable. Cette auguste & tendre mere n'avoit presque pas quitté sa fille depuis le premier moment de sa maladie, jusqu'à celui qui termina ses jours le 15 Octobre. Les vertus, les graces naturelles, & les qualités aimables de cette princesse, justifioient les regrets de la famille impériale & du public; & les circonstances dans lesquelles elle fut enlevée, rendirent encore sa perte plus douloureuse. Elle avoit été fiancée le 8 d'Août au roi des Deux-Siciles; la célébration du mariage devoit se faire le 14, & son départ pour Naples étoit déja fixé. Tous les préparatifs des fêtes brillantes qui devoient se donner à cette occasion, furent changés en apprêts funéraires; les regrets & les larmes prirent la place des plaisirs. S'il y eut quelquefois des souverains qui eurent besoin d'être frappés par la main de la Providence, pour se souvenir qu'ils étoient mortels & exposés aux mêmes vicissitudes que les derniers de leurs sujets, jamais la vertueuse Marie-Thérèse ne fut de ce nombre. Elle vit toujours au-dessus d'elle celui qui donne les sceptres & qui les brise, & elle n'oublia jamais qu'elle est placée sur le trône pour rendre heureux les peuples qui lui sont confiés. Si elle éprouva des revers, c'est qu'ils sont inséparables de la nature humaine, placée dans la plus pauvre chaumiere, comme sur le premier trône du monde.

Il sembloit que cette cruelle maladie qui fait tant de ravages, se fût attachée opiniâtrément à la famille impériale. On venoit de perdre l'archiduchesse Josephe, on craignit encore pour les jours de l'archiduchesse Elisabeth : peu de jours après la mort de sa sœur, cette princesse en fut attaquée ; & ce ne fut qu'après de longues alarmes, que l'on jouit du plaisir de la voir rendue à l'impératrice-reine & à la nation.

Cette année sera à jamais célebre dans l'histoire de Vienne. Les habitans de cette capitale se souviendront toujours qu'ils ont vu renouveller sous leurs yeux & dans une occasion aussi péril-

1768.

leufe, le trait de bienfaifance qui fait tant d'honneur à François I. Ce font-là de ces faits qu'il faut recueillir avec foin pour les tranfmettre aux races futures. Si l'étude de l'hiftoire eft utile, c'eft fur-tout lorfqu'elle préfente des anecdotes fi confolantes pour l'humanité. Celle de notre fiécle fera bien agréable pour nos derniers neveux, s'ils y trouvent beaucoup de ces traits qui leur annonceront que nous aurons été heureux. Dans le courant de Février, les pluies abondantes qui étoient tombées pendant plufieurs jours, ayant fondu en partie & détaché les glaçons dont le Danube étoit couvert, ils furent entraînés avec tant de rapidité, qu'ils renverferent & emporterent les trois ponts qui étoient fur ce fleuve, à l'exception d'un petit nombre de travées. Un quatrieme pont, qui étoit conftruit fur le bras du fleuve qui fépare de Vienne le fauxbourg de Léopolftadt, fut auffi emporté par la violence du courant. Les glaçons s'étant alors amoncelés à quelque diftance de cet endroit, les eaux refluerent de maniere qu'une grande partie de ce fauxbourg fut inondée & fort endommagée. Auffi-tôt que l'empereur fut instruit de cet accident, il parcourut à cheval les endroits les plus exposés à l'inondation sur la rive droite du bras du Danube; ensuite, sans être effrayé du danger qu'il y avoit à traverser le fleuve, il passa à l'autre rive sur une barque, pour donner tous les ordres nécessaires dans cette fâcheuse circonstance. C'est ainsi que Joseph II apprend aux souverains qu'ils peuvent mériter le nom de grands sans conquérir des villes & des provinces. Il y auroit de l'injustice à n'accorder ce beau titre qu'aux conquérans. Faisons-nous une idée juste des choses ; n'est-il pas plus glorieux pour un prince de sauver deux de ses sujets, que d'en sacrifier dix mille pour prendre une ville dans laquelle il en a péri autant avant que le vainqueur pût y entrer ? Je ne prétends pas diminuer la gloire qu'un roi peut acquérir à la tête de ses armées, en défendant ses Etats contre les entreprises d'un voisin ambitieux ; mais ne sera-t-il pas toujours vrai que les peuples ne sont jamais si heureux que sous le gouvernement des princes amis de la paix ; & que si l'on veut juger quelle est la véritable gloire des monarques, il n'en est point qu'ils doivent préférer à celle d'être bienfaisans ? c'est la plus avantageuse pour leurs peuples, & la plus satisfaisante pour eux-mêmes.

L'année précédente, la petite-vérole avoit fait tant de ravages dans la famille impériale, que l'impératrice-reine prit enfin la résolution de faire inoculer ceux de ses enfans qui ne l'avoient point eue. On fit par ses ordres des expériences réitérées de cette pratique salutaire, & elles eurent les plus heureux succès. Elle réussit aussi-bien sur les archiducs Ferdinand, Maximilien, & sur l'archiduchesse Thérèse. Ce succès renouvella les regrets qu'avoit causés la perte des personnes augustes que cette cruelle maladie avoit enlevées ; elles auroient été sauvées sans doute par l'inoculation, dont les préjugés de quelques médecins avoient retardé l'introduction dans la capitale de l'Autriche, où, depuis, un grand nombre d'expériences heureuses en démontrerent l'utilité.

Lorsque les archiducs & l'archiduchesse Thérèse furent parfaitement rétablis, l'impératrice-reine imagina une fête dont la majestueuse simplicité ser-

DE L'EMPIRE D'ALLEMAGNE. 333
viroit feule à caractérifer cette princeffe, & à faire connoître toute la bonté de fon ame, quand il n'y auroit que ce trait remarquable dans fa vie. Tel eft l'effet qu'il doit produire fur toute ame fenfible. L'impératrice fit donner à dîner, dans la grande galerie de fon château de Schonbrun, à foixante-cinq petits garçons & petites filles qui avoient été inoculés à l'hôpital de Meydling avant l'inoculation des princes fes enfans. Marie-Thérefe elle-même, cette fouveraine d'une des plus grandes parties de l'Europe, les archiducs & les archiducheffes, au milieu d'une cour brillante, fervirent ces enfans à table, & leur donnerent après le repas à chacun un écu de la valeur de deux florins ; la defferte & le couvert leur furent auffi donnés. Leurs parens furent enfuite fervis à une autre table dans l'enceinte du château. Pour completter cette charmante fête, après le dîner, ils affifterent à une comédie allemande qui fut jouée dans le voifinage de Schonbrun ; & cette belle journée fe termina par des danfes qui durerent jufqu'à la nuit. Les anciens, pour donner une grande idée de la

bonté de leurs dieux, ont dit qu'ils avoient daigné en différentes occasions visiter les hommes, manger même avec eux ; sous quels traits auroient-ils donc représenté Marie-Thérese & ses augustes enfans se faisant une fête de servir à table les derniers de leurs sujets ?

Pour encourager & favoriser autant qu'elle le pouvoit la pratique utile de l'inoculation, dont elle venoit de faire une épreuve si heureuse, Marie-Thérese destina pour cet objet un château situé aux environs de Schonbrun. Cette princesse déclara que tous ceux qui voudroient faire inoculer leurs enfans, auroient la liberté de les y envoyer. En même temps, pour préserver sa capitale de cette espece de contagion, elle défendit qu'on se fît inoculer dans l'intérieur de la ville.

Nous pouvons mettre à côté du trait de bonté que l'on vient de lire, la fête que donna l'archiduchesse Marie-Charlotte-Louise, dans la capitale des Etats dont elle étoit devenue souveraine en épousant le roi des Deux-Siciles. Cette princesse ayant généreusement refusé le don gratuit de vingt mille ducats, que la ville de Naples a coutume d'offrir à

DE L'EMPIRE D'ALLEMAGNE. 335
la nouvelle épouſe de ſon ſouverain, cette ſomme fut deſtinée à marier deux cents jeunes filles de la ville. Après la cérémonie de leur mariage, ces filles furent admiſes à l'honneur de baiſer la main de leurs majeſtés, & furent conduites, au bruit d'un grand nombre d'inſtrumens, dans douze chars repréſentans les quatre faiſons de l'année, les quatre élémens & les quatre principaux arts libéraux. Elles étoient diviſées en différentes bandes dont chacune étoit diſtinguée par un uniforme particulier. Vous reconnoiſſez aiſément les principes de Marie-Thérèſe, & le fruit des leçons & des exemples qu'elle a donnés à ſes auguſtes enfans; vous les verrez tous porter le même caractere de bienfaiſance & de bonté dans pluſieurs royaumes de l'Europe, où ils ne s'occupent que de la félicité publique.

En liſant la vie de l'impératrice-reine, on eſt étonné de voir que ſes peuples, indépendamment des impôts qu'ils payent pour les beſoins de l'Etat, lui fourniſſent encore, ſans qu'elle les demande, des ſommes conſidérables dans certaines occaſions où ils penſent que leur ſouveraine peut en avoir beſoin.

1769.

Ce font de ces traits qui ne font point communs dans l'hiſtoire; mais les peuples ſoumis au gouvernement de l'impératrice-reine, n'étant point ſurchargés d'impôts, jouiſſent tous d'une aiſance qui les met à portée de donner à leur ſouveraine de ces témoignages de leur amour, qui ſont en même temps les preuves les plus certaines de la ſageſſe de ſon adminiſtration. Au commencement de 1769, lorſque le mariage de l'archiducheſſe Amélie fut annoncé, les Pays-bas Autrichiens envoyerent à l'impératrice-reine un million & demi de florins, dont ces provinces lui firent préſent, pour les dépenſes que devoit occaſionner ce mariage. Il eſt évident qu'un préſent de de cette nature annonce l'aiſance du peuple qui le fait ; comme la difficulté de lever les impôts, les ſaiſies des meubles de l'artiſan ou du cultivateur, annoncent la miſere publique & l'excès des impoſitions. Les Etats héréditaires de la maiſon d'Autriche ne ſeront point expoſés à ce vice de gouvernement ; les adminiſtrateurs des finances, les gouverneurs de provinces, en un mot tous ceux qui ſont employés dans quelque

partie

DE L'Empire d'Allemagne. 337
partie de l'administration des affaires, ne peuvent en imposer à l'impératrice-reine : elle a toujours gouverné par elle-même. En différens temps, & surtout dans les commencemens de son regne, elle n'a pas craint la fatigue des voyages dans des contrées presque désertes, qui se sont fertilisées depuis ; la Hongrie & la Bohême ont déja changé de face. En admettant Joseph II à la co-régence de ses Etats, elle leur a donné un pere dont l'œil vigilant ne peut se laisser surprendre.

Au mois de Mai de cette année (1769), l'impératrice-reine & le roi de France, animés l'un & l'autre du desir de resserrer de plus en plus les liens de l'amitié qui les unissoit depuis le traité de 1756, résolurent de terminer pour toujours, & conformément aux derniers traités, les contestations qui avoient subsisté entr'eux relativement à leurs possessions respectives aux Pays-bas. La bonne-foi de part & d'autre dicta les articles de cet accord ; les deux puissances consulterent de concert leurs convenances mutuelles, & elles fixerent les limites de leurs Etats en Flandre. Ce traité assure aux deux nations la longue durée d'une amitié sincere & d'une bonne paix entre les maisons d'Autriche & de Bourbon, qui, pour le malheur de l'Europe, avoient été si long-temps ennemies. Enfin, si l'ambition & la politique de Charles-Quint indisposerent la France, la noble franchise & les procédés pleins de douceur & de droiture de Marie-Thérese lui ont gagné tous les cœurs.

Dans les voyages que l'empereur avoit faits les années précédentes dans les Etats héréditaires, ce prince avoit porté l'attention & les soins d'un pere qui veille au bien de ses enfans; dans celui qu'il fit cette année en Italie, il porta cet esprit de curiosité & de réflexion qui fait mettre tout à profit. Toujours ennemi de la pompe & du faste qui forment autour des rois une atmosphere épaisse à travers laquelle ils ne peuvent plus juger des objets qui les environnent, il voyagea réellement *incognitò*. Ce prince qui a toujours aimé l'instruction, chéri les peuples & cherché la vérité, a cru n'avoir que ce seul moyen de la reconnoître plus aisément. Ce qu'il a, par ce moyen, rassemblé de vues utiles & de mémoires importans pour le foulagement de fes fujets, & pour l'amélioration de fes Etats dans fon feul voyage d'Italie, forme un objet immenfe. Il ne voulut abfolument recevoir à Rome aucune vifite ni aucuns préfens. Affidu aux affemblées que la nobleffe tenoit pour lui, il converfoit familièrement avec tous ceux qui s'y trouvoient. A Livourne, on vit ce prince monter à bord de deux frégates Angloifes qui fe trouvoient dans le port, en examiner la conftruction, les parcourir avec les matelots, à qui il ne dédaignoit point de faire des queftions fur leur métier. On le vit à Parme vifiter le college des nobles, l'académie, la bibliotheque, & tous les autres établiffemens faits par l'infant. Le féjour de l'empereur à Parme fera époque dans l'hiftoire de cette ville. L'infant, voulant éternifer la mémoire de fon alliance avec Jofeph II, & des fentimens réciproques de joie & de tendreffe dont leur entrevue avoit été accompagnée lors de fon arrivée, fit élever dans la grande place de Parme un monument en marbre blanc, fous la forme d'un autel antique dédié à l'Amitié. Les infcriptions qui font sur les différentes faces de ce monument, font relatives à l'alliance de ces deux princes *, au voyage de l'empereur, & à leur amitié réciproque.

La premiere chose que fit Joseph II en arrivant à Milan, fut de faire publier qu'il donneroit audience tous les matins pendant deux heures, & qu'il recevroit toutes les requêtes qu'on voudroit lui préfenter. L'après-midi étoit confacrée au travail du cabinet avec les ministres du gouvernement. Il avoit vu le reste de l'Italie comme obfervateur & comme voyageur, il reprit en Lombardie les occupations & le travail d'un monarque. Il y recevoit, & envoyoit ensuite à la cour de Vienne les requêtes que les habitans de cette province lui préfentoient, & dans lesquelles ils se plaignoient des vexations commises de la part de ceux qui étoient chargés de la perception des impôts. L'impératrice-reine examinoit leurs

---

* Lorfque l'empereur se rendit à Parme, l'infant étoit sur le point d'époufer l'archiduchesse Amélie, sœur de ce prince. L'impératrice Elifabeth, premiere épouse de l'empereur, étoit sœur de l'infant duc de Parme,

griefs dans fon confeil, & leur rendoit prompte juftice. L'empereur leur donnoit de fon côté des preuves de fa bienfaifance, il diminua de deux cents mille florins les impôts qui fe percevoient annuellement dans ce pays. Deux ans après, (en 1771,) l'impératrice-reine abolit toutes les fermes de fes finances & domaines dans la Lombardie Autrichienne, & y fubftitua une régie dont elle donna la direction à un corps de confeillers. Sa majefté impériale & royale, pour fimplifier auffi les autres branches de l'adminiftration des finances, voulut que le nombre des différentes caiffes fût diminué, de manière que la tréforerie générale devînt le centre de toute recette & dépenfe. Elle établit une chambre des comptes à *l'inftar* de celle des Pays-bas Autrichiens, pour furveiller l'adminiftration des finances & la tréforerie générale. Chaque femaine, il devoit fe tenir une affemblée, compofée de plufieurs miniftres des différens départemens, qui devoit être chargée du foin de perfectionner le fyftême de la légiflation, relativement aux opérations de la chambre des comptes & à celle de la direction des finances. Marie-Thérese ordonna positivement qu'on l'informât avec exactitude de tout ce qui seroit proposé & arrêté dans ces assemblées.

Les Sésostris, les Alexandres, & tant d'autres conquérans, après avoir parcouru de vastes contrées, n'y laissoient après eux d'autres traces que le désespoir des peuples qui les avoient vus, & la crainte qu'ils avoient de les revoir encore ; les voyages de Joseph II seront dans l'histoire de ses peuples les époques heureuses de leurs beaux jours. Les anciens monarques de l'Egypte, de la Grece & de Rome, cherchoient à s'immortalifer en élevant des bâtimens somptueux, orgueilleux monumens de leurs richesses & de l'industrie de leurs sujets ; Marie-Thérese & Joseph II préferent la gloire de rendre heureux tous ceux qui vivent sous leurs loix, en faisant refluer sur leurs provinces moins riches le superflu de celles qui jouissent de la facilité du commerce & d'un sol plus fertile. Que nous reste-t-il de tous ces beaux ouvrages de l'antiquité ? Des ruines. On a presque oublié les noms de leurs auteurs ; tandis que ceux des empereurs & des rois qui ont été les bienfaiteurs du genre humain, font tous parvenus jufqu'à nous fans avoir rien perdu de leur célébrité, & ils pafferont encore à la poftérité la plus reculée avec ceux des monarques qui auront mis leur gloire à les imiter. La flatterie n'a point de part dans ce que j'écris ; l'on doit s'appercevoir que je ne fais que raconter, trop fimplement peut-être, des faits qui fe paffent fous les yeux de toute l'Europe. Que l'on compare l'état actuel de la Hongrie, de la Bohême, de l'Autriche, & des autres Etats de l'impératrice-reine, à celui des temps antérieurs, & l'on jugera fans peine que jamais ils ne furent gouvernés par un fyftême politique plus fage. Les guerres paffées avoient ruiné tous ces vaftes pays ; il falloit toute la prudence & l'activité de Marie-Thérèfe pour introduire les arts & établir des manufactures chez des peuples qui n'avoient jamais fu que combattre, même contre leurs légitimes fouverains lorfqu'ils n'avoient plus d'ennemis au-dehors.

L'impératrice-reine, qui avoit déja donné les récompenfes les plus flatteufes au baron Van-Swiéten, voulut immortalifer elle-même ce grand homme. Elle l'avoit déja décoré de l'ordre de Saint-Etienne, il étoit préfident du college de médecine, préfident du college des cenfeurs, garde de la bibliotheque ; tout cela ne fuffifoit point à fa reconnoiffance : elle voulut lui élever un monument qui atteftât aux races futures la protection qu'elle accorde aux fciences & aux arts, en donnant la plus grande idée du mérite de l'homme qu'elle combloit d'honneurs. Cette princeffe fit placer dans la falle qui fert de college de médecine à l'univerfité de Vienne, le bufte du baron en bronze, pofé fur un piédeftal de marbre, avec l'infcription la plus honorable & la plus flatteufe pour ce favant médecin. Elle le propofoit pour modele à fes fujets qui fe livroient à la même étude, & laiffoit entrevoir la même récompenfe à ceux qui fe rendroient auffi utiles à la patrie.

C'eft par de pareilles diftinctions que Marie-Thérefe a fait fleurir les fciences & les arts dans fes Etats héréditaires. Le mérite, de quelque efpece qu'il foit, y eft accueilli favorablement & récompenfé avec magnificence. Cette princesse a fait connoître de quel prix la science est à ses yeux, en assistant souvent elle-même aux exercices des colleges qu'elle a fondés, pour y exciter l'émulation des éleves, & maintenir la vigilance & le zele des professeurs. Les soins particuliers que cette tendre mere a donnés à l'éducation de ses enfans, en font une autre preuve incontestable. Elle a porté ces attentions jusqu'à faire soutenir aux archiducs des exercices publics sur les objets de leurs études. Dans cette année même (1769), l'archiduc Maximilien, ce jeune prince qui fixoit déja l'admiration des savans par des lumieres prématurées, soutint avec le plus grand succès un examen & des theses sur la métaphysique. Ce prince, dont la capacité annonçoit déja les plus grands succès, en avoit soutenu plusieurs autres sur différens sujets. Quelques mois auparavant, l'archiduc Ferdinand avoit soutenu un pareil exercice sur le droit naturel, en présence de plusieurs ministres & d'autres personnes nommées par l'impératrice-reine pour y assister. Ces augustes princes & les archiduchesses ont été formés par les exemples les plus rares de fageffe, par les leçons & par la pratique conſtante des vertus morales & politiques.

1770. Nous ſommes arrivés à cette époque ſi agréable pour Marie-Thérèſe & ſi heureuſe pour la France ; à cet événement qui doit cimenter pour toujours la réconciliation des maiſons d'Autriche & de Bourbon. La nation Allemande & la nation Françoiſe s'intéreſſerent également à ces nœuds auguſtes & ſacrés qui alloient mettre le ſceau à leur félicité commune. Deſtinée à faire le bonheur des François, avec un prince l'héritier des vertus & des talens d'un pere que la France pleureroit encore, ſi elle ne le voyoit revivre dans ſon auguſte fils, l'archiducheſſe Marie-Antoinette, après s'être arrachée des bras de Marie-Thérèſe, arriva à la cour de Louis XV, pour épouſer l'héritier préſomptif de la couronne. Son départ avoit fait couler bien des larmes à Vienne ; ſon voyage, depuis les frontieres de France, avoit été comme un triomphe continuel ; par-tout, cette princeſſe avoit vu un peuple nombreux accourir ſur ſon paſſage, & s'empreſſer de voir l'épouſe de ſon maître futur.

Mais quels durent être les sentimens qu'elle éprouva, lorsqu'à l'approche de la capitale, elle vit une foule innombrable de citoyens de tout rang & de tout âge, border les chemins, & attendre constamment, malgré le plus épouvantable orage, le moment de son arrivée ? Ce fut sans doute dans cet instant qu'elle conçut pour ce peuple qui a toujours adoré ses rois, ce sentiment d'amour dont on a vu depuis cette auguste princesse donner des témoignages publics. Les François virent en elle les graces de la figure jointes à un air plein de noblesse & de dignité ; bientôt après, ils eurent occasion de connoître le cœur sensible & bienfaisant de cette illustre princesse ; & ils jugerent que Marie-Antoinette seroit un jour pour eux, ce que Marie-Thérese est pour ses peuples.

Ils ne se tromperent point. Entre plusieurs actes de bienfaisance de cette princesse, la vivante image de sa respectable mere, en voici un bien précieux à la nation Françoise, & digne de l'admiration de la postérité. * No-

---
* Mercure de France.

tre augufte reine, n'étant encore que dauphine, fe promenoit un jour, après fon dîner, un peu au-delà de la croix de Souvré, où étoit le rendez-vous de la chaffe. Elle entendit dans une vigne, près du village d'Achere, fitué à deux lieues de Fontainebleau, les cris perçans d'une femme & d'un petit garçon qui fe défefpéroient. Auffi-tôt cette princeffe fait arrêter fon carroffe, faute, franchit la vigne, & vole au fecours de la femme, à qui la douleur avoit fait perdre connoiffance. Elle lui fait refpirer des eaux fpiritueufes ; &, la voyant revenir à elle-même, elle lui dit pour la confoler tout ce que le fentiment peut infpirer à une ame tendre. Elle lui prend les mains & la careffe, mêlant fes larmes à celle de cette infortunée. Elle apprend qu'un cerf, forcé par les chiens, avoit fauté par-deffus la muraille d'un petit jardin où travailloit fon mari, qu'il lui avoit enfoncé fon bois dans le bas-ventre, & que ce malheureux venoit d'expirer. A ce récit, la princeffe lui donne tout ce qu'elle a dans fa bourfe, & redouble les tendres expreffions de fa fenfibilité. Monfeigneur le Dauphin, monfeigneur le comte & madame la comteffe de Provence arrivent, &, pénétrés des mêmes fentimens, répandent leurs bourfes dans les mains de cette femme défolée. Madame la Dauphine fait approcher fon carroffe, y fait monter la mere, fon fils, deux femmes qui fe trouvoient préfentes, & un valet de pied, avec ordre de reconduire cette pauvre femme chez elle, & de venir lui rendre compte de l'état du mari, qui refpiroit encore, fuivant le rapport qui venoit d'en être fait à la princeffe. Pendant que madame la Dauphine attendoit cette réponfe, le roi paroît : partageant la douleur de fon augufte famille, il s'écrie : « Quel malheur ! » Comment rendre à cette femme fon » mari, & à cet enfant fon pere. — » Ah ! papa, reprend la princeffe, en » les tirant de la mifere, nous pou- » vons du moins diminuer la cruauté » de leur fort. » De telles anecdotes dans la vie des maîtres du monde, font fur les cœurs une impreffion qui ne s'efface jamais; on ne peut les rendre trop publiques, elle nous rendent néceffairement bons. Celle-ci, en paffant de bouche en bouche, fut bientôt connue dans toutes nos provinces, & pénétra tous les cœurs françois de ce fentiment d'admiration & d'amour qu'on ne peut refufer au récit d'une action louable. Marie-Antoinette, avant l'aventure d'Achere, étoit tendrement aimée de toute la nation Françoife; depuis cet acte de bienfaifance, on peut dire que cet amour a été jufqu'à l'adoration. Voilà donc l'avantage des monarques; plus ils fe rapprochent de leurs fujets, plus ils font véritablement grands; s'ils s'en éloignent, ils ne font plus que les éblouir; leur peuple les perd bientôt de vue, & les laiffe feuls dans leur fphere. Au contraire, s'ils aiment à en defcendre quelquefois, le plus fincere hommage & l'amour le plus tendre font toujours le prix de leur affabilité.

Auffi-tôt après le départ de l'archiduchesse Marie-Antoinette, l'empereur étoit parti lui-même pour faire une tournée en Hongrie. Pendant tout le temps que dura ce voyage, l'impératrice-reine reçut les nouvelles les plus fatisfaifantes fur ce que faifoit ce prince par-tout où il paffoit. Je placerai ici une anecdote relative aux voyages

de l'empereur; c'est un de ces traits historiques pareils à ceux que nous lisons avec tant de plaisir dans la vie de Henri IV. Un jeune Napolitain, appellé au service par sa naissance & par son goût, désespérant de s'avancer promptement dans sa patrie, attiré peut-être par tout ce qu'il avoit entendu dire de l'agrément du service dans les troupes Autrichiennes, & des récompenses militaires accordées aux officiers qui se distinguent, résolut d'aller solliciter de l'emploi dans les troupes de l'impératrice-reine. Il prit la route de Vienne, muni de lettres de recommandation. Etant arrivé dans les Etats de la maison d'Autriche, il se trouva dans la même auberge avec trois étrangers. Il leur demanda de permettre qu'il soupât avec eux; la permission lui fut accordée facilement. Ces étrangers étoient Allemands. Le jeune Napolitain, pendant le repas, raconta son histoire, & dit quel étoit l'objet de son voyage. Un des voyageurs, après l'avoir écouté tranquillement, lui dit : « Je crois que vous pre-
» nez un mauvais parti ; après plusieurs
» années de paix, avec une quantité

» prodigieuse de noblesse à employer,
» je vois peu d'apparence qu'un étran-
» ger puisse trouver accès dans l'ar-
» mée. » Le jeune homme répondit
qu'il étoit décidé à continuer son
voyage; qu'il sentoit parfaitement la
bonté des raisons qu'on lui opposoit ;
qu'en effet, il ne pouvoit avoir que de
foibles espérances, mais que peut-être,
quand on le verroit de si bonne volonté, on feroit quelque chose pour gagner un serviteur zélé. Alors il dit qui
il étoit, il nomma les personnes de
considération par lesquelles il étoit re-
commandé; &, en convenant que ses
espérances étoient difficiles à réaliser,
il avouoit cependant qu'il y tenoit,
quoi qu'il dût en arriver. Le voyageur
Autrichien qui lui avoit d'abord parlé,
lui dit alors : « Eh bien ! puisque rien
» ne peut vous détourner de votre pro-
» jet, je vais vous donner une lettre
» qui vous fera peut-être utile; vous
» la remettrez au général Lazcy. » Le
Napolitain reçoit la lettre, & continue sa route. A son arrivée à Vienne,
il se rend chez le général Lazcy, &
lui remet toutes ses lettres de recommandation, à l'exception de celle du

voyageur, qu'il avoit égarée. Le général, après les avoir lues, lui dit qu'il étoit défolé de ne pouvoir lui être utile, qu'il y avoit une impoffibilité abfolue de faire ce qu'il defiroit. Le jeune homme, qui s'attendoit à cette premiere réponfe, ne fe rebuta point; il s'occupa pendant quelques jours à faire une cour affidue au général, qui le recevoit bien, mais dont il n'obtenoit toujours point de réponfe favorable. Il retrouva enfin la lettre qu'il avoit égarée; il la préfenta au général dans la premiere vifite qu'il lui fit, en difant qu'il l'avoit oubliée; il lui fit même entendre, en lui racontant la maniere dont il l'avoit eue, qu'il n'y avoit pas attaché beaucoup d'importance, & qu'il comptoit plus fur fes bontés, que fur la recommandation du voyageur qui la lui avoit donnée. Le général l'ouvrit, parut furpris; &, après l'avoir lue : « Sçavez-vous, lui dit-il, quel eft » celui qui vous a donné cette lettre ? » --- Non, dit le jeune Napolitain. --- » C'eft l'empereur lui-même; vous de- » mandez une fous-lieutenance, il m'or- » donne de vous faire lieutenant. »

Pendant que l'empereur fe faifoit

admirer en Hongrie par son assiduité au travail, & par sa bonté, Marie-Thérèse faisoit de nouveaux établissemens dans ses Etats héréditaires. Aucun souverain n'a porté sur l'instruction publique des vues aussi sages, & n'a fait autant d'établissemens relatifs à cette partie à laquelle les rois ne songent gueres que lorsqu'ils sont eux-mêmes très-instruits. La fondation du college Thérésien, la chaire d'économie politique qu'elle a fondée à Milan, & dont elle a chargé M. le marquis de Beccaria, & beaucoup d'autres établissemens de cette nature, feront un éternel honneur à ses lumieres, en servant au bien de ses sujets. En voici deux autres également utiles: le premier & le plus important, est une espece de séminaire dans lequel ceux qui veulent devenir maîtres d'école dans les campagnes, sont obligés d'aller apprendre eux-mêmes ce qu'ils doivent enseigner aux paysans, tant sur les connoissances civiles & économiques, que morales & religieuses. On ne permet à qui que ce soit d'enseigner dans les petites écoles, à moins qu'il n'ait passé dans ce séminaire le temps prescrit, & qu'il n'ait obtenu des supérieurs les attestations de capacité suffisante. Marie-Thérese a voulu que son peuple fût bien instruit; elle avoit vu que la plûpart des maux qui affligent les sociétés, sont des enfans de l'ignorance.

L'impératrice-reine avoit voulu faire l'essai d'une école pratique de commerce; &, lorsqu'elle vit que cet essai répondoit parfaitement à ses vues, elle confirma cet établissement, & lui donna une forme stable. Dans cette école, quatre professeurs enseignent à vingt-six éleves, fils de marchands & d'artisans, l'écriture, l'arithmétique, le dessin, la géographie relative au commerce, le style mercantile, les langues principales, & y joignent un cours de morale dirigé vers le commerce. Il n'y a pas une partie de cette sage institution qui ne décele les vues profondes de la législatrice. On voit qu'avant même de rien terminer sur un objet aussi important, elle avoit pesé tous les moyens d'en tirer tout l'avantage qu'on pouvoit en espérer. C'est cette précaution si nécessaire dans les nouveaux établissemens, qui sauve les erreurs ; & l'on fçait que les erreurs dans le gouvernement font toujours ou très-nuifibles à l'Etat, ou au moins très-coûteufes.

Cet établiffement étoit le moyen le plus sûr de faire du commerce une fpéculation judicieufe, qui le conduisît en peu de temps à devenir une fcience fort étendue. L'impératrice-reine avoit vu que cet objet fi important feroit bientôt dans fes Etats héréditaires une balance admirable qui, dans fes mains, pourroit tenir dans un équilibre parfait les richeffes du peuple & les titres des grands. Ceux-ci, qui, en Allemagne comme par-tout ailleurs, font fi fiers du rang que leur donne leur naiffance & des prérogatives qui y font attachées, tiendront au moins par le lien des richeffes à cette partie des citoyens qui, par fes talens & par fon induftrie, fçait fe procurer la fortune dont les autres ne fçavent le plus fouvent que jouir & abufer.

Souvent, malgré toute la vigilance du monarque le plus attentif, il fe gliffe des abus qu'il ne pouvoit prévoir, ou qui ont leur fource dans la cupidité de quelques particuliers, toujours prêts à profiter des circonstances pour leur bien personnel. Il n'est pas toujours aisé de s'en appercevoir ; ce sont de ces manœuvres sourdes d'autant plus nuisibles aux peuples, qu'il leur est plus difficile de faire entendre leur voix par-dessus celle de leurs opresseurs. * Tel étoit un impôt qui se percevoit dans les Etats héréditaires, & qui étoit d'autant plus nuisible, que, par sa nature, il étoit imprévu. Il y a quelques années que, dans de grands besoins du fisc, il avoit été établi, dans les Etats de l'impératrice-reine, un impôt de dix pour cent sur les successions collatérales. La succession d'un abbé à un autre ayant été regardée comme comprise dans le cas, aux termes de l'édit, chaque nouvel abbé s'y trouvoit soumis. Les monasteres alors s'abonnerent avec le fisc pour une somme une fois payée ; mais ils ne s'en crurent pas moins fondés à imposer un dixieme sur chacun de leurs vassaux, à chaque mutation d'abbé. Ils rejettoient ainsi sur les avances & les capitaux de leurs cultivateurs, un impôt qui, dans son origine, devoit être

_____
* Ephémérides.

pris sur les épargnes du revenu net de l'abbé. Cette vexation portoit le beau nom de *droit de mitre* ; &, en vertu de ce prétendu droit, les monasteres ont retiré plusieurs fois, & d'une maniere très-onéreuse à la culture, la somme qu'ils avoient avancée au gouvernement. L'impératrice-reine, ayant été informée de cet usage usurpatoire, l'abolit cette année, par une ordonnance qui défendoit aux monasteres de rien exiger à l'avenir, & à ses sujets de rien payer pour cet objet.

Marie-Thérese donna encore dans le courant de cette année une ordonnance dans laquelle les habitans de la campagne & les cultivateurs reconnurent les vues bienfaisantes de la *mere de la patrie*. C'est, dit l'auteur des Ephémérides, un des plus grands bienfaits que sa majesté l'impératrice-reine ait pu verser sur ses sujets ; un de ceux qui, dans ses Etats, exigeoit le plus grand courage d'esprit, & l'un de ceux cependant dont il est le plus étonnant que la nécessité se fasse sentir dans toute l'Europe. Si l'on alloit dire à la Chine que, dans nos sociétés qui se prétendent policées, il y a des hommes qui sont ligués avec le gibier pour lui affurer la liberté de dévorer en paix les autres hommes, les Chinois répondroient que nous n'avons aucune idée de l'objet d'un gouvernement, ni des principes naturels de la fociété humaine, & que nous fommes auffi fauvages que nos loups & nos fangliers. Les Chinois auroient tort. Nous ne fommes pas tout-à-fait auffi fauvages ; mais nous fommes beaucoup plus frivoles & plus inconféquens. En général, on veut le bien des hommes, & l'on eft fenfible à la mifere du pauvre. Mais on ne fonge gueres ni aux caufes de cette mifere, ni aux moyens de la foulager ; ni, ce qui eft bien plus important, à ceux de la prévenir. Il faut nous confoler, en efpérant qu'il n'en fera pas toujours ainfi. Tous les événemens contenus dans ces Annales, d'autres arrivés tout récemment, & qui trouveront leur place ailleurs *, prouvent qu'il y a des fouverains qui voient ces moyens d'ê-

---

* Dans la partie de l'Hiftoire de France qui contient les commencements du regne de Louis XVI.

tre utiles aux hommes, & qui les emploient.

L'ordonnance de sa majesté impériale & royale est un monument précieux de sa bienfaisance, que nous ne pouvons nous empêcher de rapporter en son entier ; on verra que, si elle laissa dans le temps quelques restrictions à la liberté qu'elle donnoit aux cultivateurs de se défendre contre le gibier, c'est qu'il étoit, pour le moment, impossible de mieux faire dans le pays qu'elle gouverne.

« MARIE-THÉRESE, &c. Comme
» nous sommes invariablement portés
» à procurer l'abondance des vivres, à
» veiller à tout ce qui peut contribuer
» à la culture de la terre, & à abolir
» tout ce qui y est contraire, nous
» avons pris en considération le dom-
» mage notable qui est occasionné aux
» gens de la campagne, qui vivent
» principalement de la culture pénible
» de leurs fonds, par le nombre ex-
» cessif des sangliers qu'on laisse aug-
» menter en plusieurs endroits, malgré
» tout ce qui a déja été statué à cet
» égard. Pour ôter donc à nos fideles
» sujets

» fujets ces motifs de plainte, & faire
» à cet égard un arrangement folide
» & permanent, nous voulons & or-
» donnons qu'à l'avenir il foit fait des
» parcs fi bien fermés, qu'aucun fan-
» glier ne puiffe en fortir ; & que tous
» ceux qui feront rencontrés, foit dans
» les forêts, foit dans les champs, foient
» regardés comme bêtes féroces, & tués
» en conféquence en tout temps de l'an-
» née.

» Pour que les feigneurs & tous au-
» tres ayant droit de chaffe, aient ce-
» pendant un terme convenable pour
» fe défaire des fangliers qui exiftent
» actuellement, & établir, au cas qu'ils
» veuillent en conferver, les parcs que
» nous prefcrivons, nous leur accor-
» dons, à commencer du 31 Décem-
» bre de la préfente année (1770), le
» terme d'une année, de maniere qu'au
» 1er Janvier (1772) tous ces animaux
» foient tués ou renfermés.

» Tous poffeffeurs de chaffe feront
» après ce temps tenus de faire tuer
» tout ce qui s'en trouvera hors des
» parcs, fans diftinction de mois ni de
» temps de l'année, & ce fur le premier
» avis qui leur en fera donné, & à

» peine d'en être comptables : &, dans
» le cas de contravention à nos ordres,
» tous sujets & personnes quelconques
» en avertiront le capitaine du Cercle,
» qui sans délai apportera du remede
» à leur plainte; & tout possesseur de
» chasses qui y aura contrevenu, sera,
» outre la restitution du dommage,
» puni plus sévérement encore, suivant
» l'exigence des cas.

» Quant aux cerfs, lesquels seront
» conservés, il sera permis à tous sujets
» de clorre leurs fonds & héritages par
» des palissades aussi hautes qu'ils le
» voudront, mais non terminées en
» pointes; par des fossés ou par des
» haies vives : à quel effet même il leur
» sera donné tout secours & toute ai-
» sance, à condition néanmoins que les
» fossés ne soient pas faits de maniere
» que les cerfs puissent y être pris, &
» que dans les terrains à portée du Da-
» nube il soit laissé de distance en dis-
» tance, & à trois ou quatre cents pas
» les unes des autres, des ouvertures
» ou portes qui, lors de la crue de ce
» fleuve, seront ouvertes, afin que les
» cerfs puissent s'y réfugier.

» Tout ce qui est ci-dessus aura éga-

« lement lieu à l'égard des fonds situés
» dans les forêts; &, quoiqu'il soit li-
» bre aux possesseurs de chasses d'acheter
» ces fonds pour l'entretien de leur gi-
» bier, nous voulons cependant qu'ils n'u-
» sent à cet égard d'aucune contrainte.

» Comme il nous est d'ailleurs par-
» venu que les chasseurs ont prescrit
» aux propriétaires des fonds situés
» dans des forêts ou dans leurs envi-
» rons, le temps d'y faucher le foin ou
» arriere-foin, & qu'ils ont même exi-
» gé que la permission leur en fût de-
» mandée, nous abolissons cette sujé-
» tion, & voulons qu'à cet égard tous
» & un chacun jouissent d'une pleine
» & entiere liberté. »

Vous vous plaisez sans doute à voir ces sages établissemens, ces ordonnances qui ont l'équité pour base & dont la félicité publique est le but. Depuis que Marie-Thérèse a associé Joseph II à la co-régence des Etats héréditaires, la mere & le fils, animés du même zele, inspirés par la même tendresse, guidés par les mêmes principes, semblent disputer ensemble de la gloire de se rendre plus chers à leurs peuples. Leurs majestés impériale & royale, par une ordonnance du mois de Novembre (1770), & d'après les motifs les plus sages, exempterent de tous droits tous les grains qui entreroient ou circuleroient dans leurs Etats. Une portion si importante de la liberté du commerce, dut faciliter beaucoup l'approvisionnement des provinces qui souffroient de la cherté.

Tout ce qui a rapport à la gloire des augustes enfans de Marie-Thérese, doit être consacré dans les Annales de leur respectable mere. L'Europe, sans être étonnée, les voit se distinguer d'une maniere éclatante entre les princes destinés à faire le bonheur du genre humain, & le récit de leurs actions louables servira à faire goûter la félicité présente en se consolant des maux passés. Recueillons-les avec soin, ces actions admirables; elles serviront de modeles à la postérité, en faisant la gloire de notre siécle. Le 19 Août de cette année, dans le territoire de *Posoviz*, près du village de *Slavikoviz* en Moravie, on découvrit en présence d'une nombreuse noblesse, au son de différens instrumens & au bruit du canon, un monument que le prince Winceslas de Lichtenstein, seigneur de *Posoviz*, avoit fait élever, en mémoire de ce qu'à pareil jour de l'année précédente, l'empereur, pour honorer & encourager l'agriculture, avoit labouré plusieurs sillons dans le champ où ce monument est érigé. Le monument est superbe, du plus beau marbre, orné de figures allégoriques, & d'une inscription que voici :

Imp. Cæs. Joseph o,
divi Francisci & M. Theresiæ aug.
pio filio aug.
quod is anno M. DCC. LXIX.
mense Aug. die 19,
ad excitandam populorum industriam,
ducto per totum hoc jugerum aratro,
agriculturam humani generis nutricem
nobilitavit,
communibus ordinum Moraviæ votis
monumentum posuit
Josephus Winceslaus, princeps
à Lichtenstein.

La charrue dont le monarque s'étoit servi, avoit été enveloppée dans une étoffe de soie, & déposée entre les mains des représentans des Etats de la

Moravie, après qu'on eut gravé sur le soc l'inscription suivante :

*Præsidente in inclyto Cæsareo
regio gubernio,
& supremo marchionatus Moraviæ
capitaneo,
comite Antonio Francisco
à Strattentach,
hic loci brunæ patrios
sibi penates inhabitante,
die 19 circà
quintam pomeridianam
proficiscens ad castra Olschana
propè pagum Clavikowis,
JOSEPHUS II, Cæsar romanus,
hoc aratro ruri Andrea
Truca liras araverat binas,
gubernante principe Josepho
à Lichtenstein
in suo dominio Posowiz
in perpetuam rei memoriam:
hocce aratrum per actualem
ejusdem dominii directorem,
Joannem Nep. Ignatium Thomam,
in proprias statuum Moraviæ
manus consignante.*

Ce monument, si justement élevé à

l'empereur Joseph II, nous rappelle que dans une occasion à peu près pareille, Monseigneur le Dauphin, aujourd'hui roi de France, en mérita un semblable le 15 Juin 1768 ; & nous dirons avec l'auteur des Ephémérides que je copie : « Puissent les princes, dont l'Europe » attend sa félicité, lutter ainsi dans » tous les points qui peuvent concourir » à son bonheur ! »

Aucun prince jusqu'à présent n'a fourni plus que Joseph II, de ces traits qui annoncent le caractere le plus heureux, & qui donnent les plus hautes espérances de ce qu'il doit faire un jour. Simple dans ses manieres, on le rencontre souvent dans les rues de Vienne, vêtu comme un simple particulier, n'ayant de garde que l'amour universel qu'on lui porte. Il observe, & soulage & réforme. Il apprend à juger, d'après la voix publique, ceux qui ne se montreroient jamais à lui personnellement que sous le masque des cours. Il apprend ce qu'on pense de lui-même. Il regarde les avis ingénus du peuple comme des especes de leçons qui peuvent rendre plus aisé l'art de gouverner ce peuple plus équitablement, plus habilement, & d'une maniere plus analogue à ses dispositions. Il donne abondamment des secours à l'infortune ; mais aussi économe que bienfaisant, ce qui est la suprême vertu des rois, l'infortune même n'usurpe jamais avec lui les récompenses qui ne sont dues qu'aux services réels. Il sçait que l'argent des peuples doit être employé pour l'utilité commune des peuples, & que c'est à ce grand principe que doit être subordonnée la générosité des souverains. C'est, dans un âge peu avancé, avoir déja une bien haute sagesse.

Ce prince, dans une de ces promenades où il se plaît à cacher sa grandeur, vit une jeune personne qui portoit un paquet dans son tablier, & qui paroissoit plongée dans la douleur la plus amere. Sa jeunesse & son affliction l'intéresserent ; il l'aborda avec cet air d'honnêteté touchante, qui peint l'intérêt & le respect que les ames sensibles ont toujours pour l'infortune. Il lui demanda si l'on pourroit sans indiscrétion sçavoir ce qu'elle portoit. La jeune personne, dont le cœur gonflé de chagrin éprouvoit ce besoin que tous les infortunés ont senti quelquefois de le répandre au dehors, ne put résister long-temps aux instances de l'inconnu qui l'interrogeoit. Elle lui dit que le paquet qu'elle portoit renfermoit quelques hardes à sa mere, & qu'elle alloit les vendre. Elle ajouta en pleurant que c'étoit la foible & derniere ressource qui leur restoit pour subsister toutes deux; qu'elle n'auroit jamais dû s'attendre à un pareil sort; qu'elle étoit fille & sa mere veuve d'un officier qui avoit servi avec honneur & distinction dans les troupes de l'empereur, sans avoir obtenu cependant les récompenses qu'il étoit en droit d'attendre. « Il » auroit fallu, lui répondit le monar- » que, présenter un Mémoire à l'em- » pereur. N'êtes-vous connue de per- » sonne qui puisse lui recommander vo- » tre affaire ? » Elle lui nomma un de ces courtisans qui promettent & qui oublient avec la même facilité, qui depuis long-temps s'étoit chargé de la recommander, sans avoir pu, disoit-il, rien obtenir. L'inutilité de ses démarches avoit même inspiré à la jeune personne des idées désavantageuses de la générosité de l'empereur, & elle ne les lui diffimula point. « On vous a trompée, lui répliqua ce prince en cachant son émotion; je fuis comme sûr que fi l'empereur avoit fçu votre fituation, il y auroit apporté remede. Il n'eft point tel qu'on vous l'a dépeint. Je le connois, il m'aime, & il aime encore plus la juftice. Il faut abfolument avoir recours à lui. Faites un Mémoire, venez demain me l'apporter au château, en tel endroit & à telle heure. Si les chofes font telles que vous me les avez dites, je préfenterai le Mémoire & vous-même à l'empereur, j'appuierai votre demande, & j'ofe croire que ce ne fera pas en vain. » La jeune perfonne effuyoit fes larmes, & fe répandoit en proteftations de reconnoiffance pour le feigneur inconnu, quand il ajouta : « En attendant, il ne faut pas vendre vos hardes. Combien comptiez-vous en avoir ? --- Six ducats, répondit-elle. --- Permettez que je vous en prête douze, jufqu'à ce que nous ayons vu le fuccès de nos foins. »

A ces mots ils fe féparerent. La jeune perfonne court porter à fa mere les douze ducats, les hardes, & les efpé-

DE L'Empire d'Allemagne. 371
rances qu'un inconnu, qu'un ange de Dieu, qu'un seigneur de la cour, qu'un ami de l'empereur vient de lui donner. A la description qu'elle fait, à la physionomie qu'elle peint, aux discours qu'elle rapporte, la mere ou quelqu'un qui étoit présent reconnoît l'empereur. Heureux le prince qui, en pareil cas, ne peut être méconnu ! La jeune personne demeure alors épouvantée de la liberté avec laquelle elle a parlé à l'empereur de lui-même. Elle n'ose plus aller le lendemain au château; ses parens ne peuvent parvenir à l'y mener qu'après l'heure indiquée. Elle arrive enfin, comme l'empereur, impatient de la voir, donnoit des ordres pour envoyer chez elle. Elle ne peut alors méconnoître son souverain; elle s'évanouit.

Qu'avoit fait le prince pendant cet intervalle ? Il avoit pris des informations exactes auprès des premiers officiers du corps dans lequel le pere de la jeune personne avoit servi ; car il avoit eu soin de tirer d'elle le nom de ce corps & celui de son pere. Il avoit trouvé son récit véritable, & il s'étoit assuré par-là que sa bienfaisance

Q vj

seroit conforme à la justice & ne seroit point mal placée.

Lorsque la jeune personne, qu'on avoit portée dans un autre appartement, fut revenue à elle-même, l'empereur la fit entrer dans son cabinet avec les parens qui l'avoient accompagnée ; il lui remit pour sa mere le brevet d'une pension égale aux appointemens dont son pere avoit joui, & dont la moitié étoit réversible sur elle, dans le cas où elle perdroit sa mere. « Mademoiselle, lui dit ce bon prince, je prie madame votre mere & vous de me pardonner le retardement qui vous a mises dans l'embarras. Vous êtes convaincue qu'il étoit involontaire de ma part ; & si quelqu'un à l'avenir vous dit du mal de moi, je vous demande seulement de prendre mon parti. »

Depuis cet événement, ce prince, réfléchissant combien, malgré ses soins paternels & ses recherches, il pouvoit lui arriver d'ignorer de choses de ce genre, ou de tout autre, dont il est pourtant essentiel qu'il soit instruit, résolut de se rendre accessible à tous ses sujets. Pour mettre tous les citoyens, de quelque rang ou de quelque condition qu'ils fuſſent, à portée de recourir eux - mêmes à ſa juſtice ou à ſa clémence, il fixa un jour par ſemaine où chacun d'eux, ſans diſtinction de rang, pourroit lui préſenter ſes requêtes ou ſes plaintes. Il défendit à tous les officiers de ſervice auprès de ſa perſonne d'écarter, ces jours-là, quiconque ſe préſenteroit pour cet effet ; il déclara en même temps qu'il entendoit rendre juſtice indiſtinctement à tous les ordres de l'Etat. Une telle déclaration dut ſans doute faire frémir de crainte ces hommes puiſſans qui s'étoient ſervis de leur credit ou de leur rang pour opprimer dans le ſilence des citoyens qui n'avoient oſé ſe plaindre. Mais quelle conſolation pour ces malheureuſes victimes de la puiſſance & de la tyrannie, de voir leur maître commun prendre en main leur défenſe, & faire aſſeoir à ſes côtés ſur ſon trône la juſtice inexorable ! C'eſt pour ce grand empereur la plus agréable fonction de ſa puiſſance ſouveraine. Cette ſeule & ſage inſtitution ſuffit pour prévenir une infinité d'abus, & pour faire

même que ces audiences ne soient pas très-fatigantes pour lui. On a pu avoir bien des choses à dévoiler à ce prince dans le commencement ; mais la permission qu'il a donnée de lui parler, doit faire nécessairement qu'on ait beaucoup moins à lui dire.

Citons encore un beau trait de bienfaisance de l'empereur ; nos lecteurs nous sçauront gré de notre exactitude à recueillir tous ceux qui sont parvenus à la connoissance du public. Ce grand prince alla un jour, sans y être attendu, chez un pauvre officier, pere d'une nombreuse famille. Il le trouva à table avec dix de ses enfans, & un orphelin dont il s'étoit encore chargé, malgré son indigence. L'empereur, frappé de ce spectacle, dit à l'officier : « Je sçavois que vous aviez dix
» enfans, mais quel est ce onzieme ? ---
» C'est, lui répondit le pere, un pau-
» vre orphelin que j'ai trouvé exposé
» sur la porte de ma maison. » L'empereur, attendri jusqu'aux larmes, lui dit : « Je veux que tous ces enfans soient
» mes pensionnaires, & que vous con-
» tinuiez de leur donner des exemples
» de vertu & d'honneur ; je payerai

» pour chacun deux cents florins par an ;
» faites-vous payer dès demain, chez
» mon tréforier, du premier quartier
» de ces penfions. J'aurai foin de vo-
» tre ainé qui eft lieutenant. » Qu'un
souverain eft grand, lorsqu'il va ainfi
chercher l'indigence vertueufe dans
l'obfcurité, pour la récompenfer ! C'eft
alors qu'il peut être regardé comme
une image vivante de la Divinité, digne de l'amour & de la vénération des
peuples. *

---

* Pendant que l'on imprimoit ces Annales du regne de Marie-Thérefe, les papiers
publics nous ont inftruit d'un fait que nous
croyons devoir y inférer. Ne pouvant le
mettre à fa date précife, parce que nous
avons terminé cette hiftoire à l'année 1771,
il fe trouvera confervé dans ce recueil, que
nous aurions bien defiré de rendre complet,
en y inférant toutes ces anecdotes intéref-
fantes qui fervent fi bien à caractérifer ces
souverains, & dont la plûpart n'ont pas été
rendues publiques. Nous regrettons de n'avoir
pas eu de mémoires particuliers pour com-
pofer cette hiftoire ; elle feroit devenue plus
intéreffante encore, fi nous avions pu être
inftruit des actions de la vie privée de l'augufte
Marie-Thérefe. La modeftie de cette princeffe n'a jamais voulu permettre que l'on écri-

Dans le plan admirable de gouvernement dont Marie-Thérese a jetté

vît rien sur son regne. Nous espérons cependant que l'essai que nous donnons au public, engagera quelqu'un à recueillir avec exactitude les anecdotes d'un regne si intéressant pour l'humanité. Nous nous flattons même que l'idée que nous avons eue de rassembler ces traits de bienfaisance & de bonté qui caractérisent Joseph II, fera naître celle de conserver dans des mémoires faits avec soin, toutes les actions d'un prince qui fait aujourd'hui l'admiration de l'Europe entiere. Le fait dont il s'agit ici est de la nature de ceux que nous venons de raconter; c'est une réponse sage à une demande injuste, faite par ces personnes qui ne connoissent rien au-dessus de la vanité que leur inspire un grand nom. Quelques seigneurs de la cour de Vienne s'étant plaint à l'empereur de ce qu'ils ne pouvoient jouir décemment & à leur aise des promenades publiques, parce qu'elles fourmilloient de petite noblesse & de peuple, ils supplierent sa majesté impériale de faire fermer le *prater*, & d'ordonner que l'entrée n'en fût permise qu'à des personnes de leur qualité. L'empereur, surpris de leur demande, leur répondit: « Si je ne voulois voir
» que mes égaux, il faudroit que je m'enfer-
» masse dans les caveaux des capucins, où
» reposent les cendres de mes ancêtres. J'aime
» les hommes, sans distinction; & je pré-

les fondemens, & qu'elle perfectionne tous les jours, tout ce qui a un rap-

---

» fere ceux qui ont de la vertu & des ta-
» lens, à ceux dont tout le mérite est de comp-
» ter des princes parmi leurs aïeux. « Cette réponse admirable, & qui porte le caractere de la philosophie la plus sublime, dut atterrer ces ames superbes qui regardent le peuple comme un esclave dont la destinée est de les servir. Quelle différence trouvent-ils donc entre un homme & un homme ? Se sont-ils mis eux-mêmes à leur place ? L'Etre suprême, qui donne en même temps un fils au laboureur & un héritier à ce grand seigneur, ne pouvoit-il donc pas, par un léger changement, faire naître Basile sous la pourpre, & le nouveau duc sous le chaume ? Basile, quoique pauvre comme ses peres, sera un homme juste, bienfaisant, équitable, bon pere, bon mari ; cet autre enfant sera peut-être, comme ses parens, un homme injuste, dur envers ses inférieurs, ne pensant qu'à lui-même, faisant des dettes, ne s'occupant que de ses chevaux & de ses chiens. Quel sera le plus utile à la société ? quel sera le plus estimable aux yeux du véritable sage ? Basile, couvert des habits simples de la médiocrité, peut-être même de l'infortune & de la pauvreté, mais honnête homme, l'emportera toujours sur l'autre, quoique couvert de dorure, & suivi de valets aussi insolens que lui. « Oui, aimer les hommes sans dis-

port direct ou indirect aux vues de cette grande législatrice, attire l'attention de Joseph II. Les plus petits détails ne lui échappent point, il ne les regarde pas comme au-deſſous de lui. Lorſque les objets par eux-mêmes ſont petits, il ſçait les relever par la maniere dont il les enviſage, & par les ſoins qu'il daigne y apporter. Voici un fait qui en eſt une preuve authentique. Ce prince, ayant fait en perſonne la viſite des couvens de filles de ſa capitale & de quelques autres endroits, & s'étant fait rendre compte des occupations des religieuſes, jugea à propos d'envoyer dans les maiſons où l'on ne s'occupe ni à élever de jeunes filles, ni à ſervir les malades, une grande quantité de piéces de toile dont les religieuſes ſeroient tenues de faire des chemiſes pour les ſoldats. L'empereur ſçut ainſi rendre utiles à la patrie une quantité prodigieuſe de perſonnes que l'Etat

---

» tinction, & préférer ceux qui ont de la vertu
» & des talens, à ceux qui n'ont d'autre mérite
» que les titres de leurs aïeux, » c'eſt la vertu qui diſtingua toujours les grands rois, c'eſt la maxime qui rendit toujours les peuples heureux.

nourrissoit sans qu'elles lui rendissent aucuns services. Dans un Etat, personne ne doit exister uniquement pour soi-même; la société est un corps dont les membres qui ne lui sont pas utiles lui sont toujours à charge; & pour que tout y soit dans l'ordre, il faut que tous les individus servent au bien commun.

Il existoit dans les Etats héréditaires un abus qui fixa l'attention de l'impératrice-reine. Des gens de main-morte profitoient encore du pouvoir que leur donnoient les saintes fonctions de leur ministere sur leurs pénitens prêts à mourir; ils trouvoient moyen de se faire léguer des sommes considérables, des maisons, des terres & d'autres immeubles. Ces moyens séducteurs ont été autrefois portés à un tel excès, que plus d'un tiers de la haute & de la basse Autriche appartient aujourd'hui à des ordres monastiques. Marie-Thérèse pensa qu'il étoit essentiel d'empêcher les familles d'être injustement frustrées des propriétés qu'elles ont droit de prétendre, en vertu des liens naturels qui les attachent à leurs parens. Cette princesse, qui unit à la piété la plus tendre

& au zele le plus ardent pour la religion, une ame courageuse dégagée de tous les préjugés qui, en affoiblissant sa gloire, pourroient nuire à ses peuples, ordonna que, dans la suite, aucune personne consacrée aux autels, de quelque rang & de quelque qualité qu'elle fût, ne pût jamais être présente quand un testateur dicteroit ses dernieres volontés, ni même que ces personnes pussent y influer directement ou indirectement, soit par leurs conseils ou par leurs insinuations, parce que, dit-elle, *la puissance spirituelle ne doit avoir rien de commun avec la puissance temporelle.* Nous ferions de ces simples Annales un volume immense, si nous rapportions toutes les loix établies par cette sage législatrice. Nous nous sommes contentés de parler de celles qui pouvoient donner à nos lecteurs une connoissance plus particuliere de l'ame bienfaisante de cette princesse, de son génie, & de ses vues.

Après tout ce que contiennent ces Annales, & tout ce que l'on y a vu des bienfaits qu'ont reçus d'elle ses sujets, de ceux que leur promettent ses lumieres, l'expérience de trente-quatre ans du regne le plus glorieux, & sa bienfaisance inépuisable; on ne doit pas être étonné que tous ses enfans, même les plus jeunes, s'empressent à marcher sur ses traces, & à mériter de leurs peuples le tendre amour que ceux de Marie-Thérese ont pour cette auguste souveraine. L'archiduc Léopold, grand-duc de Toscane, a déja mérité d'être placé au rang des plus grands souverains par une quantité de loix sages, & par les dépenses considérables que son altesse royale a faites toutes relatives au bien de ses sujets. Les travaux que ce prince a entrepris pour dessécher, rendre habitable & propre à être cultivé, le pays marécageux appellé *la Maremma de Sienne* *, rendront son nom éternellement cher & respectable à ses peuples. Depuis une longue suite d'années, ce pays étoit presque entiérement désert; cette entreprise, digne des plus grands éloges, a rendu à l'agriculture un terrain considérable qu'il a fallu, pour ainsi dire, conquérir sur

---

* Voyez le tome I des Ephémérides du Citoyen, année 1771, où l'on a donné le détail de cette entreprise, si digne d'être connue.

les eaux qui s'en étoient emparées. Le souverain a fait toutes les avances nécessaires, & cet immortel ouvrage a été achevé sans avoir fait contribuer personne à la dépense qu'il exigeoit.

Dans le temps que toute l'Europe souffroit de la cherté des grains, la sagesse du grand-duc étoit récompensée, en ce que la Toscane étoit le seul pays qui jouît de l'abondance & d'un prix modéré, par l'effet combiné des importations & des exportations, par les encouragemens que la culture avoit reçus, & par la confiance universelle.

Toutes les taxes d'entrée sur les denrées nécessaires à la vie, avoient été supprimées par le grand-duc ; & ce prince avoit déja aboli toutes les impositions sur la vente & l'achat des bestiaux.

Les jours de ce prince sont ainsi marqués par des bienfaits qui, enrichissant son pays, augmentent son autorité, sa puissance & ses revenus.

L'archiduc Ferdinand, depuis qu'il est gouverneur de la Lombardie Autrichienne, remplit les hautes espérances que l'on avoit conçues de son administration. Ce jeune prince, qui s'est

DE L'Empire d'Allemagne. 383
appliqué aux sciences utiles, dès l'âge le plus tendre, avec une ardeur bien rare dans ses pareils, y a fait les progrès les plus rapides. Il a toujours eu un goût passionné pour la lecture; mais son livre favori étoit le *Télémaque*, qu'il sçavoit presque par cœur. On peut juger par ce choix de la trempe de son ame, & de la bonté de son caractere. Aussi, lorsqu'il étoit encore à Vienne, regardoit-il comme un bonheur les occasions de rendre des services; & il en a rendu à quantité de personnes de toutes sortes d'états. Avec une mere telle que Marie-Thérese, ce prince pouvoit exercer sa bienfaisance, il n'étoit jamais refusé. Le dernier trait qui marqua son départ de Vienne, en devenant public malgré lui, rendit plus vifs les regrets unanimes des habitans de cette capitale.

Pendant les différentes fêtes qui furent données à cette occasion *, on lui montra, en présence de l'impératrice-reine, les desseins d'une illumination superbe qu'on avoit résolu de faire

---

* Ephémérides du Citoyen.

à Schonbrun l'avant-veille de son départ, & qui auroit coûté beaucoup. Le jeune prince considéra ces dessins attentivement, parut rêveur, soupira, & quelques larmes s'échapperent de ses yeux. L'impératrice, étonnée & inquiete de cet attendrissement, lui en demanda vivement la cause. « Ma mere, » lui dit-il, voilà assez de fêtes qu'on » me donne : encore une illumination ? » Cela coûtera tant ! & c'est un plaisir » si peu durable, si même c'en est un ! » La cherté des grains & les malheurs » des temps ont réduit quantité de fa- » milles honnêtes dans la derniere mi- » sere : on pourroit employer l'argent » que cette illumination coûteroit, à » soulager les plus indigentes. » L'impératrice embrassa tendrement son cher fils, mêla ses larmes aux siennes, & lui fit remettre une somme considérable. Tout le jour fut employé à la distribuer dans le plus grand secret ; & le lendemain, il parut devant l'impératrice-reine la joie peinte sur son visage, l'embrassa, & lui dit, avec l'enthousiasme d'une belle ame transportée du plaisir d'avoir fait une bonne action : « Ah ! ma mere, quelle fête ! »

Depuis

Depuis que ce jeune prince est arrivé à Milan, sa simplicité noble, sa modestie, sa bonté, sa politesse attentive & vraie, en un mot, toute sa conduite lui concilie & lui attache généralement tous les cœurs. Il n'accepta le don gratuit de douze cents mille livres que la province voulut lui faire à l'occasion de son mariage avec la princesse de Modene, que dans l'intention de l'employer à des travaux vraiment utiles, tels que des chemins & des canaux qui, en facilitant le commerce des denrées, devoient contribuer à l'accroissement des richesses.

Le présent que l'archiduc fit aux Milanois à son arrivée, n'étoit pas moins avantageux pour la province, ni moins consolant pour l'humanité. Ce fut l'acte de l'abolition du tribunal de l'inquisition. Il est vrai que depuis que l'impératrice regne, ce tribunal redoutable n'avoit plus qu'une ombre de son ancienne autorité; mais il n'en étoit pas moins pour le Milanez, ce que le Vésuve est pour les Napolitains, qui en craignent avec raison les funestes effets, quand même l'explosion ne se fait pas entendre.

Dès le commencement de son administration, ce prince inspira la plus grande confiance, par la déclaration qu'il fit publier sur la manière dont il vouloit que la justice fût administrée dans son gouvernement. Il réforma une loi qui se sentoit encore de la barbarie des temps de troubles auxquels l'Italie a été en proie, & qui privoit de la succession de ses parens toute femme mariée hors de sa province ou de la ville de sa naissance. Imitant le bel exemple que l'empereur avoit donné l'année précédente, il déclara que le mercredi de chaque semaine, il donneroit une audience publique à tous ceux qui auroient quelque grace à lui demander. Mais ce qui rendit ces audiences plus remarquables encore, c'étoit l'heure qu'il avoit désignée. Elles devoient commencer l'hiver à six heures & demie du matin, & l'été peu après le lever du soleil. Si nous trouvions, dans l'histoire des temps plus reculés, un trait pareil à celui-ci, nous aurions peine à le croire. Un grand prince, à l'âge de dix-sept ans, nouvellement marié, se lever avant le jour, pendant la saison la plus rigoureuse, pour écouter les plaintes des citoyens dont le fort lui est confié! Voilà certainement une conduite dont il y a peu d'exemples, une des plus belles actions dont un jeune souverain puisse être capable, & celle qui doit être le présage le plus assuré du bonheur constant que le Milanez attend de ses soins.

En donnant de justes éloges à la bienfaisance des enfans de l'impératrice-reine, nous ne croyons pas nous être écartés de notre sujet; ce sont-là les fruits précieux de l'éducation que cette princesse leur a donnée: puissent de si beaux exemples produire leur effet! L'éloge le plus magnifique à donner aux vertus sublimes, est de les imiter. Nous avons encore un beau trait de l'empereur Joseph II à consacrer dans ces Annales, & c'est par celui-là que nous les terminerons. On se souvient encore qu'en 1771 une disette affreuse, suite de la guerre qui dévastoit la Pologne, se fit sentir dans presque toute l'Allemagne. La Bohême fut un des Etats les plus affligés. On y vit des séditions, des vols, des meurtres, en un mot, toutes les horreurs que la famine entraîne toujours après elle. Vers la fin du mois de Mai, l'on manqua absolument de pain pendant deux jours. La populace courut les rues en demandant du pain, & maltraita même plusieurs personnes qu'elle accusoit d'être les auteurs de la misere publique. On peut juger de l'impression que ces calamités durent faire sur l'ame sensible de Marie-Thérese & de son vertueux fils.

L'empereur, voulant absolument connoître par lui-même * d'où provenoient tant de maux dont le récit l'affligeoit chaque jour, part de Vienne dans une simple caleche, avec une suite si peu nombreuse, que la plûpart des gens titrés de l'Europe, & même que des financiers auroient eu l'orgueil d'en rougir il y a trente ans. Dans cette simplicité où il paroît si grand, puisqu'il ne l'aime que pour éviter d'être à charge à ses peuples, & pour être plus en état de les secourir, il parcourt toutes les provinces de la Bohême. Quel spectacle s'offre à ses yeux! quels sentimens s'élevent dans son cœur! Il voit partout des campagnes dévastées, & des

---

* Ephémérides du Citoyen.

villages entiers d'esclaves périssant par la faim, ou par des maladies aiguës. Ces images terribles le touchent, mais ne l'effrayent pas. Il questionne, il interroge tous ceux qui peuvent lui donner des lumieres; souvent même il se dérobe au petit nombre de fideles serviteurs qui l'accompagnent, pour aller discourir avec de simples paysans. C'est dans ces conversations naïves qu'il apprend des vérités qu'on voudroit en vain lui cacher. Il sçait que des hommes puissans traitent encore avec inhumanité d'autres hommes, & il se promet d'abolir à son retour l'esclavage dans tous ses Etats. On lui prouve que les exacteurs des impôts arrachent jusqu'à la derniere gerbe du cultivateur affamé; & il fait arrêter les plus coupables, pour les punir de leurs forfaits. Mais c'est peu pour lui d'apprendre d'où viennent tant de maux, s'il ne les soulage. Le mal étoit pressant, aussi le remede fut-il très-prompt. Il écrit à Marie-Thérese le triste état où il a trouvé la Bohême. Aussi-tôt l'impératrice-reine donne les ordres les plus précis, & l'on fait passer dans ce pays des grains & des farines. Bientôt la route de Vienne à Prague est couverte de charriots chargés de ces denrées, & les choses commencent à reprendre leur cours naturel. L'empereur, de son côté, répand d'une main libérale ses bienfaits sur tous les malades ; on avance des semences aux cultivateurs ; une route & des canaux sont ouverts pour procurer des secours aux plus indigens. Deux millions & demi de nos livres, sagement employés, suffisent cependant aux besoins les plus pressans, la misere diminue, les maladies s'appaisent, la mort semble fuir devant lui.

Voilà exactement ce que fit l'empereur pendant son séjour en Bohême. Ce que toute l'Europe connoît de sa douceur, de son affabilité, de sa bienfaisance & de la bonté qui le fait adorer de ses peuples, attestera la vérité de ce récit. Pendant tout le séjour que ce prince fit à Prague, il ne voulut pas aller une seule fois au spectacle. « J'ai trop d'affaires pour perdre mon » temps à m'amuser, » répondit Joseph II à ceux qui l'y invitoient. Il admettoit à sa table les capitaines, même les syndics des Cercles, quand il apprenoit qu'ils remplissoient dignement leurs devoirs, & qu'ils étoient généralement aimés de leurs inférieurs. Des avantages plus grands encore furent les suites heureuses de ce voyage, & des opérations que l'empereur y avoit faites. Depuis long-temps les Juifs avoient la plûpart des impôts à ferme. Cette nation s'est extrêmement multipliée en Allemagne; & ce sont des Juifs qui sont ordinairement fermiers, régisseurs, commissaires & banquiers de la plûpart des souverains. Ces fermiers avoient vexé de toute maniere les sujets de l'impératrice-reine, & ces excès étoient portés à leur comble, quand l'empereur arriva en Bohême. Il les examina, en eut horreur, fit arrêter les coupables, & en rendit compte à l'impératrice-reine. Cette généreuse princesse, qui n'a d'autre passion que d'assurer le bonheur de ses peuples, les délivra sur le champ de leurs persécuteurs. Elle ordonna que dans la suite tous les impôts établis sur les consommations dans ses Etats seroient mis en régie, jamais en ferme, & qu'aucun Juif n'y seroit employé.

Après ces opérations, l'impératrice-reine nomma une commiſſion pour examiner le cours des rivieres qui ſe trouvent en Autriche & en Bohême, afin de prendre des meſures pour rendre navigables toutes celles qui ſe jettent dans le Danube & dans l'Elbe. L'objet de cette opération étoit d'établir des magaſins dans les poſitions qui paroîtroient les plus commodes, tant pour raſſembler les vivres à moins de frais, que pour en faire le verſement par eau, dans les parties des provinces héréditaires qui en auroient beſoin dans de pareilles circonſtances. Un ſage légiſlateur ne ſe contente pas de remédier aux maux préſens, l'expérience lui fait prévoir ce qui peut arriver, & la prudence lui dicte ce qu'il doit faire. Plus un monarque eſt laborieux, plus il trouve à s'occuper, lorſqu'il veut remplir toutes les obligations qu'impoſe le trône.

Joſeph II, pendant ce voyage dont la mémoire ſera immortelle, ſe trouvoit logé dans une auberge de village ; car ce prince évite toujours de s'arrêter dans les châteaux, crainte de cauſer de la dépenſe ou d'incommoder le maître. Une foule de gentilshommes ou d'autres citoyens qui reclamoient sa justice, vinrent, soit pour lui rendre hommage, soit pour lui présenter des requêtes. Il en retint un si grand nombre à dîner, qu'on se crut obligé de lui représenter qu'il n'y avoit pas assez d'argenterie pour traiter tant de monde : « Qu'importe, répondit-il ? » on trouvera ici suffisamment d'étain ; » ces messieurs voudront bien excuser » un voyageur. » Je terminerai par ce beau trait les Annales de Marie-Thérese, & le tableau abrégé des premieres années du regne de l'auguste souverain qui porte aujourd'hui la couronne impériale. Je desire qu'une main plus habile recueille avec soin les anecdotes d'un regne qui est déja l'un des plus glorieux que nous offre l'histoire d'Allemagne.

Celui de Marie-Thérese en prépare la splendeur, & Joseph II n'aura plus qu'à suivre les traces de son auguste mere. Puissent ces deux souverains si chers à l'Allemagne, faire ensemble long-temps son bonheur, & donner aux autres monarques de l'Europe l'exemple d'une reine qui met toute sa gloire dans la félicité de ses sujets, &

d'un jeune empereur qui fait confifter la fienne à imiter fa refpectable mere, & dont l'unique plaifir eft de remplir les devoirs qu'impofe le trône ! Après bien des années employées au travail le plus affidu, l'impératrice-reine jouit aujourd'hui du fruit de fes peines. Elle voit à leur perfection tous ces établiffemens dont fa fageffe a pofé les fondemens, & dont fa bienfaifance avoit prévu l'utilité. La religion refpectée, & regardée comme le plus ferme foutien des empires ; la difcipline la plus exacte rétablie dans les troupes ; un ordre militaire * inftitué pour récompenfer la valeur, & exciter la noble émulation ; un autre ** rétabli dans les mêmes vues ; des écoles *** pour l'éducation gratuite de la jeune nobleffe indigente, confiées à des hommes de mérite, & furveillées par elle-

---

* L'ordre de Marie-Thérefe.
** L'ordre de Saint-Etienne de Hongrie.
*** Entre plufieurs autres établiffemens de ce genre, le college Théréfien, où fa majefté impériale & royale affifte fouvent aux exercices des jeunes éleves, & juge elle-même de leurs progrès.

même; des honneurs accordés aux sçavans & aux artistes célebres; des monumens qui immortaliseront les hommes qui mériterent cette distinction de la part de cette souveraine; toutes les branches du gouvernement portées à un degré de perfection qui maintient tous les Etats dans la position qui leur convient; des loix, des ordonnances sages qui assurent pour l'avenir l'état actuel des choses; le commerce florissant dans des provinces qui n'étoient autrefois que guerrieres; des manufactures poussées déja à un point de perfection qui étonneroit, si l'on ne sçavoit pas que Marie-Thérese les honore elle-même de ses regards, & excite l'émulation parmi les ouvriers par les récompenses qu'elle accorde à leur activité; l'agriculture encouragée par tous les réglemens qui peuvent assurer au cultivateur la protection la plus marquée; les finances ménagées avec cette économie qui, sans rien diminuer de l'éclat du trône, les fait refluer à propos par des dépenses bien entendues, & qui tendent à l'utilité publique; la justice rendue à tous les sujets, sans distinction de rang ni de fortune; enfin, pour l'aider dans une administration aussi pénible, des ministres dont le choix a toujours fait honneur à ses connoissances profondes : tels sont les fondemens de la gloire dont jouit Marie-Thérese ; & cette gloire appartient à elle seule. Toujours à la tête de son conseil, elle y porte ce génie vaste qui embrasse avec facilité les plus grands projets, & qui sçait employer les moyens de les exécuter. Heureuse de la félicité de ses peuples, heureuse de la gloire dont jouissent ses augustes enfans placés sur les premiers trônes de l'Europe, Marie-Thérese sera dans l'histoire des grands rois & des monarques bienfaisans, le plus rare & le plus beau modele qu'auront à imiter les souverains. La postérité placera son nom auguste à côté de ceux des rois bienfaiteurs du genre humain, auxquels elle a voulu ressembler. Ce nom si cher aujourd'hui, ne sera jamais prononcé qu'avec le sentiment de l'amour & de la reconnoissance. Tel sera le prix des travaux du regne glorieux de cette impératrice, & de ses grandes vertus ; c'est le seul bien que puissent ambitionner les souverains.

LOIS, MŒURS ET USAGES DES GERMAINS.

REMONTONS à ces anciens peuples qui occuperent autrefois l'Allemagne, & qui porterent si long-temps le nom de *Germains*. Prenons une idée du gouvernement & des mœurs de cette nation guerriere, avant que de nous instruire des lois & des usages de leurs successeurs. Rien n'est plus propre à instruire, que ce contraste piquant de nos usages & de ceux des anciens.

GOUVERNEMENT des Germains. Cette nation, qui ne respiroit que la guerre, l'indépendance & la liberté, avoit un gouvernement conforme à ce goût dominant. Chez eux tout étoit électif. Ils se choisissoient des rois entre les plus nobles, & des généraux entre les plus vaillans. Divisés en plusieurs cantons, ils n'étoient point soumis à un seul chef; mais chaque canton obéissoit à ses magistrats, auxquels ils donnoient le nom de rois. En temps de guerre, tous les cantons se réunisfoient, & fe choififloient un général.

Dans les affaires civiles, fi l'on peut donner ce nom aux affaires de ces anciens peuples, l'autorité de ces rois ou premiers magiftrats étoit bien reftreinte. Tout fe décidoit à la pluralité des fuffrages. Les grandes affaires étoient portées au confeil de la nation. Un confeil compofé des principaux d'entr'eux, décidoit celles de moindre conféquence.

Les affemblées générales étoient fixées & fe tenoient aux nouvelles & pleines lunes, à moins qu'il ne fe rencontrât quelques grands obftacles. Vous avez dû remarquer avec quelle exactitude les Grecs & les Romains fe rendoient aux affemblées de leurs nations; vous verrez ici tout le contraire. Les Germains, ennemis de toute contrainte, & peut-être lents par caractere, ne fe preffoient point de fe trouver au rendez-vous. On étoit quelquefois deux ou trois jours à attendre les traîneurs. Au bout de ce temps, lorfque la multitude fe trouvoit affez nombreufe, tous prenoient place, armés fuivant leur ufage. Les prêtres faifoient faire filence. Alors le chef du canton, ou quelqu'un de ceux qui avoient de la naissance, de l'âge, de la bravoure ou de l'éloquence, prenoit la parole, non pour donner la loi, mais pour inspirer le conseil qu'il jugeoit le meilleur. Si l'avis étoit adopté, tous témoignoient leur satisfaction en agitant leurs javelines; si au contraire il ne plaisoit point, il s'élevoit dans l'assemblée un murmure général d'improbation.

C'étoit dans ces assemblées générales que l'on nommoit les chefs destinés à rendre la justice dans chaque canton. Chacun de ces chefs avoit cent assesseurs, choisis parmi le peuple pour former son conseil. C'étoit aussi à ce tribunal suprême que se jugeoient les affaires criminelles.

SUPPLICES. Les Germains infligeoient des peines différentes, suivant la différence des crimes. Les crimes qui attaquoient la nation entiere étoient sévérement punis. Ceux qui ne regardoient que les particuliers ne l'étoient pas avec tant de rigueur. Le coupable, même dans le cas de meurtre, en étoit quitte pour un certain nombre de chevaux ou de bestiaux, qui varioit suivant la grandeur de l'offense. Cette espece d'amende se partageoit entre le roi & la cité d'une part, & de l'autre l'offensé, ou ceux qui poursuivoient la vengeance de sa mort.

Ils étoient moins indulgens pour les crimes commis contre la société. Ils pendoient à des arbres les traîtres à la patrie & les déserteurs. Ils traînoient sous la claie & étouffoient dans des mares bourbeuses les lâches, ceux qui avoient fui dans les combats, & ceux qui s'étoient deshonorés par l'impudicité. Cette grande différence dans les peines infligées aux coupables, venoit sans doute d'un amour violent pour la patrie & pour le bonheur commun; car, d'après ce principe, il falloit que chacun préférât le bien général & la sûreté publique à ses propres intérêts.

RELIGION. Un culte informe & grossier étoit toute la religion des Germains. Ils reconnoissoient pour leurs dieux le soleil, le feu, la lune. Ils n'avoient point de temples, & les cérémonies de la religion se pratiquoient dans les endroits les plus sombres de leurs forêts. Le silence & l'ombre des bois les pénétroient d'une frayeur religieuse, qui augmentoit leur respect pour les divinités qu'ils adoroient.

Ils avoient encore quelques dieux particuliers, tels que Mercure & Mars, & des héros divinisés, comme Hercule. Mercure étoit le plus grand de leurs dieux, & dans certaines fêtes ils lui immoloient des victimes humaines. Ils n'offroient à Mars & à Hercule que le sang des animaux. Comme les Grecs & les Romains, ils regardoient Hercule comme le dieu de la bravoure, & chantoient ses louanges lorsqu'ils alloient aux combats.

DIVINATION. Les augures & le sort faisoient partie de la religion de ces peuples, & leur crédulité à cet égard est une nouvelle preuve de leur simplicité. Leur maniere de consulter le sort étoit simple. On coupoit en plusieurs morceaux une baguette d'arbre fruitier; après les avoir distingués par quelques marques, on les jetoit pêle-mêle sur une étoffe blanche. Alors le prêtre de la cité, s'il s'agissoit d'affaires publiques, le pere de famille, s'il étoit question d'intérêts particuliers, ayant fait une priere aux dieux, & regardant le ciel, levoit trois fois chaque morceau l'un après l'autre ; &, suivant l'ordre où s'étoient présentées les différentes marques, il en donnoit l'explication. Si la réponse n'étoit pas favorable, de tout le jour on ne consultoit point le sort. Si elle étoit conforme à leurs desirs, ils vouloient qu'elle fût confirmée par les auspices. Comme les Romains, ils consultoient le chant, le cri & le vol des oiseaux.

Ils avoient une espece de divination qui leur étoit propre. On nourrissoit dans les bois saciés, aux dépens du public, des chevaux blancs, qui n'étoient employés à aucun travail pour le service des hommes. Lorsqu'on vouloit consulter par eux les ordres de la divinité, on les atteloit à un char sacré ; le prêtre avec le roi, ou chef du canton, les observoient dans leur marche, & interprétoient comme des signes de la volonté des dieux, les frémissemens & les hennissemens de ces animaux. C'étoit-là de tous les auspices le plus respecté & le plus autorisé par la crédulité du peuple & des grands. Ces chevaux passoient pour les confidens des dieux, & les prêtres n'étoient regardés que comme les ministres de ces mêmes dieux.

Lorsqu'il s'agissoit d'entreprendre quelque guerre importante, ils tâchoient de faire quelque prisonnier de la nation qu'ils vouloient attaquer. Ils l'obligeoient ensuite à combattre contre quelqu'un des leurs, les deux champions étant armés chacun à la maniere de son pays. Le succès de ce combat singulier étoit regardé comme un présage de l'événement général de la guerre.

Prophétesses des Germains. Aucun peuple n'eut une plus haute idée des femmes. Ils étoient persuadés qu'elles avoient quelque chose de sacré, de divin, de propre à les rendre les interpretes des dieux. Ils croyoient facilement aux prédictions de ces prétendues prophétesses; &, s'il arrivoit que l'événement se trouvât conforme à leurs réponses, ils alloient jusqu'à les honorer comme des divinités.

Art militaire. Les Germains aimoient la guerre, non pas comme les Romains, dans les premiers temps de la république, pour acquérir des richesses; ils ne les connoissoient point. Ce n'étoit point aussi par le desir de se former une vaste domination, puisqu'ils faisoient consister leur gloire à être environnés de vastes solitudes qui les mettoient à l'abri des incursions des autres peuples. L'attrait de la gloire, & le besoin de mouvement & d'action; c'étoit par-là que la guerre leur plaisoit.

Les Gaulois, leurs voisins, avoient le même goût pour les armes; &, dans les commencemens, ces peuples avoient eu la supériorité sur les Germains, puisqu'ils avoient conquis différentes contrées. Mais dans la suite, les Gaulois, amollis par leur commerce avec les Romains, par les richesses & par les délices, perdirent leurs avantages sur les Germains, en qui une vie dure, pauvre & laborieuse entretenoit la force des corps & la fierté de courage. Ils firent des conquêtes sur la rive gauche du Rhin, sans cependant pénétrer dans la Gaule, sur les frontieres de laquelle ils furent toujours arrêtés par les armes des Romains. Ils occuperent tout le pays depuis Bâle jusqu'à l'embouchure du Rhin.

S'il ne se présentoit pas d'occasion de faire la guerre, la jeunesse, souffrant impatiemment le repos, se tenoit en haleine par des courses sur les voisins. Ils regardoient ces excursions hors des confins de leur propre territoire, comme un moyen honorable d'occuper la jeunesse, & de bannir l'indolence & l'inaction.

Ennemis de toute espece de travail, ils regardoient l'agriculture comme une occupation ignoble, dont la nécessité faisoit seule tout le prix. Ils regardoient comme honteux de se procurer par le travail, ce qu'ils pouvoient conquérir l'épée à la main. Ainsi, par une bizarrerie étonnante, ces mêmes hommes si ennemis de la paix, se livroient à une oisiveté honteuse dès qu'ils n'avoient point de guerre. Boire, manger & dormir, c'étoit-là toute leur occupation. Les soins du ménage & tout ce qui y avoit rapport étoient abandonnés aux femmes, aux vieillards, & à tout ce qu'il y avoit de plus foible dans la nation.

Lorsqu'un Germain avoit une fois

reçu les armes, il ne les quittoit plus. En temps de paix comme en temps de guerre, dans les délibérations publiques comme dans les affaires particulieres, tous étoient toujours armés. Lorsqu'on armoit pour la premiere fois un jeune homme, c'étoit en cérémonie & du consentement de tout le canton.

Dans une assemblée générale, quelqu'un des chefs, quelquefois le pere ou un proche parent, présentoit le jeune homme; &, du consentement des assistans, il lui donnoit le bouclier & la lance. Cette cérémonie répondoit à ce que les Romains pratiquoient pour la robe virile; elle étoit le premier degré par lequel un jeune homme entroit dans la carriere de l'honneur. Jusque-là il avoit appartenu à sa famille; mais alors il devenoit membre de l'Etat.

De grands services rendus à la patrie donnoient un rang distingué parmi les concitoyens. Ceux qui étoient recommandables, soit par eux-memes, soit par leurs ancêtres, tenoient dès leurs premieres années le rang de chefs & de princes dans le canton où ils étoient nés. Les autres jeunes gens s'attachoient à quelque brave & illustre guerrier,

& lui formoient un cortege. Ce cortege étoit une troupe militaire, dans laquelle le chef donnoit les grades selon l'eſtime qu'il faiſoit de chacun. C'étoit-là leur gloire & leur plus ferme appui. Il eût été honteux au chef de ſe laiſſer ſurpaſſer en valeur par ſes ennemis; mais il n'auroit pas été moins honteux pour ceux qui compoſoient ſon cortege, de ne pas égaler leur chef en bravoure. Il combattoit pour l'honneur de la victoire, & ſes ſoldats combattoient pour la lui procurer.

Tous ces jeunes guerriers vivoient aux dépens de celui à qui ils étoient attachés ; ils trouvoient chez lui une table ſans délicateſſe, mais toujours abondamment ſervie. Outre cette dépenſe, ce chef étoit obligé de récompenſer la bravoure de ces jeunes gens. Pour cela, il n'avoit d'autre reſſource que la guerre & le pillage, & les contributions volontaires des peuples de ſon canton. C'étoient des préſens de beſtiaux & de grains. Son mérite & ſa réputation lui procuroient quelquefois des préſens honorables de la part des nations voiſines, tels que des chevaux de bataille, de grandes & belles armures, des harnois & des ornemens militaires, qu'il distribuoit ensuite à ceux de sa troupe qui s'étoient le plus distingués.

Les Germains dans les combats ne pouvoient compter que sur leur bravoure ; du reste, ils n'avoient aucune discipline dans leurs armées. Les généraux n'avoient le droit d'infliger aucuns châtimens, les prêtres seuls avoient ce privilege ; encore falloit-il qu'ils ne présentassent point le châtiment comme un supplice, ni qu'ils parussent agir par l'ordre du général. Infiniment jaloux de leur liberté, les Germains ne vouloient obéir qu'à leurs dieux. Pour punir un coupable, les prêtres étoient obligés de s'autoriser d'une prétendue inspiration divine, & de prétexter les ordres du dieu de la guerre.

Les armées n'étoient point commandées par des officiers généraux, qui distribuassent les différens corps suivant les besoins du service ; ces corps même étoient formés d'une maniere qui devoit être contraire au service. Tous ceux d'une même famille, d'une même parenté, s'assembloient en compagnies, en escadrons, en bataillons ; ces associations

ciations formoient autant de corps à part, dont les intérêts étoient partagés, & dont les efforts pouvoient se nuire mutuellement ; chaque chef de bande ayant une autorité qui ne tiroit point sa source de celle du général.

Leurs femmes & leurs enfans les accompagnoient dans les combats. Les cris & les pleurs de ces témoins qui leur étoient si chers, les soutenoient dans les périls. Au sortir de la mêlée, ils alloient présenter à leurs épouses, à leurs meres, les blessures qu'ils avoient reçues, & celles-ci ne craignoient point de les compter & de les panser. Quelquefois elles leur portoient des rafraîchissemens durant le combat, & ranimoient leur courage, en leur présentant l'idée de la captivité à laquelle elles alloient être exposées. Tout cela pouvoit faire de généreux combattans ; mais non des armées bien disciplinées.

Armure des Germains. Leur armure étoit simple ; peu d'entr'eux avoient des épées ou de longues piques ; ils ne se servoient ordinairement que de javelines. Le fer en étoit court & étroit ; & elles avoient deux usages : ils les lan-

Tome VIII. S

çoient au loin, & ils les employoient aussi à combattre de près. La cavalerie n'avoit point d'autre arme offensive. Les fantassins y joignoient des traits, qu'ils poussoient avec roideur à une distance prodigieuse. Pour armes défensives, ils ne connoissoient gueres que le bouclier; l'usage du casque & de la cuirasse étoit très-rare parmi eux. Ils combattoient la plûpart à demi nus, ou couverts seulement d'une légere casaque. Leurs enseignes étoient des images de bêtes, consacrées dans leurs bois, d'où ils les tiroient pour aller au combat.

CAVALERIE des Germains. Un exercice continuel rendoit leurs chevaux propres à soutenir la fatigue. Ils ne savoient que les pousser en avant ou leur faire prendre un tour à droite, de façon que, se suivant tous les uns les autres, ils se rangeoient en cercle. Ils les montoient à cru, & jugeoient l'usage des selles si mou, si lâche, si honteux, qu'ils méprisoient souverainement les cavaliers qui s'en servoient, & ne craignoient point de les attaquer, quelque supérieurs en nombre qu'ils les trouvaffent. Dans les combats ils mettoient souvent pied à terre, s'éloignant de leurs chevaux, accoutumés à rester en place ; ils les reprenoient au besoin. Leur infanterie faisoit la principale force de leurs armées, c'est pourquoi ils mêloient toujours des gens de pied parmi leur cavalerie.

La musique militaire anime nos guerriers ; les Germains échauffoient le courage des leurs par des chansons qui faisoient l'éloge de leurs anciens héros. Ces chants leur servoient aussi de présage pour le succès du combat. Suivant la grandeur & la nature du son qui résultoit du mélange de leurs voix, ils concevoient des craintes, ou d'heureuses espérances. Cette musique assurément n'étoit pas mélodieuse. Un son rude, un murmure grotesquement rauque, parce qu'il étoit enflé par la répercussion de leurs boucliers, qu'ils plaçoient devant leurs bouches, voilà ce qui charmoit leurs oreilles, & leur annonçoit la victoire.

Dans le combat, les Germains ne gardoient pas scrupuleusement leurs rangs ; ils reculoient quelquefois pour revenir à la charge avec plus de vigueur. Mais c'étoit pour eux, comme pour les Spartiates, une infamie de laisser leur bouclier au pouvoir de l'ennemi. Ceux à qui cela étoit arrivé, ne pouvoient plus être admis ni aux cérémonies de la religion, ni à aucune assemblée ; quelquefois même ils préféroient une mort volontaire à une vie ignominieuse après un pareil malheur.

L'AGRICULTURE étoit négligée, même méprisée par les Germains. Le pays qu'ils habitoient étoit assez fertile, excepté pour les productions qui demandent de la chaleur ; cependant la Germanie, aujourd'hui si peuplée, étoit alors couverte de grands lacs & de forêts. Celle d'Hercynie avoit en largeur neuf journées de chemin ; elle s'étendoit en longueur dans tout le travers de la Germanie, depuis le Rhin jusqu'à la Vistule. Les Germains laissoient en friche une terre qui ne demandoit qu'à les enrichir. La nécessité les contraignoit d'en cultiver une partie pour avoir du bled. Ils n'avoient d'ailleurs ni jardins, ni fruits, & ils ne prenoient aucun soin des prairies. Ils ne s'attachoient pas même à conserver la propriété de la portion de terre qu'ils cultivoient. Le champ qu'ils avoient cultivé pendant une année, étoit abandonné au premier venu, sauf à en labourer un autre, lorsque la diminution des provisions les avertissoit du besoin. Cette pratique n'étoit pas seulement un simple usage, suite naturelle de leurs mœurs: c'étoit une loi, à l'observation de laquelle les magistrats tenoient la main. Ils craignoient que, les citoyens s'accoutumant à posséder des héritages, l'agriculture ne fît perdre le goût qu'ils avoient pour la guerre & pour les combats; qu'ils ne voulussent étendre leurs possessions; & que le goût des richesses, s'introduisant avec l'aisance, ne fît disparoître l'égalité entr'eux, & l'amour de la liberté; enfin, que l'amour de l'argent, source intarissable de désordres & de querelles, ne mît le trouble parmi eux. Nous autres qui nous flattons d'être policés, nous voyons les choses d'un autre œil; mais si, pour décider cette grande question, l'on demandoit qui, de ces anciens Germains ou de nous, a mieux senti le vrai bonheur, je crois qu'on éprouveroit quelque difficulté à bien prouver que nos mœurs & nos lois valent mieux que les leurs, & qu'elles nous rendent plus heureux. Malgré l'excellence & la supériorité que nous voulons bien accorder aux nôtres, nous voyons plus de ces crimes atroces qu'on n'en voyoit chez les anciens ; ces jugemens que nous honorons du beau nom de justice, sont-ils aussi équitables que les décisions des vieillards de chaque canton des Germains ? Nos mœurs ; ah ! ne les comparons pas à celles de ces peuples que nous appellons féroces. Les crimes de nos jours ne paroissent pas si hideux, parce qu'ils sont décorés, si j'ose m'exprimer ainsi, du vernis de cette fourberie que nous appellons modestement politique. Ils étoient braves, ces anciens guerriers ; nous ne sommes que fanfarons : ils étoient francs ; nous avons toujours la vérité sur les levres, mais la fausseté est dans le cœur : ils étoient justes ; si les choses ne changent, bientôt nous n'aurons pas même l'idée de la justice : ils ne parloient pas de bienfaisance ; mais il n'y avoit point de malheureux parmi eux ; chez nous, jamais on n'a tant entendu parler de bienfaisance & de bonté, & jamais peut-être il n'y eut tant de citoyens réduits à la derniere misere, jamais autant de pauvres opprimés par l'injustice des grands ou des riches, jamais peut-être ne trouva-t-on moins de bienfaisance, même parmi ces hommes qui jouissent de grands biens qui ne leur ont été donnés que pour être bienfaisans, & à qui leur état devroit faire une loi de l'être. Mais à quoi bon jeter ici ces vérités ? Ils ne les liront point ; ou s'ils les lisent, ils ne s'y reconnoîtront point ; ou si la vérité va jusqu'au fond de leur cœur, elle ne les empêchera pas de perdre au jeu, & peut-être d'une maniere plus infâme, le patrimoine des pauvres, qu'ils ont postulé avec hypocrisie pour le dissiper dans la débauche.

Les Germains n'avoient & ne possédoient d'autres richesses que leurs bestiaux, petits, maigres, sans beauté, mais en grand nombre. Ils ne faisoient aucun cas de l'or ni de l'argent. Cependant ceux qui étoient voisins des Romains, & qui faisoient quelque commerce avec eux, en faisoient usage ; mais l'objet seul du commerce donnoit à leurs yeux quelque prix à ce métal. Dans l'intérieur du pays, il se faisoit par l'échange des marchandises. Ceux qui habitoient les côtes de la mer Baltique recevoient de la mer un don précieux, qui, dans d'autres mains, seroit devenu une source de richesses. La mer, en cet endroit, jette sur ses bords des molécules d'ambre; ils n'avoient que la peine de les ramasser. Les Romains en faisoient très-grand cas; & les Germains, loin d'en connoître le prix, étoient étonnés de celui qu'ils en donnoient.

Repas des Germains. Le bled fournissoit aux Germains une partie de leur nourriture. Du reste ils vivoient de lait, de fromage, de la chair de leurs bestiaux, & de celle du gibier qu'ils tuoient. Sans apprêts, sans délicatesse, sans connoissance des assaisonnemens ni des ragoûts, ils ne mangeoient que pour appaiser la faim. La biere étoit leur boisson ordinaire; ceux-là seuls qui étoient voisins du Rhin connoissoient l'usage du vin. Tacite dit qu'ils avoient un grand foible pour cette liqueur: il regardoit ce penchant comme devant être la cause de la perte de cette nation belliqueuse. Si on leur fournit autant de vin qu'ils en souhaitent, dit cet auteur,

nu, les Germains n'y mettoient, quant aux devoirs de l'hospitalité, aucune différence.

Lorsque l'étranger s'en alloit, s'il demandoit quelque chose qui lui eût plu, on le lui donnoit sans hésiter; & ils demandoient avec la même simplicité ce qui pouvoit leur convenir dans son équipage. Ce commerce réciproque de présens leur étoit agréable, sans que les sentimens du cœur y entrassent pour rien. Ils n'exigeoint point de reconnoissance pour ce qu'ils avoient donné, & ne se tenoient point obligés pour ce qu'ils avoient reçu.

Habitations des Germains. La Germanie, ce pays que nous nommons *Allemagne*, aujourd'hui remplie d'un si grand nombre de belles villes, n'en avoit aucunes dans le temps dont nous parlons. Les Germains avoient des maisons dont l'assemblage formoit des bourgades; mais chacun avoit son habitation isolée. Chaque particulier la fixoit dans l'endroit qui lui avoient plu davantage. Attiré par le voisinage d'un bois, d'une fontaine, d'un champ propre à être cultivé, il y construisoit sa maison avec des pièces de bois coupées grossièrement, sans s'embarrasser de l'agrément ou de la commodité; seulement quelques endroits étoient enduits d'une terre si propre & si brillante, qu'elle imitoit les couleurs de la peinture. Tout près de cette cabane, ils creusoient des antres souterrains qu'ils recouvroient d'une grande quantité de fumier. Ils leur servoient d'asyles contre le froid, & de magasins où ils mettoient leurs grains en sûreté, en cas d'incursion des ennemis. Ainsi, ne tenant à aucunes possessions, n'ayant en tout que de misérables cabanes, ils n'étoient attachés à aucun séjour déterminé; aussi les familles & des peuples entiers décampoient sans difficulté, & alloient chercher ailleurs un séjour qui leur convînt.

VÊTEMENS des Germains. Un peuple si simple dans ses mœurs, dans ses logemens & dans ses repas, devoit l'être nécessairement dans ses habillemens. Les Germains étoient à demi-nus. Ils se couvroient uniquement d'une espece de casaque, qu'ils attachoient par-devant avec une agraffe, ou quel-

ces peuples si difficiles à vaincre par les armes, ne tiendront pas contre les vices, & seront facilement subjugués.

Journée des Germains. Ne cherchons ici aucune analogie entre les usages modernes & ceux des Germains. Ils n'avoient chez eux ni sçavans, ni artisans, ni gens de robe, de finance ou de pratique. Ils dormoient jusqu'au jour. Après le sommeil, ils prenoient le bain. Dans les temps les plus reculés, ils se baignoient dans les rivieres; mais ils adopterent des Romains les bains chauds. Au sortir du bain ils prenoient une nourriture simple & grossiere; ensuite ils sortoient, soit pour affaires, ou plus communément pour se rendre à quelque repas. Ils y buvoient copieusement, & souvent l'intempérance faisoit naître des querelles qui finissoient par des combats.

Cependant il n'en étoit pas toujours de même; & ils traitoient dans ces repas les affaires les plus sérieuses, comme réconciliations entre ennemis, mariages, élection de leurs princes, ce qui regardoit la paix & la guerre. Ils regardoient la table comme l'occasion la plus propre à faire ouvrir les cœurs sans réserve, à échauffer les esprits, & les élever à de grandes idées. Simples & francs par caractere, la chaleur & la gaieté des repas les excitoient à ouvrir leur ame & à dévoiler leurs plus secrettes pensées. Le lendemain on se rassembloit ; &, sûrs de sçavoir ce que chacun pensoit, ils repassoient de sang froid sur tout ce qui avoit été dit la veille, & décidoient sur ce qu'ils avoient délibéré.

Hospitalité chez les Germains. Voici encore un usage plein d'humanité, de ces peuples que nous regardons comme barbares. L'hospitalité étoit chez eux un devoir sacré. Quiconque auroit refusé sa demeure & sa table à qui que ce fût d'entre les mortels, auroit été regardé comme un impie. Tout homme étoit bien venu chez eux, & traité le mieux qu'il étoit possible. Lorsqu'on avoit consommé toutes les provisions qui se trouvoient dans le logis, le maître menoit son hôte dans la maison la plus voisine, & tous deux, sans aucune invitation préalable, y étoient reçus avec franchise. Connu ou incon-

mes & les femmes ignoroient l'art de se séduire mutuellement ; s'il arrivoit que quelqu'une se fût déshonorée par un adultere, la peine suivoit de près le crime, & le mari en étoit lui-même le juge & le vengeur. En présence des deux familles, il coupoit les cheveux de sa femme criminelle ; il la dépouilloit ; &, après l'avoir chassée de sa maison, il la conduisoit, en la frappant, dans toute l'étendue de la bourgade. Une femme coupable n'avoit ni rémission ni indulgence à espérer sur cet article. Ni la beauté, ni la jeunesse, pas même les richesses, ne pouvoient soustraire à l'ignominie du supplice, ni laisser l'espoir de retrouver un mari à celle qui s'étoit déshonorée : « Car, ajoute » Tacite en cet endroit, personne dans » ce pays ne traite le vice comme ma- » tiere à plaisanterie ; & un commerce » de corruption réciproque, n'y passe » point pour maniere du monde & sa- » voir-vivre. »

La loi de la fidélité conjugale étoit poussée, parmi certains peuples de la Germanie, jusqu'à exiger l'unité de mariage. Les filles y prenoient une seule fois pour toujours le titre d'épouses. On prétendoit par-là mettre un frein aux desirs téméraires, aux espérances portées au-delà du terme des jours du mari, qui fixoit pour toujours les vœux & l'état de sa femme.

La pratique volontaire de cette coutume est sans doute très-louable; mais la loi qui y contraignoit les femmes peut paroître trop dure; puisqu'elle n'étoit pas égale pour les deux sexes. Les Hérules poussoient cet excès jusqu'à la cruauté, puisqu'il falloit qu'une femme s'étranglât elle-même sur le bûcher de son mari, ou qu'elle vécût déshonorée.

FEMMES des Germains. Les Germaines avoient communément les cheveux blonds, longs, épais & en grande quantité ; les yeux bleus, de grands traits, souvent réguliers, un beau teint, la peau fort blanche, beaucoup de fraîcheur, de l'embonpoint ; la taille grande, aisée & proportionnée, un port, une contenance noble ; un grand air, quelque chose même de fier, de vigoureux & de mâle. Tant d'avanta-

quefois même avec une épine; les plus riches portoient des habits tels à peu près que les nôtres, c'est-à-dire qui leur serroient la taille. Ils portoient aussi des fourrures, sur-tout ceux qui habitoient le centre de la Germanie & les contrées septentrionales. L'habit des femmes n'étoit point différent de celui des hommes; mais il étoit fait de lin, & décoré de bandes de pourpre. Elles avoient les bras nus & la gorge découverte, quoiqu'elles fuſſent très-modeſtes & très-vertueuſes.

Mariages des Germains. Le mariage chez les Germains étoit une union chaſte & ſacrée, dont la ſainteté annonce toute la décence de leurs mœurs. Le mari dotoit ſa femme; mais les préſens qu'il lui faiſoit, témoignoient combien les hommes eſtimoient ce ſexe que nous aviliſſons, nous autres, en le croyant incapable de s'élever à nos occupations, & de partager toute eſpece de gloire avec nous. Les préſens d'un Germain à ſa future épouſe n'avoient rien qui pût lui inſpirer le goût des délices, de la parure ou du luxe : c'étoit un attelage de bœufs, un cheval avec sa bride & son mors, un bouclier, une lance & une épée. Réciproquement elle apportoit à son mari quelque piéce d'armure. Voilà ce qui formoit entre les époux le lien le plus étroit & le plus sacré.

Ces présens contenoient, pour la femme à qui ils étoient donnés, une leçon importante. Ils lui annonçoient que son sexe ne la dispensoit point de s'élever à des sentimens de courage, ni de s'exposer aux hasards; qu'en paix comme en guerre, elle auroit un sort commun avec son époux, & qu'elle devoit montrer le même courage dans les dangers; qu'il s'agissoit pour elle de partager avec lui les fatigues & les périls, & de s'attacher à lui à la vie & à la mort. Aussi ces précieux symboles étoient-ils conservés religieusement par la femme, afin qu'un jour ses belles filles les reçussent des fils qu'elle pourroit élever, & les transmissent ensuite, sous les mêmes conditions, à ses descendans.

La conduite des femmes Germaines dans le mariage, répondoit à des engagemens si séveres & si généreux; leur chasteté étoit incorruptible. Les hom-

ges étoient accompagnés d'une modestie & d'une pudeur capables de relever de moindres attraits.

A beaucoup d'agrémens, les Germaines joignoient beaucoup de modestie. Leurs ajustemens étoient très-simples; leurs cheveux, quelquefois retroussés & noués au-dessus de la tête, retomboient avec grace sur leurs épaules; d'autres les laissoient flotter négligemment épars, une espece de chemise de lin sans manches, qui descendoit jusqu'aux gras des jambes, & une robe faite de peaux de divers animaux en forme de saye, c'étoit-là toute leur parure.

Leurs époux avoient pour elles une grande considération, ils les estimoient assez pour les croire capables d'aussi grandes vertus qu'eux-mêmes. L'application des Germaines aux devoirs domestiques, étoit encore une vertu qui les distinguoit. Ces devoirs consistoient dans la fidélité qu'elles gardoient à leurs époux, dans le soin qu'elles prenoient de leurs enfans, & dans l'attention qu'elles donnoient à l'intérieur de leur maison. Dès l'âge le plus tendre, elles avoient commencé chez leurs parens l'apprentiffage de cette modeftie & de cet amour pour le travail, qu'elles portoient enfuite dans la maifon de leurs époux. Elevées par des meres fages & prudentes, fortifiées par de bons exemples, ne voyant que des perfonnes vertueufes, la chafteté étoit pour elles une vertu fi précieufe, qu'elles auroient préféré la mort au malheur de la perdre.

ENFANS des Germains. Voici un point où les mœurs pures des Germains étoient plus fages que les loix des Grecs & des Romains. Ils regardoient comme une loi de la nature, de nourrir & d'élever tous les enfans qu'ils avoient; plus humains en ce point que ces peuples fameux, chez qui les lois permettoient au pere de tuer les enfans qu'il ne vouloit pas nourrir. Les foins de l'éducation n'ont été connus que chez les nations policées; auffi les Germains ne prenoient aucuns foins de celle de leurs enfans. Ils les abandonnoient totalement à la nature, fans exiger qu'ils appriffent rien. Auffi leurs corps profitoient de la négligence avec laquelle on traitoit leur efprit. Ils ne faifoient autre chofe que jouer & prendre de l'exercice; c'eft-là ce qui leur donnoit cette taille prodigieuse qui faisoit l'admiration des peuples du Midi.

Chaque enfant étoit allaité par sa mere, & non pas livré à des femmes esclaves, ni à des nourrices mercenaires. Les fils du pere de famille étoient élevés avec les enfans de ses esclaves, sans nulle distinction ; ils alloient ensemble faire paître leurs troupeaux ; on les trouvoit couchés pêle-mêle à platte terre. Tout étoit commun entr'eux, jusqu'à ce que la vertu, se développant avec l'âge, manifestât la différence de l'origine. Il ne marioient pas leurs enfans trop tôt ; c'est ce qui rendoit leurs mariages plus féconds, & les enfans qui en naissoient plus vigoureux.

Les neveux par les sœurs, étoient considérés & chéris de l'oncle comme ses enfans ; il leur donnoit même, par une bizarrerie singuliere, une sorte de préférence. Cependant chacun avoit pour héritier ses propres enfans, & à leur défaut les parens les plus proches, freres, oncles paternels & maternels. L'usage des testamens étoit ignoré parmi eux. Les inimitiés ainsi que les amitiés étoient héréditaires, mais non pas implacables.

SPECTACLES & JEUX des Germains. L'homme est né spectateur, dit M. l'abbé Batteux; tous les peuples ont eu leurs spectacles dans lesquels on reconnoît le génie de la nation. En suivant même l'histoire des spectacles chez une même nation, je crois que l'on pourroit découvrir jusqu'aux nuances du caractere général, & les différences que les temps & les circonstances ont occasionnées. Ceux qui plaisoient aux Germains, annonçoient le goût de la nation pour les armes. Ils n'en avoient que d'une espece. Des jeunes gens nus sautoient à travers des amas de lances & d'épées qui présentoient les pointes, & ils faisoient ainsi preuve de leur agilité & de leur adresse. L'exercice leur faisoit acquérir de la grace dans ces sortes de jeux, & l'intérêt n'y entroit pour rien. L'unique salaire d'un spectacle si dangereux pour les acteurs, étoit le plaisir des spectateurs.

Ils aimoient à la fureur le jeu de dés. Ils le traitoient comme une affaire sérieuse, de sang froid, & sans que l'ivresse pût excuser les extrémités auxquelles ils se portoient. Lorsqu'ils avoient tout perdu, souvent en un dernier coup de dés ils jouoient leur liberté & leur personne. Si le sort étoit malheureux, le perdant se soumettoit volontairement à la servitude. Quoique plus jeune, quoique plus fort, il souffroit sans résistance d'être emmené, garotté & vendu. Tel étoit leur acharnement au jeu.

Esclaves. La servitude chez eux étoit plus douce que chez les peuples policés. Ils ne se faisoient point servir par leurs esclaves dans leurs maisons; leur vie simple n'exigeoit pas d'autre service que celui de leur femme & de leurs enfans. Chaque esclave avoit son petit établissement ; & le maître en exigeoit, comme d'un fermier, une certaine redevance ou en bled, ou en bestiaux, ou en étoffes propres à l'habiller. Les esclaves n'habitant point avec leurs maîtres, & n'ayant que peu de devoirs à remplir, avoient peu d'occasions de tomber en fautes; aussi étoient-elles rares, & les châtimens pas plus communs. Le maître avoit droit de vie & de mort sur ses esclaves; mais ils n'en abusoit point.

FUNÉRAILLES. Les Germains apportoient à cette derniere cérémonie la même simplicité que vous avez dû remarquer dans tous leurs usages. Ils avoient coutume de brûler les corps; mais il y avoit bien de la différence entre leur maniere de le faire, & celle des Romains. Ceux-ci rendoient ce dernier devoir avec la plus grande magnificence; les Germains, au contraire, s'acquittoient de ce pieux office sans ostentation. Comme à ce dernier moment tous les hommes rentrent dans le même ordre d'égalité, d'où le hasard de la naissance, les honneurs, la fortune ou la faveur les avoient tirés pendant leur vie, la seule distinction qu'ils accordassent aux plus illustres personnages, c'étoit d'employer certains bois choisis pour former leur bûcher. On brûloit avec le mort ses armes, & quelquefois son cheval de guerre. Les monumens qu'ils élevoient n'étoient que de petits tertres couverts de gazons. Ils ne se permettoient pas de pleurer long-temps leurs morts; mais ils conservoient toujours le souvenir de leurs vertus.

Fin du Tome VIII.

APPROBATION.

J'AI lu, par l'ordre de Monseigneur le Garde des Sceaux, les VIIe & VIIIe Volumes du *Cours d'Etudes des jeunes Demoiselles*; & je n'y ai observé rien qui m'ait paru devoir en empêcher l'impression. Donné à Paris, le 2 d'Octobre 1774.

PHILIPPE DE PRÉTOT.

www.ingramcontent.com/pod-product-compliance
Lightning Source LLC
Chambersburg PA
CBHW070618230426
43670CB00010B/1569